27	**May I** sit here?	ここに座ってもよろしいですか。
	—— Of course.	—— もちろんです。
28	It **may** rain soon.	もうすぐ雨が降るかもしれません。
29	I **must** study Chinese hard.	私は中国語を一生懸命に勉強しなければなりません。
30	I **have to** go home now.	私はもう家に帰らなければなりません。
31	You **must** be sick.	あなたは病気にちがいありません。
32	You **should** eat vegetables.	あなたは野菜を食べたほうがいいですよ。
33	**Could you** take me to the station?	私を駅へ連れて行っていただけませんか。
	—— All right.	—— わかりました。
34	**Would you like** some tea?	お茶はいかがですか。
35	**Shall I** open the door?	ドアを開けましょうか。
	—— Yes, please.	—— はい，お願いします。

第4章　There is 〜．の文　　　　　　　p.77〜88

36	**There is** a box on the table.	テーブルの上に箱があります。
37	**There are** some students in the gym.	体育館に何人かの生徒がいます。
38	**There was** a big park here.	ここには大きな公園がありました。
39	**Is there** a station near your house?	あなたの家の近くには駅がありますか。
	—— Yes, **there is**. / No, **there isn't**.	—— はい，あります。／ いいえ，ありません。
40	**How many** apples **are there** in the bag?	その袋に何個のリンゴが入っていますか。
	—— **There are** five apples.	—— 5個のリンゴが入っています。
41	**There isn't** a hospital near here.	この近く
42	**There are no** classes today.	

第5章　文型を作る動詞　　　　　　　p.89〜102

43	You will **become** a good pianist.	〜う。
44	This cake **looks** good.	く見えます]。
45	Let's go home before it **gets** dark.	前に家に帰りましょう。
46	My father **gave** me a watch.	父は私に腕時計をくれました。
47	I **gave** the book **to** my brother.	私はその本を弟にあげました。
48	We **call** her Kathy.	私たちは彼女をキャシーと呼んでいます。
49	The news will **make** him happy.	その知らせは彼を幸せにするでしょう。

第6章　接続詞　　　　　　　p.103〜124

50	I took a bath **and** went to bed.	私はお風呂に入って，寝ました。
51	Which do you like, summer **or** winter?	あなたは夏と冬ではどちらが好きですか。
52	I talked to her, **but** she didn't answer.	私は彼女に話しかけましたが，彼女は答えませんでした。
53	It was raining hard, **so** I stayed at home.	雨が激しく降っていたので，私は家にいました。
54	**When** I came home, you were sleeping.	私が家に帰ってきたとき，あなたは眠っていました。
55	Please drink the tea **while** it's hot.	熱い間に，お茶を飲んでください。
56	Do your homework **before** you watch TV.	テレビを見る前に宿題をしなさい。
57	Please wait **until** I come back.	私が戻ってくるまで待っていてください。
58	**If** you are tired, I'll carry your bag.	もし疲れているなら，私があなたのかばんを運びましょう。
59	I can't swim today **because** I have a cold.	私はかぜをひいているので，今日は泳げません。
60	I **think that** he has a cold.	私は彼がかぜをひいていると思います。
61	Please **tell** her **that** I will come again.	私はまた来ると彼女に伝えてください。
62	I'm **glad that** you like it.	私はあなたがそれを気に入ってくれてうれしいです。
63	I **thought** that you **were** angry.	私はあなたが怒っていると思いました。

考える力。
それは「明日」に立ち向かう力。

あらゆるものが進化し、世界中で昨日まで予想もしなかったことが起こる今。
たとえ便利なインターネットを使っても、「明日」は検索できない。

チャート式は、君の「考える力」をのばしたい。
どんな明日がきても、この本で身につけた「考えぬく力」で、
身のまわりのどんな問題も君らしく解いて、夢に向かって前進してほしい。

チャート式が大切にする5つの言葉とともに、
いっしょに「新しい冒険」をはじめよう。

1 地図を広げて、ゴールを定めよう。

1年後、どんな目標を達成したいだろう？
10年後、どんな大人になっていたいだろう？
ゴールが決まると、たどり着くまでに必要な力や道のりが見えてくるはず。
大きな地図を広げて、チャート式と出発しよう。
これからはじまる冒険の先には、たくさんのチャンスが待っている。

2 好奇心の船に乗ろう。「知りたい」は強い。

君を本当に強くするのは、覚えた公式や単語の数よりも、
「知りたい」「わかりたい」というその姿勢のはず。
最初から、100点を目指さなくていい。
まわりみたいに、上手に解けなくていい。
その前向きな心が、君をどんどん成長させてくれる。

3 味方がいると、見方が変わる。

どんなに強いライバルが現れても、
信頼できる仲間がいれば、自然と自信がわいてくる。
勉強もきっと同じ。
この本で学んだ時間が増えるほど、
どんなに難しい問題だって、見方が変わってくるはず。
チャート式は、挑戦する君の味方になる。

4 越えた波の数だけ、強くなれる。

昨日解けた問題も、今日は解けないかもしれない。
今日できないことも、明日にはできるようになるかもしれない。
失敗をこわがらずに挑戦して、くり返し考え、くり返し見直してほしい。
たとえゴールまで時間がかかっても、
人一倍考えることが「本当の力」になるから。
越えた波の数だけ、君は強くなれる。

5 一歩ずつでいい。
でも、毎日進み続けよう。

がんばりすぎたと思ったら、立ち止まって深呼吸しよう。
わからないと思ったら、進んできた道をふり返ってみよう。
大切なのは、どんな課題にぶつかってもあきらめずに、
コツコツ、少しずつ、前に進むこと。

チャート式はどんなときも
ゴールに向かって走る君の背中を押し続ける

本書の特色と使い方

> ぼく，数犬チャ太郎。
> いっしょに勉強しよう！

デジタルコンテンツを活用しよう！

解説動画

● つまずきやすい文法項目については，解説動画にQRコードからアクセスできます。※1，※2
● 理解が不安なときは動画を確認してから解説を読みましょう。※3

講義・動画制作
ベリタス・アカデミー

発音練習（アプリ「発音マスター」）

● 「会話でチェック！」の会話中で，黄色い線が引いてある英文は，アプリ「発音マスター」を使って，英文の発音・流ちょうさのスコア（お手本音声との一致度）を確認できます。
● 使い方は↓にアクセスして見ることができます。

復習テスト

● 「要点のまとめ」にあるQRコードから，一問一答形式の復習テストにアクセスできます。学んだ文法項目の習得度をチェックできます。

各章の流れ

1 導入

● 各章で学ぶ項目を一覧できるので，予習・復習時に見たいページをすぐに開くことができます。

解説動画
解説動画にQRコードからアクセスできます。

2 解説

- 本文では，学習内容をわかりやすい文章でていねいに解説しています。

- 側注では，本文をより深く理解するための補足的な内容を扱っています。

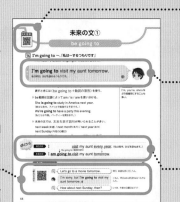

音声再生

🎧で示された英文の音声にアクセスできます。何度も聞いて，耳で覚えましょう。

例文

この単元で学習する文法項目が使われた英文です。巻頭・巻末のリストを利用して覚えると良いでしょう。

ポイント

文法項目の重要部分をわかりやすく解説しています。

会話でチェック！

上で出てきた例文が会話の中で使われています。また，QRコードから，アプリ「発音マスター」にアクセスできます。

解説や側注で使われている主なアイコンや表記

⚠	：注意が必要な項目を取り上げています。
➕α（プラスアルファ）	：文法項目の理解に役立つ発展的な項目を取り上げています。
復習	：すでに学習した項目を取り上げています。
発音	：発音に関する項目を取り上げています。
会話表現	：会話表現に関する項目を取り上げています。

参照	：本文に関連のある，参照してほしいページを載せています。
[ ]	：前の語と置き換えることができることを示しています。 例）He [She] is a student. （彼は [彼女は] 生徒です。）

3 要点のまとめ

- 重要な文法項目の解説や用語を簡潔にまとめています。

復習テスト QRコードから，復習テストにアクセスできます。

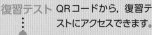

4 定期試験対策問題

- 必ずおさえておきたい内容を出題しています。

入試対策編

入試対策問題

- 入試で出題された，思考力・判断力・表現力が試される問題を取り上げています。※4

解き方のポイントがわかる

解き方のヒント で，問題を解く際に着目するところ，考え方の道すじなどを示しています。実力を試したいときは，ここを見ないで挑戦してみましょう。

チャート式シリーズ

中学英語 2年

もくじ

本書の「音声・解説動画・復習テスト」コンテンツ一覧 ➡

PCからは https://cds.chart.co.jp/books/7n6c3ngx9z

「発音マスター」コンテンツ一覧 ➡

本書の特色と使い方	2

1年の復習 7

be動詞の文（現在）	7
一般動詞の文（現在）	10
命令文	13
現在進行形の文	14
疑問詞で始まる疑問文	16

第1章 過去の文 19

過去の文（一般動詞）	20
I played 〜. / I went 〜.	
過去の文（be動詞）	27
It was 〜.	
過去進行形の文	31
I was 〜ing.	
●要点のまとめ	36
●定期試験対策問題	39
コラム 「多くの意味を持つ動詞」	42

第2章 未来の文 43

未来の文①	44
be going to	
未来の文②	49
will	
●要点のまとめ	54
●定期試験対策問題	56

第3章 助動詞 59

can	60
「〜できる」	
may	63
「〜してもよい」	
must / have to / should	65
「〜しなければならない」「〜したほうがいい」	
依頼・勧誘・提案の表現	69
Could you 〜? / Shall I 〜?など	
●要点のまとめ	72
●定期試験対策問題	74

第4章 There is 〜．の文 … 77

There is 〜．	78
「〜があります」「〜がいます」	
There is 〜．の疑問文	81
「〜がありますか」「〜がいますか」	
There is 〜．の否定文	83
「〜はありません」「〜はいません」	
●要点のまとめ	85
●定期試験対策問題	87

第5章 文型を作る動詞 ……… 89

主語（S）＋動詞（V）＋補語（C） ………90
become / look / getなどを使う文

主語（S）＋動詞（V）＋目的語（O）＋目的語（O） …93
give / tell / showなどを使う文

主語（S）＋動詞（V）＋目的語（O）＋補語（C） …95
call / makeなどを使う文

● 要点のまとめ ……………………98
● 定期試験対策問題 …………………100
コラム「自動詞と他動詞」………………102

第6章 接続詞 ………………… 103

and / or / but / so ………………104
「そして」「または」「しかし」「だから」

when / while など ………………107
「〜するとき」「〜する間に」など

if / because ……………………111
「もし〜なら」「〜なので」

that ………………………………113
「〜ということ」

● 要点のまとめ ……………………118
● 定期試験対策問題 …………………121
コラム「句と節」………………………124

第7章 不定詞と動名詞 …… 125

不定詞の名詞的用法 ………………126
to＋動詞の原形「〜すること」

不定詞の副詞的用法 ………………130
to＋動詞の原形「〜するために」「〜して」

不定詞の形容詞的用法 ……………133
to＋動詞の原形「〜するための」「〜すべき」

いろいろな不定詞 ………………136
how to 〜 / It is ... to 〜. /
want＋人＋to 〜 など

動名詞 ……………………………140
〜ing「〜すること」

● 要点のまとめ ……………………144
● 定期試験対策問題 …………………147
コラム「不定詞と動名詞のちがい」………150

第8章 比較の文 ……………… 151

比較級と最上級 ……………………152
「…よりも〜だ」「いちばん［最も］〜だ」

as 〜 as ... ………………………161
「…と同じくらい〜だ」

● 要点のまとめ ……………………164
● 定期試験対策問題 …………………166

第9章 受け身の文 ………… 169

受け身の形と意味 …………………170
be動詞＋過去分詞「〜される」

受け身の疑問文 / 否定文 …………174
「〜されますか」/「〜されない」

注意すべき受け身 …………………177
SVOOの文 / SVOCの文 / by以外の前置詞

● 要点のまとめ ……………………181
● 定期試験対策問題 …………………184

第10章 現在完了形 ………… 187

「完了」を表す現在完了 ……………188
have＋過去分詞「〜したところだ」「〜してしまった」

「経験」を表す現在完了 ·················192
have＋過去分詞「～したことがある」

「継続」を表す現在完了 ·················197
have＋過去分詞「(ずっと)～している」

現在完了進行形 ·······················201
have been ～ing「(ずっと)～している」

●要点のまとめ ·······················203
●定期試験対策問題 ·················206
付録資料 動詞の不規則変化 ·················209

第11章 注意すべき表現 ······ 211

付加疑問・否定疑問文・感嘆文 ·········212
「～ですね」「～ではないのですか」「なんと～」

名詞と冠詞 ·························217
名詞の種類, a / theの使い方

数や量などの表し方 ·················222
some / any, many / muchなど

代名詞 ·····························225
I / my / me / mineなど

副詞 ·······························227
副詞の意味と用法

前置詞 ·····························229
前置詞の意味と用法

●要点のまとめ ·······················235
●定期試験対策問題 ·················238
付録資料 重要会話表現 ················· 241

入試対策編 ·················· 247

入試対策問題 ·······················248

解 答 ································· 254

確認問題 解答 ·······················254
定期試験対策問題 解答・解説 ·············257
入試対策問題 解答・解説 ·················277

英語さくいん ·······················282
日本語さくいん ·······················286

be動詞の文（現在）

▶「〜です」「〜にあります」などの意味を表すbe動詞のさまざまな形に注意。

❶ be動詞［肯定文］

I **am** Linda.

私はリンダです。

You **are** a great pianist.

あなたはすばらしいピアニストです。

This **is** Emi. She **is** my friend.

こちらはエミです。彼女は私の友達です。

We **are** good friends.

私たちは仲のよい友達です。

▶ be動詞には次の2つの意味がある。

(1)「〜である」：あとに名詞や形容詞がくる。

　　They **are** happy.

　　（彼らは幸せです。）［happyは形容詞］

(2)「〜にある，〜にいる」：あとに場所を表す語句がくる。

　　Our school **is** near the station.

　　（私たちの学校は駅の近くにあります。）［near the stationは場所を表す］

▶ be動詞は主語によって次のように形を使い分ける。

	主語	be動詞	短縮形
1人称	単数 I（私は）	am	I'm
	複数 we（私たちは）	are	we're
2人称	単数 you（あなたは）	are	you're
	複数 you（あなたたちは）	are	you're
3人称	単数 he（彼は）/ she（彼女は） it（それは） ※Mary / the cat / Japanなど	is	he's / she's it's
	複数 they（彼ら/彼女ら/それらは） ※my friends / these booksなど	are	they're

短縮形も覚えてお こう。

解答➡p.254

✎ 確認問題 ❶

日本文に合うように, (　) に適する語を入れよう。

1. 私は幸せです。彼女も幸せです。

   (　　　　　　　) happy. (　　　　　　　) happy, too.

2. 私の両親はリビングルームにいます。

   My parents (　　　　　　) in the living room.

❷ be動詞 [疑問文]

Is that your ball?
―― Yes, **it** is. / No, it **isn't**.

あれはあなたのボールですか。―― はい, そうです。/ いいえ, ちがいます。

Are you students?
―― Yes, we **are**. / No, we **aren't**.

あなたたちは生徒ですか。―― はい, そうです。/ いいえ, ちがいます。

▶「〜ですか」「〜にありますか」などとたずねるときは, be動詞を主語の前に出す。

[肯定文]	That **is** your ball.	You **are** students.
[疑問文]	**Is** that your ball?	**Are** you students?

▶ 答えの文では, 主語に代名詞 I / we / you / he / she / it / they を用いる。

[疑問文]	Is **that** your ball?
[答えの文]	Yes, **it** is. / No, **it** isn't.

Noで答えるときは, 次のような短縮形をよく用いる。
No, it isn't.
No, I'm not.
No, you aren't.

✎ 確認問題 ❷　解答➡p.254

日本文に合うように, (　) に適する語を入れよう。

1. あなたはグリーンさんですか。―― はい, そうです。

   (　　　　　　) you Ms. Green? ―― Yes, (　　　　　　) (　　　　　).

2. あなたのお母さんは家にいますか。―― いいえ, いません。

   (　　　　　　) your mother at home? ―― No, (　　　　　) (　　　　　　).

❸ be動詞 [否定文]

I **am not** a singer.
私は歌手ではありません。

Mary and I **aren't** sisters.
メアリーと私は姉妹ではありません。

▶ 「～ではありません」と否定するときは，be動詞のあとに not を置く。短縮形が使われることも多い。

（短縮形）

are not → aren't
is not → isn't
※ am not の短縮形はない。

［肯定文］ I **am** a singer.	We **are** sisters.
［否定文］ I **am not** a singer.	We **are not** sisters.

🖊 確認問題 ❸　　解答 ➡ p.254

日本文に合うように，（　）に適する語を入れよう。

1. 私たちはカナダ出身ではありません。

　（　　　　　　　）（　　　　　　　　） from Canada.

2. 私のネコはキッチンにいません。

　My cat （　　　　　　　）（　　　　　　　　） in the kitchen.

◆名詞の複数形の作り方

ふつうの語 →sをつける	dog（イヌ）→ dog**s** book（本）→ book**s**
s / x / sh / ch で終わる語 →esをつける	bus（バス）→ bus**es** dish（皿）→ dish**es**
〈子音字+y〉で終わる語 →yをiに変えてesをつける	city（市）→ cit**ies** country（国）→ countr**ies**

（用語）

母音字：母音（a, i, u, e, o など）を表す字。
子音字：子音（母音以外の音）を表す字。

・oで終わる語には s をつけるものと es をつけるものがある。
　piano（ピアノ）→ piano**s**
　tomato（トマト）→ tomato**es**
・f / fe で終わる語は f / fe を v に変えて es をつける。
　leaf（葉）→ lea**ves**
・s や es をつけず，不規則な形になるものもある。
　child（子ども）→ child**ren**
・単数形と複数形が同じ形のものもある。　fish（魚）→ fish

一般動詞の文（現在）

▶ like, have などの一般動詞の疑問文・否定文の作り方は，be動詞とのちがいに注意。

❶ 一般動詞［肯定文］

You **have** a nice bike.
あなたはすてきな自転車を持っています。

We **like** music very much.
私たちは音楽がとても好きです。

My brother **goes** to school by bike.
私の兄は自転車で学校へ行きます。

▶ be動詞以外の動詞を一般動詞という。

▶ 主語が3人称（I / you以外）の単数（1つ，1人）で，現在のことを述べる文を3人称単数現在の文という。3人称単数現在の文では，一般動詞の語尾にs / esをつける。

I **go** to school by bike.	［主語は1人称単数］
They **go** to school by bike.	［主語は3人称複数］
My brother **goes** to school by bike.	［主語は3人称単数］

▶ 3人称単数現在の文では，have は has になる。
She **has** a cute cat.
（彼女はかわいいネコを飼っています。）

用語 like（～を好む）やhave（～を持っている）の「～を」にあたる名詞を**目的語**という。

用語 このe / esを**3単現のs**という。また，s / esのつかない動詞のもとの形を原形という。

◆3人称単数現在のs / esのつけ方

ふつうの動詞 →sをつける	like（好む）→ like**s** know（知っている）→ know**s**
s / x / sh / ch / oで終わる動詞 →esをつける	wash（洗う）→ wash**es** do（する）→ do**es**
〈子音字+y〉で終わる動詞 →yをiに変えてesをつける	study（学ぶ）→ stud**ies** try（試す）→ tr**ies**

確認問題 ①　　解答➡p.254

日本文に合うように，（　　）に適する語を入れよう。

1. 私は毎日，ピアノを弾きます。

　I (　　　　　　　　) the piano every day.

2. 彼はとても熱心に英語を勉強します。

　He (　　　　　　　) English very hard.

3. メアリーとジョンはアメリカに住んでいます。

　Mary and John (　　　　　　　) in America.

4. 彼らの家には大きな庭があります。

　Their house (　　　　　　) a big garden.

❷ 一般動詞［疑問文］

Do you **like** tennis?

　—— Yes, I **do**. / No, I **don't**.

あなたはテニスが好きですか。——はい，好きです。/ いいえ，好きではありません。

Does Kate **have** a racket?

　—— Yes, she **does**. / No, she **doesn't**.

ケイトはラケットを持っていますか。——はい，持っています。/ いいえ，持っていません。

▶ 一般動詞の文を疑問文にするときは，〈Do＋主語＋動詞の原形 ～？〉の形にする。ただし，3単現のsがついた一般動詞の文の疑問文は，〈Does＋主語＋動詞の原形～？〉の形にする。

▶ 答えるときは，主語に応じてdo / doesを使い分ける。

［肯定文］	You **like** tennis.
［疑問文］	**Do** you **like** tennis?
［答えの文］	Yes, I **do**. / No, I **don't**.
［肯定文］	Kate **has** a racket.
［疑問文］	**Does** Kate **have** a racket?
［答えの文］	Yes, she **does**. / No, she **doesn't**.

×Are you like ～？と言わないよう注意しよう。

答えの文の主語は代名詞にするよ。

次の英文を疑問文に書きかえて，答えの文も書こう。

1. You have a phone.（あなたは電話を持っています。）

   (　　　　　) (　　　　　　　) have a phone?

   —— No, (　　　　　) (　　　　　　).

2. He cleans his room.（彼は部屋を掃除します。）

   (　　　　　　) he (　　　　　　) his room?

   —— Yes, (　　　　　) (　　　　　　).

❸ 一般動詞［否定文］

・・・

I **don't like** cold tea.

私は冷たいお茶が好きではありません。

We **don't have** any food now.

今，私たちは少しも食べ物を持っていません。

She **doesn't eat** breakfast.

彼女は朝ご飯を食べません。

・・・

▶ 一般動詞の文を否定文にするときは，主語に応じて動詞の前にdo not [don't]またはdoes not [doesn't]を置き，〈主語＋do not [don't]＋動詞の原形〜.〉または〈主語＋does not [doesn't] ＋動詞の原形〜.〉の形にする。

［肯定文］	I **like** cold tea.
［否定文］	I **don't like** cold tea.
［肯定文］	She **eats** breakfast.
［否定文］	She **doesn't eat** breakfast.

> don't / doesn'tの あとは必ず原形に するよ。

日本文に合うように，（　）に適する語を入れよう。

1. 私はあのシャツはほしくありません。

   I (　　　　　) (　　　　　　) that shirt.

2. 私の父は車を持っていません。

   My father (　　　　　) (　　　　　　) a car.

命令文

▶ 相手にしてほしいことを伝える命令文の形をおさらいしよう。

❶ 基本的な命令文

Wash your hands.

手を洗いなさい。

Please open the window.

窓を開けてください。

▶ 命令文は動詞の原形で始める。please をつけると,「(どうぞ)
〜してください」と命令口調を和らげ,ややていねいな依頼になる。

Be careful. (気をつけなさい。)

be は be 動詞の原形。

❷ いろいろな命令文

Don't use Japanese in class.

授業中に日本語を使ってはいけません。

Let's have lunch together.

いっしょにお昼ご飯を食べましょう。

▶「〜してはいけません」などと禁止を表す命令文(否定の命令文)
は,命令文の前に Don't を置く。

▶「(いっしょに)〜しましょう」と相手を勧誘する命令文は,
〈Let's ＋動詞の原形〜.〉の形を使う。

be 動詞を使った否定の命令文は, Don't be 〜. となる。

🖊 確認問題 ❶　解答➡p.254

日本文に合うように,(　　)に適する語を入れよう。

1. 静かにしなさい。　　　　　　　(　　　　　　　) quiet.
2. どうぞここで止まってください。(　　　　　　　) here, (　　　　　　　).
3. 二度と遅刻してはいけません。　(　　　　　　　) (　　　　　　　) late again.
4. いっしょに行きましょう。　　　(　　　　　　　) (　　　　　　　) together.

現在進行形の文

▶「今行っている動作」は現在進行形〈be動詞＋動詞のing形〉で表す。

❶ 現在進行形［肯定文］

He **is cooking** lunch now.

彼は今，お昼ご飯を作っているところです。

▶「〜しているところです」「〜しています」という進行中の動作は現在進行形〈be動詞＋動詞のing形〉で表す。be動詞は主語によってis / am / areを使い分ける。

I **am** watching TV now. （私は今，テレビを見ています。）
You **are** making noises. （あなた（たち）は物音を立てています。）
They **are** studying English. （彼らは英語を勉強しています。）

短縮形 次のようなbe動詞の短縮形も用いられる。
He's cooking ....
I'm watching ....
You're making ....

like（好む），have（持っている），know（知っている）などの「状態を表す動詞」は進行形にならない。

参照 短母音 >> p.21

◆動詞のing形の作り方

ふつうの動詞 →そのままingをつける	play（遊ぶ）→ play**ing** sing（歌う）→ sing**ing**
eで終わる動詞 →eをとってingをつける	use（使う）→ us**ing** make（作る）→ mak**ing**
〈短母音＋子音字〉で終わる動詞 →最後の文字を重ねてingをつける	run（走る）→ run**ning** swim（泳ぐ）→ swim**ming**

✎ 確認問題 ❶　解答➡p.254

日本文に合うように，（　）に適する語を入れよう。

1. 彼らはあの部屋を使っています。

   They (　　　　) (　　　　　　) that room.

2. 私のイヌは庭で走っています。

   My dog (　　　　) (　　　　　　) in the garden.

❷ 現在進行形［疑問文］

Are you **listening** to music?
—— Yes, I **am**. / No, I'**m not**.

あなたは音楽を聞いているところですか。—— はい，聞いています。/ いいえ，聞いていません。

▶「～しているところですか」「～していますか」という現在進行形の疑問文は，be動詞を主語の前に出して，〈be動詞＋主語＋動詞のing形～？〉で表す。

▶答えるときも，〈Yes, ＋主語＋ is [am, are]. / No, ＋主語＋ is [am, are] not.〉とbe動詞を使う。

> ×Yes, I do. /
> ×No, I don't.
> と答えないよう注意しよう。

✎ 確認問題 ❷ 解答➡p.254

日本文に合うように，（　）に適する語を入れよう。

1. ジャックはシャワーを浴びているところですか。—— はい，そうです。

　（　　　　　） Jack （　　　　　） a shower? —— Yes, he （　　　　　）.

2. 彼らは泳いでいますか。—— いいえ，泳いでいません。

　（　　　　　） they （　　　　　）? —— No, （　　　　　）（　　　　　）.

❸ 現在進行形［否定文］

I **am not watching** TV.

私はテレビを見ているところではありません。

▶「～しているところではありません」「～していません」という現在進行形の否定文は，be動詞のあとにnotを置いて，〈主語＋be動詞＋not＋動詞のing形～.〉で表す。

> **短縮形** 次のような短縮形も用いられる。
> is not → isn't
> are not → aren't

✎ 確認問題 ❸ 解答➡p.254

日本文に合うように，（　）に適する語を入れよう。

1. 私たちはバスを待っているところではありません。

　We （　　　　　）（　　　　　）（　　　　　） for a bus.

2. ジェーンは宿題をしているところではありません。

　Jane （　　　　　）（　　　　　） her homework.

疑問詞で始まる疑問文

▶ what / who / when などの疑問詞の意味と用法をおさらいしよう。

❶ 疑問詞で始まる疑問文の形

What do you eat for breakfast?
—— I eat bread.

あなたは朝食に何を食べますか。—— 私はパンを食べます。

Where is my cat?
—— It's under that table.

私のネコはどこにいますか。—— あのテーブルの下にいます。

▶ what(何を)，where(どこに)などの疑問詞を使ってたずねる文では，疑問詞を文の最初に置き，そのあとに疑問文の形を続ける。

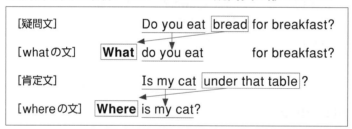

[疑問文]	Do you eat bread for breakfast?
[whatの文]	**What** do you eat for breakfast?
[肯定文]	Is my cat under that table?
[whereの文]	**Where** is my cat?

▶ 「だれが〜しますか」と主語をたずねるときは〈Who＋動詞
〜?〉とし，〈主語＋does [do].〉の形で答える。
Who lives in that house? —— Mr. Brown **does**.
(あの家にはだれが住んでいますか。—— ブラウン先生です。)

whoは3人称単数扱いなので, Who lives 〜?のように動詞に3単現のsがつく。

✎ 確認問題 ❶　　解答➡p.254

下線部が答えの中心になるように，疑問文の(　　)に適する語を入れよう。
1. (　　　　　) (　　　　　　　) he want for his birthday?
　　—— He wants <u>a bike</u>.
2. (　　　　　) (　　　　　) you play tennis?
　　—— I play tennis <u>on Sundays</u>.

❷ what / who / whose / which

What time do you go to bed?
—— I go to bed at eleven.

あなたは何時に寝ますか。—— 11時に寝ます。

Whose guitar is this? —— It's my mother's.

これはだれのギターですか。—— 私の母のです。

Which do you like, pork **or** chicken?
—— I like chicken.

ポークとチキンではあなたはどちらが好きですか。—— 私はチキンが好きです。

▶ 代名詞や形容詞の働きをする疑問詞をまとめよう。

疑問詞	意味 (代名詞の働き)	意味 (形容詞の働き)
what	何	何の〜, どんな〜
who	だれ	
whose	だれのもの	だれの〜
which	どれ, どちら	どの〜, どちらの〜

短縮形
what is → what's
who is → who's

What sports do you play? —— I play soccer.

(あなたはどんなスポーツをしますか。——私はサッカーをします。)

What day is it today? —— It's Friday.

(今日は何曜日ですか。——金曜日です。)

What is the date today? —— It's May 1.

(今日は何月何日ですか。——5月1日です。)

Which dog is yours? —— This black one is mine.

(どちらのイヌがあなたのですか。——この黒いのが私のです。)

×What do you play sports?という語順はまちがい！

🖋 確認問題 ❷　　解答➡p.254

日本文に合うように, (　　) に適する語を入れよう。

1. 今, 何時ですか。—— 10時20分です。

(　　　　　) (　　　　　　) is it now? —— It's (　　　　　) (　　　　　).

2. これらはだれの靴ですか。—— 私のです。

(　　　　　) (　　　　　　) are these? —— They are (　　　　　　).

3. どちらのバスが図書館へ行きますか。—— これです。

(　　　　　) bus (　　　　　　) to the library? —— This one (　　　　　).

❸ when / why / how / where

When do you study at home? —— I study after dinner.
あなたは家でいつ勉強しますか。—— 私は夕食後に勉強します。

Why do you like her? —— Because she's kind.
あなたはなぜ彼女が好きなのですか。—— なぜなら彼女は親切だからです。

How do you go to school?
—— I go to school by bicycle.
あなたはどのようにして学校へ行きますか。—— 私は自転車で学校に行きます。

▶ 副詞の働きをする疑問詞をまとめよう。

疑問詞	意味
where	どこに，どこで，どこへ
when	いつ
why	なぜ
how	どのようにして，どんなぐあいで，どれくらい〜

短縮形

where is → where's
when is → when's
how is → how's

Where are you from? —— I'm from Hawaii.

（あなたはどこの出身ですか。——ハワイの出身です。）

How's the weather there? —— It's sunny.

（そちらでは天気はどうですか。——晴れています。）

How much is this doll? —— It's five thousand yen.

（この人形はいくらですか。—— 5,000円です。）

How old are you? —— I'm thirteen years old.

（あなたは何歳ですか。—— 13歳です。）

how(どれくらい〜)を使う他の表現：

how long [長さ]
how tall [高さ]
how far [距離]
how many [数]

確認問題 ❸　解答➡p.254

日本文に合うように，（　　）に適する語を入れよう。
1. 彼女の誕生日はいつですか。—— 9月15日です。

　（　　　　　　　）is her birthday? —— （　　　　　　　）September 15.
2. あなたはなぜ野菜を食べるのですか。—— 健康によいからです。

　（　　　　　　）do you eat vegetables? —— （　　　　　　）they are healthy.
3. 何本のペンがほしいですか。—— 10本ほしいです。

　（　　　　）（　　　　　　）pens do you want?

　—— I want （　　　　　　）.

第 **1** 章

過去の文

過去の文（一般動詞）

I played 〜. / I went 〜. ……… **20**

1️⃣ I played 〜.「私は〜しました」 …… 20

2️⃣ I went to 〜.「私は〜へ行きました」
（不規則動詞） ………………… 22

3️⃣ Did you use 〜?「あなたは〜を使いましたか」（疑問文） ………… 24

4️⃣ What did you do?「あなたは何をしましたか」 ………………… 25

5️⃣ I didn't eat 〜.「私は〜を食べませんでした」（否定文） ………… 26

過去の文（be動詞）

It was 〜. ……………… **27**

6️⃣ It was 〜.「〜でした」 …… 27

7️⃣ Were you 〜?「あなたは〜でしたか」（疑問文） ……………… 28

8️⃣ Where was 〜?「〜はどこにありましたか」 ………………… 29

9️⃣ It wasn't 〜.「それは〜ではありませんでした」（否定文） ……… 30

過去進行形の文

I was 〜ing. ……………… **31**

🔟 I was 〜ing.「私は〜していました」 31

⑪ Were you 〜ing?「あなたは〜していましたか」（疑問文） ……… 33

⑫ What were you doing?「あなたは何をしていましたか」 ……… 34

⑬ I wasn't 〜ing.「私は〜していませんでした」（否定文） ……… 35

● 要点のまとめ ……………… 36

● 定期試験対策問題 ………… 39

 一般動詞（過去形）（≫p.20〜）の解説動画を確認しよう！

be動詞（≫p.27〜）の解説動画を確認しよう！

進行形（≫p.31〜）の解説動画を確認しよう！

過去の文（一般動詞）

I played 〜. / I went 〜.

1　I played 〜.「私は〜しました」

● 過去のことを表す動詞の形を学習しよう。

例文　**I played** tennis yesterday.

私は昨日，テニスをしました。

▶「〜した」のように過去のことを表す文を過去の文という。

▶ 過去の文では，動詞の**過去形**が使われる。多くの動詞は語尾に ed
または d をつけて過去形にする。

play ＋**ed** → play**ed**
like ＋**d** → like**d**

▶ 過去の文では主語が何であっても，過去形の形は変わらない。

He **plays** tennis every day. ［現在の文］
（彼は毎日テニスをします。）
He **played** tennis yesterday. ［過去の文］
（彼は昨日テニスをしました。）

▶ 過去の文では，次のような過去を表す語句が用いられることが多
い。

last 〜	**last** night(昨夜) / **last** week(先週)
（この前の〜）	**last** month(先月) / **last** year(去年)
	last Sunday(この前の日曜日)
〜 ago	a week **ago**(1週間前に)
（〜前に）	two days **ago**(2日前に)
	seven years **ago**(7年前に)
その他	yesterday(昨日)
	yesterday afternoon(昨日の午後)
	then ＝ at that time(そのとき)

（用語）現在のことを
表す文を現在の文といい，
使われる動詞の形を現在
形という。

「毎日〜した」という
文なら，every day
も過去の文で使える
よ。

◆動詞の過去形の作り方

ふつうの動詞 →edをつける	play(遊ぶ) → play**ed** walk(歩く) → walk**ed** clean(掃除する) → clean**ed**
eで終わる動詞 →dをつける	like(好む) → like**d** dance(踊る) → dance**d** use(使う) → use**d**
〈子音字＋y〉で終わる動詞 →yをiに変えてedをつける※	study(学ぶ) → stud**ied** try(やってみる) → tr**ied** carry(運ぶ) → carr**ied**
〈短母音＋子音字〉で終わる動詞 →最後の文字を重ねてedをつける	stop(止まる) → stop**ped** plan(計画する) → plan**ned**

※〈母音字＋y〉で終わる動詞はそのままedをつける。
　enjoy(楽しむ) → enjoy**ed**

発音 母音字：母音(a, i, u, e, oなど)を表す文字。
子音字：子音(母音以外の音)を表す文字。
短母音：「アー」と伸ばしたり、「アイ」のように母音が続いたりしない、短い発音の母音。

◆過去形の語尾の発音

原形の語尾が有声音 →[d ド]と発音する	played [pleid プレイド] listened [lísnd リスンド] used [juːzd ユーズド] studied [stʌ́did スタディド]
原形の語尾が無声音 →[t ト]と発音する	walked [wɔːkt ウォークト] stopped [stɑpt スタップト] danced [dænst ダンスト] watched [wɑtʃt ワッチト]
原形の語尾が[t ト][d ド] →[id イド]と発音する	wanted [wántid ワンティド] visited [vízitid ヴィズィティド] started [stáːrtid スターティド] needed [níːdid ニーディド]

発音 有声音：母音や[n][m][b][z][g][v]などの子音。のどに手を当てて発音したとき、ふるえる音。
無声音：[p][s][k][ʃ]などの子音。のどに手を当てて発音したとき、ふるえない音。

会話でチェック！ →昨日はどんなスポーツをしたでしょうか。

 What sports do you like? — どんなスポーツが好きですか。

 I like tennis and soccer. — テニスとサッカーが好きです。

 Do you often play them? — よくやるんですか。

 Yes, I **played** tennis yesterday. — はい、昨日はテニスをしました。

発音練習

確認問題 ❶   解答➡p.254

日本文に合うように，[ ]の動詞を正しい形にして（ ）に入れよう。

1. 私たちはいっしょに遊び，勉強しました。 [play / study]

   We （   ） and （   ） together.

2. 彼らは昨夜，いっしょに踊りました。 [dance]

   They （   ） together last night.

3. バスは駅の近くに止まりました。 [stop]

   The bus （   ） near the station.

2 I went to 〜.「私は〜へ行きました」（不規則動詞）

● 不規則に変化する動詞の過去形を覚えよう。

例文

I **went** to a pet shop last week.

私は先週，ペットショップへ行きました。

▶ ed や d をつけて過去形にするのではなく，go → went のように不規則に変化する動詞もある。

▶ ed や d がついて過去形になる動詞を規則動詞，不規則に変化する動詞を不規則動詞という。

◆主な不規則動詞

形が大きく変わるもの	
go（行く）→ **went**	see（見る）→ **saw**
do（する）→ **did**	have（持っている）→ **had**
teach（教える）→ **taught**	buy（買う）→ **bought**
make（作る）→ **made**	tell（告げる）→ **told**
say（言う）→ **said**	speak（話す）→ **spoke**
母音字が1文字だけ変わるもの	
come（来る）→ **came**	get（得る）→ **got**
know（知っている）→ **knew**	run（走る）→ **ran**
sit（座る）→ **sat**	write（書く）→ **wrote**
形が変わらないもの	
cut（切る）→ **cut**	put（置く）→ **put**
read（読む）→ **read**	

（参照）動詞の不規則変化の表 >> p.209

（発音）said は[seid セイド]ではなく[sed セッド]と発音する。

（発音）read の過去形は[red レッド]と発音する。

22

会話でチェック！　→友達がかわいいイヌを連れています。

Is this dog yours?

このイヌはあなたの？

Yes. I **went** to a pet shop last week. I found him there.

うん。先週, ペットショップへ行ったの。そこで彼を見つけたんだ。

He's very cute! What's his name?

とてもかわいいね！　名前は何？

It's Pochi.

ポチだよ。

発音練習

確認問題 ②　解答➡p.254

[1] 日本文に合うように, [　]の動詞を正しい形にして（　）に入れよう。

1. 私たちは昨日, 公園で大きな鳥を見ました。　[see]

   We (　　　　　　) a big bird in the park yesterday.

2. トムはケイトに話しかけました。　[speak]

   Tom (　　　　　　) to Kate.

3. 私は昨日の午後, その手紙を書きました。　[write]

   I (　　　　　　) the letter yesterday afternoon.

4. 彼女はこの本を5年前に読みました。　[read]

   She (　　　　　　) this book five years ago.

[2] （　）に正しい形を入れて, これまでに学習した動詞の形を復習しよう。

原形	3人称単数現在形 (≫p.10)	ing形 (≫p.14)	過去形
例：play	plays	playing	played
1. listen	(　　　　)	(　　　　　)	(　　　　　)
2. study	(　　　　)	(　　　　　)	(　　　　　)
3. stop	(　　　　)	(　　　　　)	(　　　　　)
4. dance	(　　　　)	(　　　　　)	(　　　　　)
5. start	(　　　　)	(　　　　　)	(　　　　　)
6. do	(　　　　)	(　　　　　)	(　　　　　)
7. have	(　　　　)	(　　　　　)	(　　　　　)
8. make	(　　　　)	(　　　　　)	(　　　　　)
9. sit	(　　　　)	(　　　　　)	(　　　　　)
10. tell	(　　　　)	(　　　　　)	(　　　　　)
11. say	(　　　　)	(　　　　　)	(　　　　　)
12. cut	(　　　　)	(　　　　　)	(　　　　　)
13. come	(　　　　)	(　　　　　)	(　　　　　)
14. run	(　　　　)	(　　　　　)	(　　　　　)

3 Did you use 〜? 「あなたは〜を使いましたか」（疑問文）

● 過去のことをたずねる表現を学習しよう。

Did you **use** my eraser?
—— Yes, I **did**. / No, I **didn't**.

あなたは私の消しゴムを使いましたか。—— はい，使いました。／いいえ，使いませんでした。

▶「〜しましたか」と過去のことをたずねるときは，主語の前にDid を置き，〈Did＋主語＋動詞の原形〜？〉の形で表す。

▶ 主語が何であってもdidの形は変わらない。

▶ Yes, 〜 did. / No, 〜 didn't. とdidを使って答える。

Did she **go** to school yesterday?
—— Yes, she **did**. / No, she **didn't**.
（彼女は昨日，学校へ行きましたか。
—— はい，行きました。／いいえ，行きませんでした。）

⚠ 一般動詞の文（現在）の疑問文と比べてみよう。
Does she **go** to school? —— Yes, she **does**. / No, she **doesn't**.
（彼女は学校へ行きますか。—— はい，行きます。／いいえ，行きません。）

×Did you used
じゃないよ。動詞を
原形にするのを忘れ
ないでね！

参照 一般動詞の文
（現在）の疑問文 ≫ p.11

ポイント

ふつうの文　　　You **used** my eraser.（あなたは私の消しゴムを使いました。）
　　　　　　　↓ Didを置く　↓原形にする
疑問文 ▶ **Did** you **use**　my eraser?

答えの文 ▶ Yes, I **did**. / No, I **didn't**.

会話でチェック！ →友達と2人で勉強をしています。

発音練習

Did you **use** my eraser? 　私の消しゴムを使った？

No, I **didn't**.　いいえ，使わなかったよ。

I can't find it. Can I use yours?　見つからないんだ。あなたのを使ってもいいかな？

Sure. Here it is.　もちろん。はい，どうぞ。

Thank you!　ありがとう！

24

✍ **確認問題 ③** 解答➡p.254

次の英文を疑問文に書きかえて，答えの文も完成させよう。

1. You played soccer yesterday.

→ (　　　　　) you (　　　　　) soccer yesterday? —— Yes, I (　　　　　).

2. He saw Jane's dog.

→ (　　　　　) he (　　　　　) Jane's dog? —— No, he (　　　　　).

---

4 **What did you do?**「あなたは何をしましたか」

●疑問詞で始まる過去の疑問文を確認しておこう。

例文
> **What did** you **do** last Sunday?
> —— I **went** to the supermarket.
> この前の日曜日にあなたは何をしましたか。—— 私はスーパーへ行きました。

▶ 疑問詞を使って過去のことをたずねるときは，疑問詞を文の最初に置き，〈疑問詞＋did＋主語＋動詞の原形～?〉の形にする。

答えるときも過去形を使う。

Where did you **study**? —— I **studied** at home.

（あなたはどこで勉強しましたか。—— 家で勉強しました。）

➕ⓐ 「だれが～しましたか」は〈Who＋動詞の過去形～?〉の形で表す。
Who wrote this? —— Ken **did**. ［←didを使って答える。］
（だれがこれを書きましたか。—— ケンが書きました。）

会話でチェック！ →日曜日には何をしたでしょうか。

🎧

😊 **What did** you **do** last Sunday? 👆　この前の日曜日には何をしましたか。

🙍 I **went** to the supermarket.　スーパーへ行きました。

😊 What did you buy?　何を買いましたか。

🙍 I bought some food and drinks.　食べ物と飲み物を買いました。

発音練習

✍ **確認問題 ④** 解答➡p.254

下線部をたずねる疑問文を完成させよう。

1. She finished her homework <u>last night</u>.

→ (　　　　　) did she (　　　　　) her homework?

2. They found <u>a cat</u> under the bench.

→ (　　　　　) (　　　　　) they find under the bench?

5 **I didn't eat 〜.「私は〜を食べませんでした」（否定文）**

●過去の否定文の作り方を確認しよう。

例文

I **didn't eat** breakfast this morning.

私は今朝，朝食を食べませんでした。

▶「〜しなかった」という過去の否定文は，動詞の前に did not [didn't] を置き，〈did not [didn't] ＋動詞の原形〜〉の形で表す。動詞は必ず原形になることに注意。

▶主語が何であっても did の形は変わらない。

He **did not play** baseball yesterday.
（彼は昨日，野球をしませんでした。）

Mary **didn't know** the boy's name.
（メアリーはその男の子の名前を知りませんでした。）

短縮形

did not → didn't

注意 動詞は原形。

×He did not played としないようにする。

ポイント

ふつうの文 I ~~ate~~ breakfast this morning. （私は今朝，朝食を食べました。）

didn'tを動詞の前に↓　↓原形にする

否定文 I **didn't** **eat** breakfast this morning.

会話でチェック! →友達はおなかがすいているようです。

Are you hungry?　　　　　　　　　おなかがすいているの？

Yes, I'm very hungry.　I **didn't eat** breakfast this morning.　うん，とてもすいているよ。今朝，朝食を食べなかったんだ。

I see. Let's eat lunch early.　　　なるほど。昼食を早く食べよう。

✎ 確認問題 ❺　解答➡p.254

次の英文を否定文に書きかえよう。

1. She studied English last night.
   → She (　　　　　) (　　　　　　　) English last night.
2. The man said thank you to us.
   → The man (　　　　　) not (　　　　　　) thank you to us.

26

過去の文（be動詞）

音声

It was ～.

6 It was ～.「～でした」

● be動詞で過去のことを表す文の形を学習しよう。

> 例文
> ## It **was** sunny yesterday.
> 昨日は晴れていました。

▶「～だった」のようにbe動詞で過去のことを表すときは，be動詞の過去形was / wereを使う。was / wereは主語に合わせて次のように使い分ける。

◆ be動詞の現在形・過去形のまとめ

主語	現在形	過去形
I	I **am** ～.	I **was** ～.
3人称単数	He **is** ～.	He **was** ～.
	She **is** ～.	She **was** ～.
	It **is** ～.	It **was** ～.
you, 複数	You **are** ～.	You **were** ～.
	We **are** ～.	We **were** ～.
	They **are** ～.	They **were** ～.

I **was** sick last week.
（私は先週，病気でした。）
Yumi **was** in the garden then.
（ユミはそのとき，庭にいました。）
You **were** very kind to her.
（あなたは彼女にとてもやさしかったです。）
My parents **were** classmates in junior high school.
（私の両親は中学校でクラスメイトでした。）

> was / wereの後ろに場所を表す語(句)がくると，「～にいた[あった]」の意味になるよ。

発音練習

> What did you do yesterday?

昨日は何をしたの？

> It **was** sunny, so I went to the park with my dog.

晴れていたから，イヌを連れて公園へ行ったよ。

✎ **確認問題 ⑥** 解答➡p.254

日本文に合うように，（　　）に適する語を入れよう。

1. 私は昨日，京都にいました。

　I (　　　　　　　　) in Kyoto yesterday.

2. 私たちはそのときおなかがすいていました。

　We (　　　　　　　　) hungry at that time.

---

7 Were you 〜?「あなたは〜でしたか」（疑問文）

● be動詞の過去の疑問文と，答え方を学習しよう。

例文

Were you busy last night?
── Yes, I **was**. / No, I **wasn't**.

あなたは昨夜，忙しかったですか。── はい，忙しかったです。/ いいえ，忙しくありませんでした。

▶「〜でしたか」「〜にいました［ありました］か」とたずねるときは，〈Was [Were] ＋主語〜?〉の形で表す。Yesならwas [were]，Noならwasn't [weren't] を使って答える。

Were your parents at home this morning?
── Yes, they **were**. / No, they **weren't**.

（あなたの両親は今朝，家にいましたか。

── はい，いました。/ いいえ，いませんでした。）

be動詞を主語の前に出すのは，現在の文と同じだね。

ポイント

ふつうの文　　You **were** busy last night.（あなたは昨夜，忙しかったです。）

be動詞を主語の前に

疑問文　　**Were** you　　　busy last night?

答えの文　Yes, I **was**. / No, I **wasn't**.

会話でチェック! →昨夜のテレビの話をしています。

Did you watch that TV show?
あのテレビ番組を見た?

No, I didn't. Was it good?
いいえ、見なかった。よかった?

Yes. **Were** you busy last night?
うん。昨日の夜は忙しかったの?

Yes, I cooked dinner for my family.
うん、家族のために夕食を作ったんだ。

確認問題 ⑦ 解答➡p.254

次の英文を疑問文に書きかえて、答えの文も完成させよう。

1. The children were quiet at lunch time.

→ (　　　　　) (　　　　　) (　　　　　　　) quiet at lunch time?

―― No, they (　　　　　).

---

⑧ Where was ～?「～はどこにありましたか」

●疑問詞で始まるbe動詞の過去の疑問文を見てみよう。

例文
Where was your key?
―― It **was** under the bed.
あなたのかぎはどこにありましたか。―― ベッドの下にありました。

▶「いつ～でしたか」「どこにありましたか」とたずねるときは、〈疑問詞＋was［were］＋主語～?〉の形で表す。答えるときはYes / Noは使わず、具体的に答える。

When was his birthday party? ―― It was last Sunday.
(彼の誕生日パーティーはいつでしたか。―― この前の日曜日でした。)

会話でチェック! →なくしたかぎは見つかったでしょうか。

I lost my key last night.
私は昨日の夜にかぎをなくしました。

Did you find it?
見つけましたか。

Yes, but I looked for it for two hours.
はい、でも2時間探しました。

Where was it?
どこにありましたか。

It **was** under the bed.
ベッドの下にありました。

解答➡p.254

確認問題 ⑧

日本文に合うように，（　　）に適する語を入れよう。

1. あなたは今朝どこにいましたか。── 図書館にいました。

（　　　　　）（　　　　　　　　　）you this morning? ── I was in the library.

2. 夏休みはどうでしたか。── とてもよかったです。

（　　　　　）（　　　　　　　　　）your summer vacation? ── It was great.

9 It wasn't 〜.「それは〜ではありませんでした」（否定文）

● be動詞の過去の否定文を学習しよう。

例文
The soup **wasn't** hot.
スープは熱くありませんでした。

▶「〜ではなかった」「〜にいなかった」などの否定文は，was / wereのあとにnotを置いて，was not [wasn't] 〜 / were not [weren't] 〜で表す。

I **was not** angry.（私は怒っていませんでした。）

Taku and I **weren't** in the same class.

（タクと私はいっしょのクラスではありませんでした。）

×I didn't angry.
としないように注意しよう。

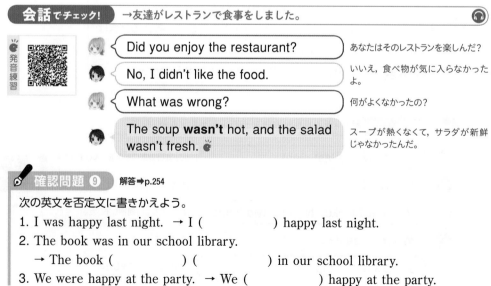

会話でチェック！　→友達がレストランで食事をしました。

発音練習

Did you enjoy the restaurant?　あなたはそのレストランを楽しんだ？

No, I didn't like the food.　いいえ，食べ物が気に入らなかったよ。

What was wrong?　何がよくなかったの？

The soup **wasn't** hot, and the salad wasn't fresh.　スープが熱くなくて，サラダが新鮮じゃなかったんだ。

確認問題 ⑨　解答➡p.254

次の英文を否定文に書きかえよう。

1. I was happy last night. → I（　　　　　　）happy last night.

2. The book was in our school library.

→ The book（　　　　　）（　　　　　）in our school library.

3. We were happy at the party. → We（　　　　　）happy at the party.

過去進行形の文

I was ～ing.

音声

10 I was ～ing.「私は～していました」

● 「過去に行っていた動作」を表す表現を覚えよう。

> 例文
> ## I **was taking** a bath then.
> 私はそのとき，お風呂に入っていました。

▶「～していた」「～しているところだった」のように過去のあるときに行われている最中だった動作は，過去進行形〈was [were] ＋動詞のing形〉で表す。

復習 現在進行形を復習しよう。》p.14

Tom **was looking** for you a few minutes ago.
（数分前にトムがあなたを探していました。）
We **were swimming** in the pool.
（私たちはプールで泳いでいました。）
The students **were listening** to the teacher.
（生徒たちは先生の言うことを聞いていました。）

ポイント

> 過去形 I took a bath last night. （私は昨夜，お風呂に入りました。）
> was / wereを置く↓ ↓動詞のing形にする
> 過去進行形 I **was taking** a bath then.

⚠ 過去形は「すでに終わった動作の全体」を表す。
I **wrote** the letter yesterday.
（私は昨日，その手紙を書きました。）
→手紙を書くという動作は昨日終わっている。

⚠ 次のような「状態を表す動詞」は進行形にならない。
The man **had** two sons.（その男性には息子が2人いました。）
She **knew** my name.（彼女は私の名前を知っていました。）

その他の「状態を表す動詞」：
like（好む）
want（ほしがっている）
see（見える）
hear（聞こえる）

▶ 動詞のing形の作り方は現在進行形の場合と同じだが，もう一度確認しておこう。

◆動詞のing形の作り方

ふつうの動詞 →そのまま ing をつける	play（遊ぶ）→ play**ing** sing（歌う）→ sing**ing**
e で終わる動詞 →e をとって ing をつける	use（使う）→ us**ing** make（作る）→ mak**ing** 例外：see（見る）→ see**ing**
〈短母音＋子音字〉で終わる動詞 →最後の文字を重ねて ing をつける※	run（走る）→ run**ning** swim（泳ぐ）→ swim**ming** sit（座る）→ sit**ting**

（参照）短母音と子音字については >> p.21

※〈短母音＋子音字〉で終わる動詞でも，次のような場合はそのまま ing をつける。
2音節でアクセントが前にある語：
visit（訪れる）→ visiting　listen（聞く）→ listening
子音字の前に同じ文字が2つ続く語：
look（見る）→ looking　cook（料理する）→ cooking

ie で終わる動詞は，ie を y に変えて ing をつけるが，数は多くない。
die（死ぬ）→ dying
lie（横になる）→ lying

会話でチェック！ →なぜ電話が通じなかったのでしょうか。

I called you at eight, but you didn't answer.

8時に電話しましたが，あなたは出ませんでした。

Sorry, I **was taking** a bath then.

すみません，私はそのときお風呂に入っていました。

That's OK.

いいんですよ。

確認問題⑩　解答➡p.254

[　]の動詞を使って，日本文に合う英文を完成させよう。
1. 今朝は雨が激しく降っていました。　[rain]
　It (　　　　　) (　　　　　　　　) hard this morning.
2. メアリーとトムは公園で走っていました。　[run]
　Mary and Tom (　　　　　) (　　　　　　　　) in the park.

11 Were you ～ing?「あなたは～していましたか」(疑問文)

● 過去進行形の疑問文と,答え方を学習しよう。

例文

Were you sleeping?
── Yes, I was. / No, I wasn't.

あなたは眠っていたのですか。── はい,眠っていました。/ いいえ,眠っていませんでした。

▶「～していましたか」という過去進行形の疑問文は,〈Was [Were]＋主語＋動詞の ing 形～?〉の形で表す。

ふつうの文 You **were sleeping**.
疑問文 **Were** you **sleeping**?

×Did you sleeping? としないように注意しよう。

▶ Yes なら was [were], No なら wasn't [weren't] を使って答える。

Were they **studying** English at that time?
── Yes, they **were**. / No, they **weren't**.

(彼らはそのとき英語を勉強していましたか。
── はい,勉強していました。/ いいえ,勉強していませんでした。)

会話でチェック! →昨日の夜,何があったのでしょうか。

It was a very big storm.
とても大きな嵐でしたね。

What are you talking about?
あなたは何のことを言っているのですか。

Last night. **Were** you **sleeping**?
昨日の夜ですよ。あなたは眠っていたのですか。

Yes, I **was**. I went to bed early last night.
はい,眠っていました。昨日の夜,私は早く寝たんです。

発音練習

🎤 **確認問題 ⑪** 解答➡p.254

次の英文を過去進行形の疑問文に書きかえて,答えの文も完成させよう。

1. He was listening to music at that time.
   → (　　　　　) he (　　　　　) to music at that time?
   ── Yes, (　　　　　) (　　　　　).

2. You were waiting for me in the classroom.
   → (　　　　　) you (　　　　　) for me in the classroom?
   ── No, I (　　　　　).

12 What were you doing?「あなたは何をしていましたか」

● 疑問詞で始まる過去進行形の疑問文を見てみよう。

例文

What were you doing there?
── I was waiting for a friend.

あなたはあそこで何をしていましたか。── 私は友達を待っていました。

▶「何を～していましたか」などの疑問詞を使った過去進行形の疑問文は，疑問詞を文の最初に置き，あとに過去進行形の疑問文の形を続ける。

▶ 答えるときは，Yes / No ではなく，過去進行形の文で答える。

What were you **looking** for?
── I **was looking** for my shoes.
（あなたは何を探していましたか。── 私の靴を探していました。）

⚠️ 「だれが～していましたか」という疑問文は，who を主語にして次のように表す。答え方にも注意。
Who was playing the piano? ── Kenji **was**.
（だれがピアノを弾いていましたか。── ケンジです。）

Kenji was. ＝ Kenji was playing the piano.

会話 でチェック! → クラスメイトを校門のところで見かけました。

発音練習

I saw you at the school gate. **What were** you **doing** there? 👅

校門であなたを見たよ。あそこで何をしていたの?

I **was waiting** for a friend.

友達を待っていたんだ。

Who were you waiting for?

だれを待っていたの?

It's a secret.

それは秘密だよ。

✏️ **確認問題 ⑫** 解答➡p.254

日本文に合うように，( )に適する語を入れよう。

1. 彼女は昨夜の10時に何をしていましたか。── テレビを見ていました。
   (　　　　　) (　　　　　　　) she doing at ten last night?
   ── (　　　　　) (　　　　　　　) watching TV.
2. あなたたちは何を食べていたのですか。── オレンジを食べていました。
   (　　　　　) (　　　　　) you (　　　　　)?
   ── We (　　　　　) (　　　　) oranges.

13 I wasn't ～ing.「私は～していませんでした」（否定文）

● 過去進行形の否定文を学習しよう。

例文
I wasn't listening to you.
私はあなたの言うことを聞いていませんでした。

▶「～していなかった」という過去進行形の否定文は，was [were] のあとに not を置いて，〈was [were] not ＋動詞の ing 形〉で表す。

短縮形
was not → wasn't
were not → weren't

The train **was not** running.（電車は走っていませんでした。）
The girls **weren't enjoying** the party.
（女の子たちはパーティーを楽しんでいませんでした。）

ポイント

ふつうの文 ▶ I was listening to you.
↓ was / were のあとに not を置く　　（私はあなたの言うことを聞いていました。）
否定文 ▶ I was **not** [wasn't] listening to you.

会話でチェック！ →父親がエミに話しかけます。

Did you do your homework, Emi?
宿題をやったの, エミ？

Sorry, I **wasn't listening** to you.
What did you say?
ごめんなさい, 言うことを聞いていなかった。何と言ったの？

Did you do your homework?
宿題をしたの？

Yes, I did it before dinner.
うん, 夕食前にしたよ。

発音練習

確認問題 ⑬ 解答➡p.254

次の英文を否定文に書きかえよう。
1. She was looking at me. → She (　　　　　) (　　　　　) at me.
2. It was raining at that time.
　 → It (　　　　) (　　　　) (　　　　) at that time.
3. We were talking about you.
　 → We (　　　　) (　　　　) about you.

過去の文（一般動詞）　　I played 〜. / I went 〜.

☑ **1 I played 〜.**　「私は〜しました」

> **I played** tennis yesterday.
> （私は昨日，テニスをしました。）

▶「〜した」のように過去のことを表す文を過去の文という。

▶ 過去の文では，動詞の過去形が使われる。多くの動詞は語尾に ed または d をつけて過去形にする。

▶ ed や d をつけて過去形にするのではなく，go → went のように不規則に変化する動詞もある。ed や d がついて過去形になる動詞を規則動詞，不規則に変化する動詞を不規則動詞という。

　2 I **went** to a pet shop last week.（私は先週，ペットショップへ行きました。）

☑ **3 Did you use 〜?**　「あなたは〜を使いましたか」（疑問文）

> **Did** you **use** my eraser?
> ── Yes, I **did**. / No, I **didn't**.
> （あなたは私の消しゴムを使いましたか。── はい，使いました。/ いいえ，使いませんでした。）

▶「〜しましたか」と過去のことをたずねるときは，主語の前に Did を置き，〈Did ＋主語＋動詞の原形〜?〉の形で表す。Yes, 〜 did. / No, 〜 didn't. と答える。

▶「何をしましたか」とたずねる文は，〈What did ＋主語＋動詞の原形〜?〉の形にする。

　4 **What did** you **do** last Sunday? ── I **went** to the supermarket.
　（この前の日曜日にあなたは何をしましたか。── 私はスーパーへ行きました。）

☑ **5 I didn't eat 〜.**　「私は〜を食べませんでした」（否定文）

> I **didn't eat** breakfast this morning.
> （私は今朝，朝食を食べませんでした。）

▶「〜しなかった」という過去の否定文は，動詞の前に did not [didn't] を置き，〈did not [didn't] ＋動詞の原形〜〉の形で表す。

過去の文（be動詞）

☑ ⑥ It was ～. 「～でした」

> It **was** sunny yesterday.
> （昨日は晴れていました。）

▶ 「～だった」のようにbe動詞で過去のことを表すときは，be動詞の過去形was / were を使う。was / wereは主語に合わせて使い分ける。

☑ ⑦ Were you ～? 「あなたは～でしたか」（疑問文）

> **Were** you busy last night?
> —— Yes, I **was**. / No, I **wasn't**.
> （あなたは昨夜，忙しかったですか。—— はい，忙しかったです。/ いいえ，忙しくありませんでした。）

▶ 「～でしたか」「～にいました［ありました］か」とたずねるときは，〈Was [Were] ＋主語～?〉の形で表す。Yesならwas [were]，Noならwasn't [weren't]を使って答える。

▶ 「いつ～でしたか」「どこにありましたか」とたずねるときは，〈疑問詞＋was [were] ＋主語～?〉の形で表す。
  ⑧ **Where was** your key? —— It **was** under the bed.
  （あなたのかぎはどこにありましたか。—— ベッドの下にありました。）

☑ ⑨ It wasn't ～. 「それは～ではありませんでした」（否定文）

> The soup **wasn't** hot.
> （スープは熱くありませんでした。）

▶ 「～ではなかった」「～にいなかった」などの否定文は，was / wereのあとにnotを置いて，was not [wasn't] ～ / were not [weren't] ～で表す。

過去進行形の文　　　　　　　　　　　　　I was ～ing.

☑ ⑩ **I was ～ing.** 「私は～していました」

> **I was taking** a bath then.
> (私はそのとき, お風呂に入っていました。)

▶「～していた」「～しているところだった」のように過去のあるときに行われている最中だった動作は, 過去進行形〈was [were]＋動詞のing形〉で表す。

☑ ⑪ **Were you ～ing?** 「あなたは～していましたか」(疑問文)

> **Were** you **sleeping**?
> ── Yes, I **was**. / No, I **wasn't**.
> (あなたは眠っていたのですか。── はい, 眠っていました。/ いいえ, 眠っていませんでした。)

▶「～していましたか」という過去進行形の疑問文は, 〈Was [Were]＋主語＋動詞のing形～?〉の形で表す。Yesならwas [were], Noならwasn't [weren't]を使って答える。

▶「何を～していましたか」などの疑問詞を使った過去進行形の疑問文は, 疑問詞を文の最初に置き, あとに過去進行形の疑問文の形を続ける。

> ⑫ **What were** you **doing** there? ── I **was waiting** for a friend.
> (あなたはあそこで何をしていましたか。── 私は友達を待っていました。)

☑ ⑬ **I wasn't ～ing.** 「私は～していませんでした」(否定文)

> **I wasn't listening** to you.
> (私はあなたの言うことを聞いていませんでした。)

▶「～していなかった」という過去進行形の否定文は, was [were]のあとにnotを置いて, 〈was [were] not＋動詞のing形〉で表す。

定期試験対策問題 (解答➡p.257)

1 次の動詞の過去形を書きなさい。

(1) want _____   (2) like _____

(3) try _____   (4) stop _____

(5) do _____   (6) give _____

(7) speak _____   (8) read _____

(9) catch _____   (10) be _____

(11) put _____   (12) think _____

(13) see _____   (14) fight _____

(15) teach _____   (16) forget _____

2 次の___に，（　）内の語を適する形にして書きなさい。ただし，形を変える必要がないものは，そのまま書きなさい。

(1) We _____ to the zoo last Sunday.（go）

(2) She _____ Japan two weeks ago.（leave）

(3) It _____ rainy all day yesterday.（be）

(4) Did he _____ a red hat?（wear）

(5) I was _____ English.（study）

(6) Where _____ you yesterday morning?（be）

3 次の問いに対する答えとして適するものを，ア～キから1つずつ選びなさい。

(1) Did it snow last week? _____

(2) Where did you go last Sunday? _____

(3) What were you doing in the morning? _____

(4) Why were you angry yesterday? _____

(5) Who was knocking on the door? _____

(6) Was your new racket expensive? _____

(7) Did he use my computer? _____

ア I went to the library.
イ Akira was.
ウ Yes, he did.
エ I was watching TV.
オ No, it wasn't.
カ No, it didn't.
キ Because you were late.

4 次の英文を，（　　）内の指示にしたがって書きかえなさい。

(1) She was a student at this school.　（否定文に）

_____

(2) An airplane is flying in the sky.　（過去進行形の文に）

_____

(3) He lives in Australia.　（three years ago を加えて）

_____

(4) They were running in the playground.　（疑問文に）

_____

(5) Jane heard the news yesterday.　（疑問文に）

_____

(6) They went to Hawaii for the vacation.　（下線部をたずねる文に）

_____

5　次の日本文の意味を表す英文を，（　　）内の語句を並べかえて作りなさい。

(1) 4時には雨は降っていませんでした。

（ was / four / not / it / at / raining ）.

_____

(2) 私たちはその映画をとても楽しみました。

（ much / enjoyed / we / the movie / very ）.

_____

(3) あなたは図書館で何を読んでいましたか。

（ were / what / the library / you / in / reading ）?

_____

(4) 昨夜，あなたとミカは駅にいましたか。

（ you / Mika / were / the station / at / and ）last night?

_____ last night?

(5) ケンタは昨日Tシャツを着ていましたか。

（ Kenta / yesterday / was / a T-shirt / wearing ）?

_____

6 次の英文を日本語になおしなさい。

(1) Yuka was on the baseball team.

_____

(2) I didn't ride my sister's bike yesterday.

_____

(3) She got up very late this morning.

_____

(4) Was it cold yesterday? —— No, it wasn't.

_____

7 次の日本文に合うように，＿＿に適する語を入れなさい。

(1) 昨日はバイオリンを練習しませんでした。

I ＿＿＿＿＿＿ ＿＿＿＿＿＿ the violin yesterday.

(2) 夕食の前に手を洗いましたか。

＿＿＿＿＿＿ ＿＿＿＿＿＿ ＿＿＿＿＿＿ your hands before dinner?

(3) たくさんの子どもが公園で遊んでいました。

A lot of children ＿＿＿＿＿＿ ＿＿＿＿＿＿ in the park.

(4) 私たちは旅行のあと，とても疲れていました。

We ＿＿＿＿＿＿ ＿＿＿＿＿＿ ＿＿＿＿＿＿ after the trip.

8 次の日本文を英語になおしなさい。

(1) 私は2日前，駅で彼女を見ました。

_____

(2) 彼は昨日，病院へ行きましたか。

_____

(3) 私の祖母は英語の先生でした。

_____

(4) あなたは昨夜，何をしていましたか。

_____

多くの意味を持つ動詞

● 英語の動詞には1語で多くの意味を持つものが多い。太字で示した基本的な意味をしっかりとらえ，いっしょに使われる語句とともに意味や訳し方を覚えよう。

have「持っている，所有する」

have a bike（自転車を持っている）/ have two sisters（姉妹が2人いる）
have a walk（散歩をする）/ have breakfast（朝食を食べる）
have a good time（楽しい時間を過ごす）/ have a cold（かぜをひいている）

take「手にとる」

take her hand（彼女の手をとる）/ take a picture（写真を撮る）
take him to school（彼を学校へ連れて行く）/ take a shower（シャワーを浴びる）
take a taxi（タクシーに乗る）/ take two hours（2時間かかる）

get「手に入れる，（ある状態）になる」

get a new job（新しい仕事を得る）/ get a train ticket（電車の切符を買う）
get to the station（駅に着く）/ get dark（暗くなる）

make「作る」

make lunch（昼食を作る）/ make money（お金をかせぐ）
make a speech（スピーチをする）/ make you happy（あなたを幸せにする）

keep「そのまま保つ」

keep the change（おつりをとっておく）/ keep a diary（日記をつける）
keep a promise（約束を守る）/ keep the room clean（部屋をきれいに保つ）

leave「そのままにして去る」

leave home（家を出る）/ leave a message（メッセージを残す）
leave for school（学校に出発する）/ leave a book on the bus（バスに本を忘れる）
leave him alone（彼を1人にする）/ leave the door open（ドアを開けっぱなしにする）

give「与える」

give her a book（彼女に本をあげる）/ give me the salt（私に塩を手渡す）
give him a call（彼に電話をする）/ give a party（パーティーを開く）

第 2 章

未来の文

未来の文①

be going to **44**

14 I'm going to 〜.「私は〜するつもりです」 44

15 It is going to 〜.「〜しそうです」 45

16 Are you going to 〜?「〜するつもりですか」(疑問文) 46

17 How long are you going to 〜?
「どのくらい〜するつもりですか」 47

18 I'm not going to 〜.「私は〜するつもりはありません」 48

未来の文②

will **49**

19 I will 〜.「私は〜するつもりです」「私は〜します」 49

20 He will 〜.「彼は〜するでしょう」 50

21 Will it 〜?「〜するでしょうか」 51

22 What will you 〜?「何を〜するでしょうか」 52

23 I won't 〜.「私は〜しないでしょう」 53

● 要点のまとめ 54

● 定期試験対策問題 56

未来の文①

be going to

14 **I'm going to 〜.**「私は〜するつもりです」

● 未来の意志や予定を表す be going to の用法を学習しよう。

例文 | **I'm going to** visit my aunt tomorrow.
私は明日，おばを訪ねるつもりです。

▶ 「〜するつもりだ」「〜する予定だ」のように未来の意志や予定を表すときには〈be going to ＋動詞の原形〉を使う。

短縮形 be 動詞は I'm, you're, she's などの短縮形にすることも多い。

▶ be 動詞は主語によって am / is / are を使い分ける。

She **is going to** study in America next year.
（彼女は来年，アメリカで勉強する予定です。）

We**'re going to** have a party this evening.
（私たちは今晩，パーティーを開きます。）

▶ 未来の文では，未来を表す語句が用いられることが多い。

next week（来週）/ next month（来月）/ next year（来年）
next Sunday（今度の日曜日）
tomorrow（明日）/ tomorrow afternoon（明日の午後）など

ポイント

| 現在の文 | I | | visit my aunt every year.（私は毎年，おばを訪ねます。） |

〈be going to ＋動詞の原形〉

| 未来の文 | I **am going to** visit my aunt tomorrow. |

会話 でチェック！ →友達と明日の予定について話しています。

発音練習

Let's go to a movie tomorrow. | 明日，映画を見に行こうよ。

I'm sorry, but **I'm going to** visit my aunt tomorrow. | ごめん，明日はおばを訪ねるつもりなんだ。

How about next Sunday, then? | じゃあ，今度の日曜日はどう？

確認問題 ❶ 解答 ➡ p.254

日本文に合うように，（　　）に適する語を入れよう。

1. 私は新しいシャツを買うつもりです。

   I (　　　　　　　) (　　　　　　　) to buy a new shirt.

2. ジェーンは来週，韓国へ旅行する予定です。

   Jane (　　　　　) (　　　　　) (　　　　　　) take a trip to Korea next week.

15 It is going to 〜.「〜しそうです」

● 近い未来の予測を表す be going to の用法を学習しよう。

It's going to rain soon.

もうすぐ雨が降りそうです。

▶ be going to 〜は，「（今にも）〜しそうだ」という近い未来の予測を表すときにも使える。

We **are going to** be late. (私たちは遅刻しそうです。)

会話でチェック! →天気が変わりそうです。

Look at the sky.　　　　　　空を見て。

Oh, it**'s going to** rain soon. 🔊　　ああ，もうすぐ雨が降りそうです。

Do you have an umbrella?　　かさを持っていますか。

No, I don't. Let's go home.　いいえ，持っていません。家に帰りましょう。

発音練習

確認問題 ❷ 解答 ➡ p.254

日本文に合うように，（　　）に適する語を入れよう。

1. コンサートがもうすぐ始まりそうです。

   The concert (　　　　　) (　　　　　) (　　　　　　) start soon.

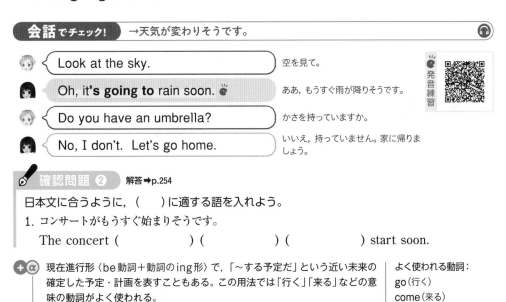

現在進行形〈be動詞＋動詞のing形〉で，「〜する予定だ」という近い未来の確定した予定・計画を表すこともある。この用法では「行く」「来る」などの意味の動詞がよく使われる。

　My grandmother **is coming** tomorrow.

　（祖母が明日，来る予定です。）

よく使われる動詞：
go（行く）
come（来る）
leave（出発する）
arrive（到着する）

16 Are you going to ～? 「～するつもりですか」（疑問文）

● be going toの疑問文の形を覚えよう。

> 例文
>
> ## Are you going to take a bus?
> —— Yes, I **am**. / No, I'm **not**.
>
> あなたはバスに乗るつもりですか。—— はい, 乗るつもりです。/ いいえ, 乗るつもりはありません。

▶「～するつもりですか」「～する予定ですか」と未来のことをたずねるときは, be動詞を主語の前に出して, 〈be動詞＋主語＋going to＋動詞の原形～?〉の形で表す。答えるときは, ふつうのbe動詞の疑問文と同じように, be動詞を使う。

Are Kumi and Rika **going to** join us tomorrow?
—— Yes, they **are**. / No, they **aren't**.

（クミとリカは明日, 私たちに加わる予定ですか。
—— はい, 加わる予定です。/ いいえ, 加わる予定はありません。）

> ×Do you going
> to ～?としないよ
> うに注意しよう。

ふつうの文	You **are going to** take a bus. （あなたはバスに乗るつもりです。）

└ be動詞を主語の前に

疑問文	**Are** you **going to** take a bus?

答えの文	Yes, I **am**. / No, I'm **not**.

会話でチェック! → 今日は雨が降っています。

> It's raining today. **Are** you **going to** take a bus?

今日は雨が降っています。バスに乗るつもりですか。

> No, I'm going to walk with an umbrella.

いいえ, かさをさして歩くつもりです。

✏ **確認問題 ❸** 解答➡p.254

次の英文を疑問文に書きかえよう。

1. You are going to watch TV tonight.
   → (   ) (   ) (   ) to watch TV tonight?

2. Ken is going to use this room.
   → (   ) Ken (   ) (   ) use this room?

17 How long are you going to ～? 「どのくらい～するつもりですか」

● 疑問詞で始まる be going to の疑問文を見てみよう。

例文
How long are you going to stay?
── I'm going to stay for a month.

あなたはどのくらい滞在する予定ですか。── 私は1か月滞在する予定です。

▶ 疑問詞を使って未来のことをたずねるときは，疑問詞を文の最初に置き，あとに be going to の疑問文の形を続ける。〈疑問詞＋be動詞＋主語＋going to ＋動詞の原形～?〉という形になる。

Where is she **going to** live?
── In New York.
（彼女はどこに住むつもりですか。── ニューヨークです。）

whenやwhereで聞かれたときは，時や場所だけを答えてもいいよ。

⚠ 「だれが～する予定ですか」とたずねるときは，who を主語にして次のように表す。答え方にも注意。
Who is going to play the piano? ── Yuki **is**.
（だれがピアノを弾く予定ですか。── ユキです。）

会話でチェック! →外国人の観光客と話しています。

I came to Japan a week ago. | 私は1週間前に日本に来ました。

How long are you **going to** stay? | どのくらい滞在する予定ですか。

For a month. | 1か月です。

What are you going to do next week? | 来週は何をするつもりですか。

I'm going to visit Kyoto. | 京都を訪れるつもりです。

発音練習

 確認問題 ④ 解答➡p.254

日本文に合うように，（ ）に適する語を入れよう。
1. 昼ご飯に何を食べるつもりですか。── サンドイッチを食べるつもりです。
　　（　　　　　　）（　　　　　　） you （　　　　　　） to eat for lunch?
　　── I'm （　　　　　　）（　　　　　　） eat sandwiches.
2. 彼らは何時に試合を始める予定ですか。──3時です。
　　（　　　　　　） time （　　　　　　） they （　　　　　　） to start the game?
　　── At three.

18 **I'm not going to 〜.「私は〜するつもりはありません」**

● be going toの否定文の形を覚えよう。

例文

I'm not going to buy it.

私はそれを買うつもりはありません。

▶「〜するつもりはない」「〜する予定はない」という意味を表す be going toの否定文は，be動詞のあとにnotを置いて，〈be動詞＋not going to＋動詞の原形〉の形になる。

We **aren't going to** play soccer this Sunday.

（私たちは今度の日曜日，サッカーをする予定はありません。）

ふつうの文 **I'm** **going to** buy it. （私はそれを買うつもりです。）

be動詞のあとにnotを置く

否定文 **I'm not going to** buy it.

会話でチェック！ お店でバッグをながめていたら，店員さんに話しかけられました。

May I help you? Would you like this bag?

いらっしゃいませ。このバッグはいかがですか。

Hi. Oh, **I'm not going to** buy it. I'm just looking around.

こんにちは。ああ，私はそれを買うつもりはありません。見ているだけです。

OK.

わかりました。

 確認問題 ⑤ 解答➡p.254

次の英文を否定文に書きかえよう。

1. They are going to sing the song.

   → They （   ） （   ） （   ） sing the song.

⚠ 〈主語＋be動詞＋not〉の短縮形を復習しておこう。

　I am not　　→ I'm not
　you are not → you're not / you aren't
　she is not　→ she's not / she isn't
　they are not → they're not / they aren't

48

未来の文②

音声

19 I will 〜.「私は〜するつもりです」「私は〜します」

● 未来の意志や予定を表す will の用法を学習しよう。

> 例文
> # I'll e-mail her later.
> 私はあとで彼女にメールします。

▶「〜する」「〜するつもりだ」のような未来の意志や予定は〈will ＋動詞の原形〉で表すこともできる。will は主語が何であっても形は変わらない。また，will のあとにくる動詞は必ず原形になる。

We'll help you. Don't worry.
（私たちはあなたを手伝います。心配しないでください。）

> （短縮形）
> I will → I'll
> you will → you'll
> she will → she'll
> they will → they'll

ポイント

現在の文 I 　　e-mail her every day. （私は毎日，彼女にメールをします。）

↓〈will＋動詞の原形〉

未来の文 I **will** e-mail her later.

会話でチェック! →マキにはどのように連絡するのでしょうか。

発音練習

 Let's meet at five tomorrow.　　明日5時に会いましょう。

OK. Can you tell Maki about the time?　わかりました。マキに時間を知らせてもらえますか。

Sure. **I'll** e-mail her later. 　いいですよ。あとで彼女にメールします。

Thank you. See you tomorrow.　ありがとう。また明日。

 確認問題 6 　解答 ➡ p.254

日本文に合うように，（　　）に適する語を入れよう。

1. 私たちは来年，アメリカへ行きます。

　（　　　　　　）（　　　　　　　　　） go to America next year.

2. 私が彼のためにピアノを弾きましょう。

　（　　　　　　）（　　　　　　　　　） the piano for him.

20 He will 〜.「彼は〜するでしょう」

● 未来の予想を表すwillの用法を学習しよう。

例文

He'll be here soon.

彼はもうすぐここに来るでしょう。

▶〈will＋動詞の原形〉は「〜するだろう」のように未来の単純な予想を表すこともできる。「時間がたてばそうなるだろう」という含みがある。

My sister **will** be ten years old next month.

（妹は来月，10歳になります。）

会話表現 会話では，will beは「来る[行く]だろう」の意味になることもある。

会話 でチェック！ →2人でトムを待っています。

Where is Tom?
トムはどこにいるんですか。

He called me a few minutes ago.
He'll be here soon.
数分前に電話がありました。もうすぐ来ますよ。

Are you sure?
本当ですか。

Yes. Let's wait for him.
はい。彼を待ちましょう。

確認問題 ⑦ 解答➡p.254

[ ]の語句を加えた未来の文になるように，（ ）に適する語を入れよう。

1. It is cloudy. [tomorrow]
   → It ( ) ( ) cloudy tomorrow.
2. Yumi calls you. [this evening]
   → Yumi ( ) ( ) you this evening.

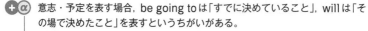

＋α 意志・予定を表す場合，be going toは「すでに決めていること」，willは「その場で決めたこと」を表すというちがいがある。

My mother is sick. **I'm going to** make dinner tonight.
（母は具合が悪いです。今夜は私が夕食を作るつもりです。）
The phone is ringing. —— OK, I**'ll** answer it.
（電話が鳴っています。—— わかりました，私が出ます。）
また，今の状況から確実に「〜しそうだ」と予想するときはbe going toを使う（≫p.45）。

少しちがいがあるんだね。

[21] Will it ～? 「～するでしょうか」

● 未来を表すwillの疑問文の形を覚えよう。

> 例文
>
> # **Will** it be sunny tomorrow?
> —— Yes, it **will**. / No, it **will not [won't]**.
>
> 明日は晴れるでしょうか。 —— はい，晴れるでしょう。 / いいえ，晴れないでしょう。

▶ 「～するでしょうか」とwillを使って未来のことをたずねるときは，willを主語の前に出して，〈Will＋主語＋動詞の原形～?〉の形で表す。

▶ 答えるときは，Yes, ～ **will**. / No, ～ **will not [won't]**. とする。

Will Misa like our present?
—— Yes, she **will**. / No, she **won't**.

（ミサは私たちのプレゼントを気に入るでしょうか。
—— はい，気に入るでしょう。 / いいえ，気に入らないでしょう。）

> **短縮形** won'tは
> will notの短縮形。
> ≫p.53

ポイント

ふつうの文　　It **will** be sunny tomorrow. （明日は晴れるでしょう。）

└ willを主語の前に ┘

疑問文 ▶ **Will** it 　　be sunny tomorrow?

答えの文 ▶ Yes, it **will**. / No, it **will not [won't]**.

+α Will you ～?は「～してくれますか」と相手に依頼をするときにも使うことができる。答え方もいっしょに覚えておこう。

Will you open the window? —— Sure.
（窓を開けてくれますか。 —— いいですよ。）
[引き受けるとき] All right. （わかりました。） / Sure. （いいですよ。）
[断るとき]　　　 Sorry, I can't. （ごめんなさい，できません。）

> **参照** 詳しくは
> ≫p.69

会話でチェック! →明日の天気が気になります。

It's cloudy today. **Will** it be sunny tomorrow?

今日はくもっています。明日は晴れるでしょうか。

Yes, it **will**. What are you going to do?

はい，晴れるでしょう。何をするつもりですか。

I'm going to play tennis with Mike.

マイクとテニスをするつもりです。

発音練習

51

確認問題 8　　解答➡p.254

次の英文を疑問文に書きかえて，答えの文も完成させよう。

1. Tom will go to school next Monday.

　→ (　　　　　　) (　　　　　　) (　　　　　　　　) to school next Monday?

　　—— Yes, (　　　　　　) (　　　　　　　　).

2. You will be home tomorrow evening.

　→ (　　　　　　) (　　　　　　) (　　　　　　　　) home tomorrow evening?

　　—— No, (　　　　　　) (　　　　　　　　).

22 What will you 〜?「何を〜するでしょうか」

●疑問詞で始まるwillの疑問文を見てみよう。

例文

What will you do after dinner?
—— I'll watch TV.

夕食のあと，あなたは何をしますか。—— 私はテレビを見ます。

▶ 疑問詞とwillを使って未来のことをたずねるときは，疑問詞を文の最初に置き，あとにwillの疑問文の形を続ける。〈疑問詞＋will＋主語＋動詞の原形〜?〉という形になる。

How will the weather be tomorrow?
—— It**'ll** be cloudy.

（明日の天気はどうですか。——くもりでしょう。）

⚠ 「だれが〜するでしょうか」とたずねるときは，who を主語にして次のように表す。答え方にも注意。
　　Who will win the game? —— Jane **will**.
　　（だれが試合に勝つでしょうか。——ジェーンでしょう。）

会話でチェック!　→お母さんから話しかけられました。

発音練習

What will you do after dinner?	夕食のあと，何をするの。
I'll watch TV.	テレビを見るよ。
Will you help me a little?	少し私を手伝ってくれる?
OK.　What can I do?	いいよ。ぼくに何ができる?
Please clean the table.	テーブルをきれいにしてちょうだい。

52

確認問題 ⑨ 　解答➡p.254

日本文に合うように，（　　）に適する語を入れよう。

1. 彼らは夏休みの間，どこで勉強するでしょうか。—— 図書館で勉強するでしょう。

（　　　　　　）（　　　　　　　　） they study during the summer vacation?

—— They （　　　　　　） （　　　　　　　） in the library.

2. 彼女は今年，何歳になりますか。—— 14歳になります。

（　　　　　　） old （　　　　　　） she be this year?

—— She （　　　　　　） （　　　　　　　） fourteen years old.

23 I won't 〜. 「私は〜しないでしょう」

● willの否定文の形を覚えよう。

例文

I **won't** be late again.

私は二度と遅刻しません。

▶「〜するつもりはない」「〜しないだろう」という意味を表すwill
の否定文は，willのあとにnotを置いて，〈will not＋動詞の原形〉
の形とする。will notは**won't**と短縮されることが多い。

This shop **will not** open tomorrow.

（この店は明日は開かないでしょう。）

（発音）won'tは
[wount ウォウント]と発
音する。

会話でチェック！ →また遅刻してしまいました。

Why were you late again this morning?

なぜ今朝また遅刻したのですか。

Because the bus didn't come.

バスが来なかったからです。

You said that yesterday, too.

昨日もそう言いましたよ。

I'm sorry. I **won't** be late again.

すみません。二度と遅刻しません。

発音練習

確認問題 ⑩ 　解答➡p.254

次の英文を否定文に書きかえよう。

1. We will go to the party tonight.

→ We （　　　　　　） （　　　　　　　） go to the party tonight.

2. She will be here soon.

→ She （　　　　　　） （　　　　　　　） here soon.

未来の文① {be going to}

☑ ⒁ **I'm going to 〜.** 「私は〜するつもりです」

> **I'm going to** visit my aunt tomorrow.
> (私は明日，おばを訪ねるつもりです。)

▶ 「〜するつもりだ」「〜する予定だ」のように未来の意志や予定を表すときには〈be going to＋動詞の原形〉を使う。

▶ 未来の文では，tomorrow（明日）やnext week（来週）などの未来を表す語句が用いられることが多い。

▶ be going to 〜は，「（今にも）〜しそうだ」という近い未来の予測を表すときにも使える。
　　⒂ It**'s going to** rain soon. (もうすぐ雨が降りそうです。)

☑ ⒃ **Are you going to 〜?** 「〜するつもりですか」（疑問文）

> **Are** you **going to** take a bus?
> —— Yes, I **am**. / No, I**'m not**.
> (あなたはバスに乗るつもりですか。—— はい，乗るつもりです。/ いいえ，乗るつもりはありません。)

▶ 「〜するつもり［予定］ですか」と未来のことをたずねるときは，be動詞を主語の前に出して，〈be動詞＋主語＋going to＋動詞の原形〜?〉の形で表す。
　　⒄ **How long are** you **going to** stay?
　　　—— I**'m going to** stay for a month.
　　　(あなたはどのくらい滞在する予定ですか。—— 私は1か月滞在する予定です。)

☑ ⒅ **I'm not going to 〜.** 「私は〜するつもりはありません」

> **I'm not going to** buy it.
> (私はそれを買うつもりはありません。)

▶ 「〜するつもり［予定］はない」という意味を表すbe going toの否定文は，be動詞のあとにnotを置いて，〈be動詞＋not going to＋動詞の原形〉の形になる。

未来の文②　　　　　　　　　　　　　　　　　will

☑ **⑲ I will 〜.** 「私は〜するつもりです」「私は〜します」

> **I'll** e-mail her later. 　　　　　　　　（私はあとで彼女にメールします。）

▶「〜する」「〜するつもりだ」のような未来の意志や予定は〈will＋動詞の原形〉で表すこともできる。

▶〈will＋動詞の原形〉は「〜するだろう」のように未来の単純な予想を表すこともできる。
　⑳ He'll be here soon.（彼はもうすぐここに来るでしょう。）

☑ **㉑ Will it 〜?** 「〜するでしょうか」

> **Will** it be sunny tomorrow?
> 　── Yes, it **will**. / No, it **will not [won't]**.
> （明日は晴れるでしょうか。── はい，晴れるでしょう。/ いいえ，晴れないでしょう。）

▶「〜するでしょうか」とwillを使って未来のことをたずねるときは，willを主語の前に出して，〈Will＋主語＋動詞の原形〜?〉の形で表す。
　㉒ **What will** you do after dinner?
　　── **I'll** watch TV.
　　（夕食のあと，あなたは何をしますか。── 私はテレビを見ます。）

☑ **㉓ I won't 〜.** 「私は〜しないでしょう」

> **I won't** be late again. 　　　　　　　　（私は二度と遅刻しません。）

▶「〜するつもりはない」「〜しないだろう」という意味を表すwillの否定文は，willのあとにnotを置いて，〈will not＋動詞の原形〉の形とする。will notはwon'tと短縮されることが多い。

定期試験対策問題 （解答 ➡ p.259）

1 次の（　）内から適する語句を選びなさい。

(1) Ken (is, are, be) going to visit his uncle.

(2) I (is, are, am) going to do my homework tonight.

(3) We (are going, going to, will) play tennis tomorrow.

(4) (Are, Will, Do) you going to go skiing next Sunday?

(5) She (won't, doesn't, isn't) going to see him.

(6) (Are, Will, Were) you open the window?

(7) It (don't, won't, doesn't) be sunny tomorrow.

2 次の英文を，（　）内の指示にしたがって書きかえなさい。

(1) My brother cleans his room every day. （every dayをtomorrowに）

(2) We are going to have lunch. （主語をTaroに）

(3) He will visit New York during his trip. （否定文に）

(4) They are going to take the 5 o'clock train. （疑問文に）

(5) Mr. Tanaka will leave for Hong Kong next month. （疑問文に）

(6) Naomi is in Rome now. （nowをnext yearに）

(7) She is going to buy a watch at the shop. （下線部をたずねる文に）

(8) I'll do my homework after dinner. （下線部をたずねる文に）

3 次の日本文の意味を表す英文を，(　　　)内の語句を並べかえて作りなさい。

(1) 今週末にはどこへ行く予定ですか。

(to / this weekend / you / where / going / go / are)?

_____

(2) 明日私たちといっしょに買い物に行きませんか。

(with / go / tomorrow / you / us / shopping / will)?

_____

(3) ミカは今度の土曜日に誕生日パーティーを開きます。

(next Saturday / Mika / a birthday party / have / will).

_____

4 次の問いに対する答えとして適するものを，ア〜カから1つずつ選びなさい。

(1) Are you going to leave next Friday?　　_____

(2) Will he come and see us?　　_____

(3) Will she come back soon?　　_____

(4) What are you going to do tomorrow?　　_____

(5) Will you wait a moment?　　_____

(6) How long will you be in the hospital?　　_____

ア	I'm going to play tennis.
イ	Yes, she will.
ウ	No, he won't.
エ	For a week.
オ	Of course.
カ	Yes, I am.

5 次の英文を日本語になおしなさい。

(1) I'm going to call you this evening.

_____

(2) We'll have a party tomorrow.

_____

(3) This train won't arrive at the station at three.

_____

(4) Mike is coming to Japan next Monday.

_____

(5) Where will Mike visit in Japan?

_____

6 次の日本文に合うように，＿＿に適する語を入れなさい。

(1) 彼女は来月14歳になります。

　　She ＿＿＿＿＿＿ ＿＿＿＿＿＿ fourteen next month.

(2) 私はクリスマス前には帰ってきません。

　　＿＿＿＿＿＿ ＿＿＿＿＿＿ come back before Christmas.

(3) 彼らはどれくらいハワイに滞在する予定ですか。

　　＿＿＿＿＿＿ ＿＿＿＿＿＿ ＿＿＿＿＿＿ they ＿＿＿＿＿＿ to stay in Hawaii?

(4) あなたは明日，美術館に行く予定ですか。

　　＿＿＿＿＿＿ ＿＿＿＿＿＿ ＿＿＿＿＿＿ to go to the museum tomorrow?

(5) この週末，彼は何をするつもりですか。

　　＿＿＿＿＿＿ ＿＿＿＿＿＿ ＿＿＿＿＿＿ going to do this weekend?

(6) あなたは10年後はどこにいるでしょうか。

　　＿＿＿＿＿＿ ＿＿＿＿＿＿ ＿＿＿＿＿＿ be in 10 years?

(7) 彼女は今日の午後ブラウンさんに会うでしょうか。

　　＿＿＿＿＿＿ ＿＿＿＿＿＿ meet Ms. Brown this afternoon?

7 次の日本文を英語になおしなさい。

(1) 明日は雨になりそうです。

　　＿＿＿＿＿＿＿＿＿＿＿＿＿＿＿＿＿＿＿＿＿＿＿＿＿＿＿＿＿＿＿＿＿＿＿

(2) 私は将来，野球の選手になるつもりです。

　　＿＿＿＿＿＿＿＿＿＿＿＿＿＿＿＿＿＿＿＿＿＿＿＿＿＿＿＿＿＿＿＿＿＿＿

(3) 私の父は来週は東京へ行かないでしょう。

　　＿＿＿＿＿＿＿＿＿＿＿＿＿＿＿＿＿＿＿＿＿＿＿＿＿＿＿＿＿＿＿＿＿＿＿

(4) ドアを閉めてくれませんか。

　　＿＿＿＿＿＿＿＿＿＿＿＿＿＿＿＿＿＿＿＿＿＿＿＿＿＿＿＿＿＿＿＿＿＿＿

(5) だれがそのチームのキャプテンになるでしょうか。

　　＿＿＿＿＿＿＿＿＿＿＿＿＿＿＿＿＿＿＿＿＿＿＿＿＿＿＿＿＿＿＿＿＿＿＿

(6) 私はあなたのためにそこにいるでしょう。

　　＿＿＿＿＿＿＿＿＿＿＿＿＿＿＿＿＿＿＿＿＿＿＿＿＿＿＿＿＿＿＿＿＿＿＿

第 3 章

助動詞

can

「〜できる」 ……… **60**

- 24 can「〜できる」 ……… 60
- 25 could「〜できた」 ……… 61
- 26 Can I 〜?「〜してもいいですか」 … 62

may

「〜してもよい」 **63**

- 27 May I 〜?「〜してもよろしいですか」 63
- 28 may「〜かもしれない」 ……… 64

must / have to / should

「〜しなければならない」「〜したほうがいい」 ……… **65**

- 29 must「〜しなければならない」 65
- 30 have to「〜しなければならない」… 66

- 31 must「〜にちがいない」 ……… 67
- 32 should「〜したほうがいい」 ……… 68

依頼・勧誘・提案の表現

Could you 〜? / Shall I 〜? など ……… **69**

- 33 Could you 〜? / Would you 〜? 「〜していただけませんか」 ……… 69
- 34 Would you like 〜?「〜はいかがですか」 ……… 70
- 35 Shall I 〜? / Shall we 〜?「〜しましょうか」 ……… 71

- ●要点のまとめ ……… 72
- ●定期試験対策問題 ……… 74

助動詞（≫p.60 〜）の解説動画を確認しよう！

can

「～できる」

24 can「～できる」

● 能力・可能の意味を表すcanの用法を復習しよう。

例文

He **can** cook curry.

彼はカレーを料理することができます。

▶ 「～できる」と能力・可能の意味を表すときは，〈can＋動詞の原形〉を使う。主語が何であってもcanの形は変わらない。また，canのあとにくる動詞は必ず原形になる。

用語 canのように動詞の原形の前に置いて意味を補う働きをする語を**助動詞**という。

疑問文 **Can** he cook curry?

（彼はカレーを料理することができますか。）

答えの文 Yes, he **can**. / No, he **can't**.

（はい，できます。/ いいえ，できません。）

短縮形

cannot→can't

否定文 He **can't [cannot]** cook curry.

（彼はカレーを料理することができません。）

＋α 「～できる」はbe able to ～でも表すことができる。疑問文や否定文はbe動詞の文と同じ形になる。また，未来のことはwill be able to ～で表すことができる。

He **is able to** cook curry.
Is he **able to** cook curry? —— Yes, he **is**. / No, he **isn't**.
He **isn't able to** cook curry.
The baby **will be able to** walk soon.
（その赤ちゃんはもうすぐ歩けるようになるでしょう。）

会話でチェック！ →料理のことを話しています。

発音練習

Can your father cook?

あなたのお父さんは料理ができますか。

Yes, he **can** cook curry.

はい，父はカレーを料理することができます。

How about you?

あなたはどうですか。

I can't cook.　I just eat.

私は料理ができません。食べるだけです。

60

解答➡p.254

確認問題 ❶

日本文に合うように，（　　）に適する語を入れよう。

1. 私はピアノを弾くことができます。

   I (　　　　　　) (　　　　　　) the piano.

2. ケイトは日本語を話すことができません。

   Kate (　　　　　) (　　　　　　) Japanese.

25 could 「～できた」

● canの過去形couldについて学習しよう。

> ## I **could** swim at three.
> 私は3歳で泳ぐことができました。

▶ canの過去形はcouldで，「～できた」という意味を表す。could
も助動詞なので，あとにくる動詞は原形。

He could not [couldn't] read the book last night.

（彼は昨夜，その本を読むことができませんでした。）

短縮形

could not→couldn't

+α　「～できた」はwas [were] able to ～でも表すことができる。

　　　We **were able to** catch the bus.

　　　（私たちはそのバスに乗ることができました。）

会話でチェック!　→友達は水泳がとても得意なようです。

I love swimming.
ぼくは水泳が大好きだよ。

How did you learn?
どうやって習ったの?

I don't know. I **could** swim at three.
わからない。ぼくは3歳で泳ぐことができたよ。

発音練習

解答➡p.254

確認問題 ❷

日本文に合うように，（　　）に適する語を入れよう。

1. その夜，私はたくさんの星を見ることができました。

   I (　　　　　) (　　　　　　) a lot of stars that night.

2. 彼らは6時までに駅に着くことができませんでした。

   They (　　　　　) (　　　　　　) get to the station by six.

26 Can I ～? 「～してもいいですか」

● 許可や依頼をするのに使われるcanの用法を覚えよう。

> **Can I** watch TV?
> —— Sure.
> テレビを見てもいいですか。 —— いいですよ。

▶ Can I ～?は「～してもいいですか」と相手に許可を求める表現。答えにはOf course.(もちろんです。) / Sure.(いいですよ。) / No, you can't.(いいえ, だめです。) / Sorry.(ごめんなさい。)などを用いる。

（参照） 許可を求める表現は ≫p.63でも学習する。

▶ You can ～. で「～してもいいですよ」と相手に許可を与えることもできる。

You **can** use my computer. I'm not using it.
(私のコンピューターを使ってもいいですよ。私は使っていません。)

▶ Can you ～?で「～してくれませんか」と相手に何かを依頼することもできる。答えにはAll right.(わかりました。) / Sure.(いいですよ。) / Sorry, I can't.(ごめんなさい, できません。)などを用いる。

Can you help me?
—— Sorry, I can't. I'm busy now.
(手伝ってくれませんか。 —— ごめんなさい, できません。今忙しいのです。)

（参照） 依頼の表現は ≫p.69でも学習する。

Can I ～?もCan you ～?も気軽にたずねる言い方。

会話でチェック! →見たいテレビ番組があるようです。

Can I watch TV, Mom?	お母さん, テレビを見てもいい?
Sure. But do your homework first.	いいわよ。でもまず宿題をしなさい。
OK. Can you help me?	わかった。手伝ってくれない?
No. I'm busy now.	だめよ。今, 忙しいの。

✎ **確認問題 ③** 解答➡p.255

日本文に合うように, ( )に適する語を入れよう。

1. このリンゴを食べてもいいですか。 —— もちろん。甘いですよ。

   ( ) ( ) eat this apple? —— Of course. It's sweet.

2. ドアを開けてくれますか。 —— いいですよ。

   ( ) ( ) open the door? —— Sure.

may

「〜してもよい」

音声

27 May I 〜?「〜してもよろしいですか」

● 許可の意味を表すmayの用法を覚えよう。

例文
May I sit here?
── Of course.

ここに座ってもよろしいですか。── もちろんです。

▶ 〈May I ＋動詞の原形〜?〉は「〜してもよろしいですか」と相手に許可を求める表現。答えには Of course.（もちろんです。）/ Sure.（いいですよ。）/ Sorry, 〜.（すみません, 〜。）/ I'm afraid not.（残念ながらだめです。）などを用いる。

May I talk to you?
── Sorry, I don't have time now.

（お話ししてもいいですか。── すみません, 今時間がないんです。）

▶ You may 〜.（〜してもよい。）/ You may not 〜.（〜してはいけない。）は, 親が子どもに言う場合など, 目上の人から許可を与える表現。

You **may not** play the game. Go to bed right now.

（ゲームをしてはいけません。今すぐ寝なさい。）

> Can I 〜?もほぼ同じ意味で使えるが, ややくだけた表現で, May I 〜?のほうがていねいな言い方になる。

> 目上の人や知らない人にはMay I 〜?を使うほうがいいね。

ポイント

許可を求める表現

May I 〜? [ていねいな言い方]
「〜してもよろしいですか」

Can I 〜? [くだけた言い方]
「〜してもいいですか」

答え方

[許可するとき]
Of course.（もちろんです。）
Sure.（いいですよ。）
Yes, please.（はい, どうぞ。）　など

[許可しないとき]
I'm sorry, you can't.
（すみません, だめです。）　など

→重いかばんを持って疲れました。

発音練習

I'm tired. **May I** sit here?

Of course. And you can put your bag on this table.

私は疲れています。ここに座ってもよろしいですか。

もちろんです。かばんをこのテーブルの上に置いてもいいですよ。

✐ 確認問題 ❹　解答➡p.255

日本文に合うように，（　　）に適する語を入れよう。

1. 家に帰ってもよろしいですか。── いいですよ。また明日。

（　　　　　）（　　　　　　　　　） go home? ── Sure. See you tomorrow.

2. この部屋で電話を使ってはいけません。

You （　　　　　　　） （　　　　　　　　　） use your phone in this room.

28 may「～かもしれない」

● 推量の意味を表すmayの使い方を覚えよう。

例文
It **may** rain soon.
もうすぐ雨が降るかもしれません。

▶ mayには「～かもしれない」という推量の意味もある。その否定形may notは「～ないかもしれない」という意味になる。

This bag **may not** be mine.（このかばんは私のではないかもしれません。）

> 「～してもよい」か「～かもしれない」かは，文の内容や前後関係から判断する。

→今日は日曜日ですが…。

発音練習

I'll stay home today.

Why?

It's cloudy. It **may** rain soon.

私は今日，家にいます。

なぜですか。

くもっています。もうすぐ雨が降るかもしれません。

✐ 確認問題 ❺　解答➡p.255

日本文に合うように，（　　）に適する語を入れよう。

1. あなたの考えは正しいかもしれません。

Your idea （　　　　　　） （　　　　　　　　） right.

2. 彼女は明日，来ないかもしれません。

She （　　　　　　） （　　　　　　　　　） come tomorrow.

64

must / have to / should

「〜しなければならない」「〜したほうがいい」

29 must 「〜しなければならない」

● 義務の意味を表す must の用法を覚えよう。

例文
I **must** study Chinese hard.

私は中国語を一生懸命に勉強しなければなりません。

▶ 〈must ＋動詞の原形〉で「〜しなければならない」という義務の意味を表す。

▶ 疑問文は must を主語の前に出す。答えるときは，Yes なら must を使い，No なら don't have to（〜する必要はない）を使う。

（参照） don't have to ≫ p.66

Must I finish my homework tonight?

—— Yes, you **must**. / No, you **don't have to**.

（私は宿題を今夜終わらせなければなりませんか。—— はい，終わらせなければなりません。/ いいえ，終わらせる必要はありません。）

▶ 否定文は must のあとに not を置き，〈must not ＋動詞の原形〉の形になる。「〜してはいけない」という強い禁止を表す。

（短縮形） must not → mustn't

You **mustn't** run here.（あなたはここで走ってはいけません。）

会話でチェック！ →中国へ留学することになりました。

I'm going to study in China next year. 　私は来年，中国で勉強する予定です。

Can you speak Chinese? 　あなたは中国語が話せるのですか。

No, I can't. So I **must** study Chinese hard. 　いいえ，話せません。だから中国語を一生懸命に勉強しなければなりません。

発音練習

 確認問題 ⑥ 　解答 ➡ p.255

日本文に合うように，（　）に適する語を入れよう。

1. 彼女は9時に寝なければなりません。

She （　　　　　）（　　　　　　　） to bed at nine.

30 have to「〜しなければならない」

●義務の意味を表す have to の用法を覚えよう。

> 例文
> # I **have to** go home now.
> 私はもう家に帰らなければなりません。

▶〈have to＋動詞の原形〉も「〜しなければならない」という義務の意味を表す。must とほぼ同じと考えてよい。

▶have to の have は，一般動詞の場合と同じように，主語が3人称単数であれば has になる。

She **has to** clean her room.

（彼女は部屋を掃除しなければなりません。）

▶have to の疑問文は〈Do [Does]＋主語＋have to＋動詞の原形〜?〉の形になる。

Do I **have to** wait here?

—— Yes, you do. / No, you don't have to.

（私はここで待たなければなりませんか。

—— はい，待たなければなりません。/ いいえ，その必要はありません。）

▶have to の否定文は〈do [does] not have to＋動詞の原形〉の形になる。have to の否定文は「〜しなくてもよい」「〜する必要はない」という意味になるので注意。

You **don't have to** run.

（走る必要はありませんよ。）

発音 発音に注意:
have to [hǽftə ハフタ]
has to [hǽstə ハスタ]

一般動詞の have のときと同じだね。

短縮形
do [does] not have to →
don't [doesn't] have to

> **ポイント**
>
> **must / have to**
> の否定文の意味
>
> ┌ **must not**「〜してはいけない」
> │　　You **mustn't** run.　→走ってはいけません。
> │ **do not have to**「〜する必要はない」
> └　　You **don't have to** run.　→走る必要はありません。

⚠ must には現在形しかないので，過去や未来の文では have to を使う。

He **had to** buy a new clock.

（彼は新しい時計を買わなければなりませんでした。）

It'll rain tomorrow.　You **will have to** stay home.

（明日は雨が降るでしょう。あなたは家にいなければならないでしょう。）

会話 でチェック！　→パーティーに来ています。

Are you enjoying the party?　　　パーティーを楽しんでいますか。

Yes.　It's a great party, but I **have to** go home now.　　　はい。すばらしいパーティーですが、私はもう家に帰らなければなりません。

That's too bad.　　　それは残念です。

発音練習

確認問題 ❼　解答➡p.255

日本文に合うように，（　）に適する語を入れよう。

1. ケンジはこの本を読まなければなりません。

　Kenji（　　　　　）（　　　　　）read this book.

2. 彼女はお母さんを手伝う必要はありません。

　She（　　　　　）（　　　　　）（　　　　　　　）help her mother.

31 must「〜にちがいない」

● 強い推量の意味を表すmustの使い方を覚えよう。

例文

You **must** be sick.

あなたは病気にちがいありません。

▶ mustには「**〜にちがいない**」という強い推量の意味もある。

He **must** know her.（彼は彼女を知っているにちがいありません。）

会話 でチェック！　→友達が元気のない様子をしています。

I'm very tired.　　　ぼくはとても疲れているよ。

No.　You **must** be sick.　　　いいえ。あなたは病気にちがいないよ。

You may be right.　　　あなたの言う通りかもしれない。

You must see a doctor right now.　　　すぐに医者に診てもらわなければならないね。

発音練習

確認問題 ❽　解答➡p.255

日本文に合うように，（　）に適する語を入れよう。

1. 彼女はたくさんのお金を持っているにちがいありません。

　She（　　　　　）（　　　　　　）a lot of money.

32 should「～したほうがいい」

● 義務・助言の意味を表すshouldの用法を覚えよう。

> 例文
> # You **should** eat vegetables.
> あなたは野菜を食べたほうがいいですよ。

▶〈should＋動詞の原形〉で「～したほうがいい」「～すべきだ」
という義務・助言の意味を表す。

He should get up early.（彼は早く起きるべきです。）

▶疑問文はshouldを主語の前に出す。答えるときは，should / shouldn't
を使う。

Should I go with her?
── Yes, you **should**. / No, you **shouldn't**.
（私は彼女といっしょに行ったほうがいいですか。
── はい，行ったほうがいいです。/ いいえ，行くべきではありません。）
What **should** we do for him?（私たちは彼のために何をすべきでしょうか。）

▶否定文は〈should not＋動詞の原形〉の形になる。「～しない
ほうがいい」「～すべきではない」という意味を表す。

You **shouldn't** play soccer here.
（あなたはここでサッカーをすべきではありません。）

> mustやhave toは
> 命令に近い義務を表
> し，shouldはやや
> 弱い意味を表すよ。

> 短縮形
> should not→shouldn't

会話でチェック!　→友達は肉が大好きなようです。

I had a lot of meat for dinner.　晩ご飯にたくさんの肉を食べたよ。

You **should** eat vegetables, too.　野菜も食べたほうがいいよ。

OK. I'll eat vegetables next time.　そうだね。次は野菜を食べるよ。

発音練習

✎ **確認問題 ⑨**　解答➡p.255

日本文に合うように，（　）に適する語を入れよう。
1. あなたはこの本を読んだほうがいいですよ。とてもいい本です。
　　You（　　　　　）（　　　　　　　）this book. It's a very good book.
2. 彼は夜遅くに出かけるべきではありません。
　　He（　　　　　）（　　　　　　　）go out late at night.

依頼・勧誘・提案の表現

Could you 〜? / Shall I 〜? など

33 Could you 〜? / Would you 〜?「〜していただけませんか」

● 相手に何かを依頼する表現を覚えよう。

> **Could you** take me to the station?
> —— All right.
>
> 私を駅へ連れて行っていただけませんか。—— わかりました。

▶ 〈Could you＋動詞の原形〜?〉は「〜していただけませんか」と相手に依頼する表現。同じような依頼表現に Would you 〜?（〜していただけませんか。）がある。答え方もいっしょに覚えておこう。

Would you call me later? —— Sure.
（あとで私に電話していただけませんか。—— いいですよ。）

参照 Could you 〜? は Can you 〜? よりもていねいな言い方。 >> p.62

参照 Would you 〜? は Will you 〜? よりもていねいな言い方。 >> p.51

ポイント

相手に依頼する表現

[気軽に頼むとき] **Can you 〜? / Will you 〜?**
「〜してくれませんか。」

[ていねいに頼むとき] **Could you 〜? / Would you 〜?**
「〜していただけませんか。」

友達どうしなら Can [Will] you 〜? で OK だね。

答え方

[引き受けるとき] **All right.**（わかりました。）/ **Sure.**（いいですよ。） など
[断るとき] **Sorry, I can't.**（すみません，できません。） など

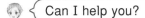**会話でチェック!** →地図を見ながら困っている人を見かけました。

 Can I help you? / お手伝いしましょうか。

Thank you. **Could you** take me to the station? I don't know the way. / ありがとう。駅へ連れて行っていただけませんか。道がわかりません。

発音練習

All right. It's near here. / わかりました。駅はこの近くです。

確認問題 ⑩ 解答➡p.255

次の2つの文を，意味のちがいに注意して日本語に訳そう。

1. Could you go to the supermarket for me? —— Sorry, I don't have time now.

2. Will you open the window? —— All right.

---

34 Would you like ～? 「～はいかがですか」

● 相手に何かを勧める表現を覚えよう。

> **Would you like** some tea?
>
> お茶はいかがですか。

▶ Would you like ～?は「～はいかがですか」と相手に何かを勧める表現。

▶ would likeはwant(～がほしい)のていねいな言い方で，疑問文以外でも使われる。

I**'d like** a glass of water.
（コップ1杯の水がほしいのですが。）

短縮形
I would → I'd

参照 would like
to ～「～したい」 ≫p.128

会話でチェック! →お茶を勧められましたが，おなかもすいています。

Would you like some tea? | お茶はいかがですか。

Yes, thank you. I'd like some cake, too. I'm a little hungry. | はい，ありがとうございます。ケーキもほしいのですが。少しおなかがすいているのです。

OK. Here you are. | わかりました。はい，どうぞ。

確認問題 ⑪ 解答➡p.255

日本文に合うように，（　）に適する語を入れよう。

1. コーヒーを1杯いかがですか。—— いいえ，けっこうです。

（　　　　）you（　　　　　　）a cup of coffee? —— No, thank you.

2. このようなTシャツがほしいのですが。

（　　　　）（　　　　　　）a T-shirt like this.

70

35 Shall I 〜? / Shall we 〜?「〜しましょうか」

● 相手に提案したり，相手を誘ったりする表現を覚えよう。

> **Shall I** open the door?
> —— Yes, please.
>
> ドアを開けましょうか。—— はい，お願いします。

▶ 〈Shall I ＋動詞の原形〜?〉は「(私が)〜しましょうか」と相手に申し出たり，提案したりする表現。Yes, please.(はい，お願いします。) / No, thank you.(いいえ，けっこうです。) などと答える。

▶ 〈Shall we ＋動詞の原形〜?〉は「(いっしょに)〜しましょうか」と相手を誘う表現。Yes, let's.(はい，そうしましょう。) / No, let's not.(いいえ，やめましょう。) などと答える。

> Shall we 〜?は Let's 〜.とほぼ同じ意味だよ。

Shall we play soccer after school?
—— No, let's not. I have to go home.

(放課後，いっしょにサッカーをしましょうか。

—— いいえ，やめましょう。私は家へ帰らなければなりません。)

会話でチェック！ →本をかかえてドアの前にいる人がいます。

 You're carrying a lot of books! ── たくさんの本を運んでいますね！

I have to put them in this room. ── 私はそれらをこの部屋に置かなければなりません。

Shall I open the door? ── ドアを開けましょうか。

Yes, please. I can't use my hands. ── はい，お願いします。手が使えません。

発音練習

✏ **確認問題 ⑫**　解答➡p.255

日本文に合うように，( ) に適する語を入れよう。
1. お茶を入れましょうか。—— いいえ，けっこうです。

( ) ( ) make some tea? —— No, thank you.
2. いっしょに歌を歌いましょうか。—— はい，そうしましょう。

( ) ( ) sing a song together? —— Yes, let's.

can ~できる

 ㉔ can 「～できる」

> **He can cook curry.** （彼はカレーを料理することができます。）

▶ 「～できる」と能力・可能の意味を表すときは，〈can＋動詞の原形〉を使う。

▶ canの過去形はcouldで，「～できた」という意味を表す。
  ㉕ **I could** swim at three. （私は3歳で泳ぐことができました。）

▶ Can I ～? 「～してもいいですか」，You can ～. 「～してもいいですよ」，Can you ～?「～してくれませんか」といった表現にも注意。
  ㉖ **Can I** watch TV? —— Sure.
  （テレビを見てもいいですか。—— いいですよ。）

may ~してもよい

 ㉗ May I ～? 「～してもよろしいですか」

> **May I sit here?** （ここに座ってもよろしいですか。）
> —— **Of course.** （ —— もちろんです。）

▶ 〈May I＋動詞の原形～?〉は「～してもよろしいですか」と相手に許可を求める表現。

▶ You may ～. （～してもよい。）/ You may not ～. （～してはいけない。）は，親が子どもに言う場合など，目上の人から許可を与える表現。

▶ mayには「～かもしれない」という推量の意味もある。
  ㉘ It **may** rain soon. （もうすぐ雨が降るかもしれません。）

must / have to / should 「～しなければならない」「～したほうがいい」

 ㉙ must 「～しなければならない」

> **I must study Chinese hard.** （私は中国語を一生懸命に勉強しなければなりません。）

▶〈must＋動詞の原形〉で「〜しなければならない」という義務の意味を表す。

▶否定文はmustのあとにnotを置き，〈must not＋動詞の原形〉の形になる。「〜してはいけない」という強い禁止を表す。

▶mustには「〜にちがいない」という強い推量の意味もある。

31 You **must** be sick.（あなたは病気にちがいありません。）

☑ 30 **have to** 「〜しなければならない」

> I **have to** go home now.　　　　　　（私はもう家に帰らなければなりません。）

▶〈have to＋動詞の原形〉も「〜しなければならない」という義務の意味を表す。mustとほぼ同じと考えてよい。否定文は「〜しなくてもよい」「〜する必要はない」の意味になる。

▶〈should＋動詞の原形〉で「〜したほうがいい」「〜すべきだ」という義務・助言の意味を表す。

32 You **should** eat vegetables.（あなたは野菜を食べたほうがいいですよ。）

依頼・勧誘・提案の表現　　　Could you 〜? / Shall I 〜? など

☑ 33 **Could you 〜? / Would you 〜?** 「〜していただけませんか」

> **Could you** take me to the station?
> —— All right.
> （私を駅へ連れて行っていただけませんか。—— わかりました。）

▶〈Could you＋動詞の原形〜?〉は「〜していただけませんか」と相手に依頼する表現。同じような依頼表現にWould you 〜?（〜していただけませんか。）がある。

▶Would you like 〜?「〜はいかがですか」，〈Shall I＋動詞の原形〜?〉「（私が）〜しましょうか」，〈Shall we＋動詞の原形〜?〉「（いっしょに）〜しましょうか」にも注意。

34 **Would you like** some tea?
（お茶はいかがですか。）

35 **Shall I** open the door? —— Yes, please.
（ドアを開けましょうか。—— はい，お願いします。）

定期試験対策問題 （解答 ➡ p.261）

1 次の（ ）内から適する語句を選びなさい。

(1) （Am, Have, May）I open the window?　　　　　　　　　＿＿＿＿＿＿

(2) She can（play, plays, playing）the piano.　　　　　　　＿＿＿＿＿＿

(3) Tom is able（to speak, speaking, speak）Japanese.　　＿＿＿＿＿＿

(4) You（must, have）to go home now.　　　　　　　　　　＿＿＿＿＿＿

(5) （May, Would, Are）you like a cold drink?　　　　　　　＿＿＿＿＿＿

(6) You（haven't, don't have）to hurry.　　　　　　　　　　＿＿＿＿＿＿

2 次の英文を，（ ）内の指示にしたがって書きかえなさい。

(1) You should help your sister. （否定文に）

_____

(2) She has to do her homework. （疑問文に）

_____

(3) He is a high school student. （「～かもしれない」という意味の文に）

_____

(4) That woman is a famous pianist. （「～にちがいない」という意味の文に）

_____

3 次の問いに対する答えとして適するものを，ア～エから1つずつ選びなさい。

(1) Can you pass me that plate?

　ア　Sure.　　イ　I'm sure.　　ウ　Thank you.　　エ　Yes, it is.

(2) Must I go with you?

　ア　No, I mustn't.　　　　イ　No, you mustn't.

　ウ　No, I don't have to.　　エ　No, you don't have to.

(3) Shall we take a break?

　ア　No, I shall not.　　イ　No, I don't.　　ウ　Yes, let's.　　エ　Yes, we shall.

4 次の日本文の意味を表す英文を，（　　）内の語句を並べかえて作りなさい。

(1) 私たちはこの部屋では静かにすべきです。

(be / room / we / this / should / quiet / in).

_____

(2) 私は明日の朝，早く起きなければなりませんか。

(I / get / have / do / early / up / tomorrow morning / to)?

_____

(3) このバッグを運んでいただけませんか。

(this / you / bag / would / carry)?

_____

5 次の各組の文がほぼ同じ内容を表すように，＿＿＿に適する語を入れなさい。

(1) ⎰ He couldn't do his homework yesterday.
　　⎱ He _____ _____ _____ do his homework yesterday.

(2) ⎰ You must finish this test in 50 minutes.
　　⎱ You _____ _____ finish this test in 50 minutes.

(3) ⎰ Will you open the door?
　　⎱ _____ you open the door?

(4) ⎰ Let's play baseball.
　　⎱ _____ _____ play baseball?

6 次の英文を日本語になおしなさい。

(1) They will be able to win the game.

_____

(2) Can I sit here?

_____

(3) You don't have to wait for them.

_____

(4) Could you come with us?

_____

7 次の日本文に合うように，＿＿＿に適する語を入れなさい。

(1) 彼は5歳でスケートをする（skate）ことができました。

He ＿＿＿＿＿＿ ＿＿＿＿＿＿ at five.

(2) パーティーに食べ物を持って行きましょうか。

＿＿＿＿＿＿ ＿＿＿＿＿＿ bring some food to the party?

(3) ダチョウは飛ぶことができません。

Ostriches ＿＿＿＿＿＿ ＿＿＿＿＿＿.

(4) サンドイッチはいかがですか。── はい。ありがとうございます。

＿＿＿＿＿＿ ＿＿＿＿＿＿ like a sandwich? ── Yes, thank you.

(5) 彼が私たちの新しい数学の先生にちがいありません。

He ＿＿＿＿＿＿ ＿＿＿＿＿＿ our new math teacher.

(6) 今晩は夜ふかししてもいいですよ。

＿＿＿＿＿＿ ＿＿＿＿＿＿ stay up late tonight.

(7) 私たちはここで彼を待つほうがよいです。

We ＿＿＿＿＿＿ ＿＿＿＿＿＿ for him here.

8 次の日本文を英語になおしなさい。

(1) あなたの自転車を借りてもよろしいですか。── ごめんなさい，だめです。

＿＿＿＿＿＿＿＿＿＿＿＿＿＿＿＿＿＿＿＿＿＿＿＿＿＿＿＿＿

(2) 部屋の中では帽子を脱がなければなりません。

＿＿＿＿＿＿＿＿＿＿＿＿＿＿＿＿＿＿＿＿＿＿＿＿＿＿＿＿＿

(3) 箱を開けましょうか。── ええ，お願いします。

＿＿＿＿＿＿＿＿＿＿＿＿＿＿＿＿＿＿＿＿＿＿＿＿＿＿＿＿＿

(4) あなたは今すぐ家に帰ってもよろしい。

＿＿＿＿＿＿＿＿＿＿＿＿＿＿＿＿＿＿＿＿＿＿＿＿＿＿＿＿＿

(5) 私の母は中国語を話したり書いたりすることができます。

＿＿＿＿＿＿＿＿＿＿＿＿＿＿＿＿＿＿＿＿＿＿＿＿＿＿＿＿＿

(6) この授業では，日本語を話してはいけません。

＿＿＿＿＿＿＿＿＿＿＿＿＿＿＿＿＿＿＿＿＿＿＿＿＿＿＿＿＿

There is 〜.の文

There is 〜.

「〜があります」「〜がいます」 **78**

[36] There is ＋単数名詞.「〜があります」「〜がいます」 ⋯ 78

[37] There are ＋複数名詞.「〜があります」「〜がいます」 ⋯ 79

[38] There was 〜.「〜がありました」「〜がいました」 ⋯⋯⋯ 80

There is 〜.の疑問文

「〜がありますか」「〜がいますか」 **81**

[39] Is there 〜?「〜がありますか」「〜がいますか」 ⋯⋯ 81

[40] How many 〜 are there?「いくつの〜がありますか」 ⋯ 82

There is 〜.の否定文

「〜はありません」「〜はいません」 **83**

[41] There isn't 〜.「〜はありません」「〜はいません」 ⋯⋯ 83

[42] There is no 〜.「〜はありません」「〜はいません」 ⋯⋯ 84

● 要点のまとめ 85

● 定期試験対策問題 87

There is 〜.

「〜があります」「〜がいます」

36 **There is＋単数名詞.**「〜があります」「〜がいます」

● 「〜がある」「〜がいる」ことを伝える表現を覚えよう。

> 例文
> ## There is a box on the table.
> テーブルの上に箱があります。

▶ 〈There ＋ be動詞〜.〉で「〜がある」「〜がいる」という意味を表す。「〜」が単数名詞ならbe動詞はisを使う。

▶ ものが「ある」場合にも，人や動物が「いる」場合にも使える。

There's a cat in the box.
（箱の中にネコがいます。）

> 短縮形
> there is → there's

▶ 名詞のあとには「〜に」など場所を表す語句がくることが多い。
in 〜「〜の中に」/ on 〜「〜の上に」/ under 〜「〜の下に」/ near 〜「〜の近くに」/ in front of 〜「〜の前に」など

⚠ There is 〜.のthereには「そこに」の意味はなく，「そこに〜があります」という場合は文末にthere（そこに）を置く。
　　There is a bag **there**. （そこにかばんがあります。）

 ポイント

there	be動詞	主語	場所を表す語句	
There	**is**	a box	on the table.	※主語の位置に注意。
「あります」		「箱が」	「テーブルの上に」	

会話でチェック! →テーブルの上に何かがあります。

発音練習

There is a box on the table. 🔊 ┃ テーブルの上に箱があります。

What is it? ┃ それは何でしょうか。

Look! There's an apple pie in it. ┃ 見て！ 中にアップルパイがあります。

Oh, that is my favorite kind of pie! ┃ ああ，それは私の好きな種類のパイですね！

確認問題 ❶　解答➡p.255

日本文に合うように，（　　）に適する語を入れよう。

1. 私の部屋にはベッドが1つあります。

（　　　　　　）（　　　　　　　　）a bed in my room.

2. あの木の下に男の子が1人います。

（　　　　　　）a boy（　　　　　　　）that tree.

37 There are＋複数名詞.「〜があります」「〜がいます」

● 複数のものや人などが「ある」「いる」ことを表す形を覚えよう。

例文

There are some students in the gym.

体育館に何人かの生徒がいます。

▶ 複数のものや人・動物が「ある」「いる」という場合，be 動詞を are にして〈There are＋複数名詞.〉の形で表す。

There're two parks near my house.

（私の家の近くには公園が2つあります。）

⚠ 「〜」にくる名詞が「数えられない名詞」の場合は，〈There is＋数えられない名詞.〉のように単数名詞と同じく is を使う。

There **is** some water in the cup.　[water は数えられない名詞]

（カップの中に水があります。）

（短縮形）

there are → there're

（参照）数えられない
名詞 ≫p.217
some / any ≫p.222

会話でチェック!　→体育館から声が聞こえます。

There **are** some students in the gym. 😊 What are they doing?

体育館に何人かの生徒がいます。彼らは何をしていますか。

They are playing basketball.

バスケットボールをしています。

Really?　Let's join them.

本当に?　仲間に入れてもらいましょう。

発音練習

 確認問題 ❷　解答➡p.255

日本文に合うように，（　　）に適する語を入れよう。

1. 図書館にはたくさんの本があります。

（　　　　　　）（　　　　　　　　）many（　　　　　　　）in the library.

2. そのバスには30人の子どもが乗っています。

（　　　　　　）（　　　　　　　　）thirty（　　　　　　　）on the bus.

38 There was 〜.「〜がありました」「〜がいました」

● 過去に「〜があった」「〜がいた」という意味を表す形を覚えよう。

> **There was** a big park here.
> ここには大きな公園がありました。

▶ 過去に「〜があった」「〜がいた」という場合, be動詞を過去形にする。「〜が」にあたる名詞が単数なら〈There was＋単数名詞.〉, 複数なら〈There were＋複数名詞.〉の形で表す。

There were a lot of stars in the sky.
（空にはたくさんの星がありました。）

会話でチェック! →新しいビルが建ったようです。

Is this a new building? | これは新しいビルですか。

Yes, it is. It wasn't here last year.
There was a big park here. | はい, そうです。去年はここにありませんでした。ここには大きな公園がありました。

Did you play in the park? | あなたはその公園で遊びましたか。

Yes. I often played soccer here. | はい。ここでよくサッカーをしました。

確認問題 ③ 解答➡p.255

日本文に合うように,（　）に適する語を入れよう。

1. 箱の中にはネコが1匹いました。
（　　　　　）（　　　　　　　　） a cat in the box.
2. その家には3つの部屋がありました。
（　　　　　）（　　　　　　　　） three rooms in the house.

+α 「その本は〜にあります」「私の両親は〜にいます」のように, 特定のものや人などが「ある[いる]場所」を伝える場合は, There is 〜.の文ではなく,〈主語＋be動詞＋場所を表す語句.〉の形を使う。

　The book is **on** the desk. ［その本がある場所を伝える］
　（その本は机の上にあります。）
　My parents are **in** Hokkaido now. ［私の両親がいる場所を伝える］
　（私の両親は今, 北海道にいます。）
There is 〜.の文で「〜が」にあたる語句は, 初めて話題にする不特定のものや人であり, 前にa, some, manyなどがつくことが多い。

×There is the book on the desk.とは言わないよ。

There is ～.の疑問文

「～がありますか」「～がいますか」

39 Is there ～? 「～がありますか」「～がいますか」

● There is ～.の疑問文の形を覚えよう。

例文

Is there a station near your house?
—— Yes, **there is**. / No, **there isn't**.

あなたの家の近くには駅がありますか。—— はい，あります。/ いいえ，ありません。

▶ 「～がありますか」「～がいますか」とたずねるときは，be動詞をthereの前に出して，〈be動詞＋there＋名詞?〉の形で表す。「～が」にあたる名詞が単数か複数か，また文が現在のことか過去のことかによって，is / are / was / were を使い分ける。

▶ 答えるときはYes, there is. / No, there isn't.などで答える。

Were there any people in the room?
—— Yes, **there were**. / No, **there weren't**.
（部屋には人がいましたか。
—— はい，いました。/ いいえ，いませんでした。）

Was there a lot of food at the party?
—— Yes, **there was**. / No, **there wasn't**.
（パーティーではたくさんの食べ物がありましたか。
—— はい，ありました。/ いいえ，ありませんでした。）

疑問文では〈any＋名詞〉が使われることも多い。anyはふつう日本語には訳さない。

参照 some / any
≫p.222

foodなど数えられない名詞は単数扱いなので，be動詞は is / wasを用いる。

会話でチェック！ →何で通学していますか。

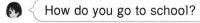

How do you go to school?	あなたはどうやって学校へ行きますか。
I go to school by train.	私は電車で学校へ行きます。
Is there a station near your house?	あなたの家の近くには駅がありますか。
Yes, **there is**. I can walk there.	はい，あります。そこへ歩いて行けます。

発音練習

81

解答 ➡ p.255

次の英文を疑問文に書きかえて，答えの文も完成させよう。

1. There is a museum in this town.
   → (　　　　　) (　　　　　　) a museum in this town?
      —— Yes, (　　　　　) (　　　　　).
2. There were some pictures on the wall.
   → (　　　　　) (　　　　　　) any pictures on the wall?
      —— No, (　　　　　) (　　　　　).

---

40 How many 〜 are there?「いくつの〜がありますか」

● 「いくつあるか」と数をたずねる疑問文の形を覚えよう。

> 例文
>
> **How many** apples **are there** in the bag?
> —— **There are** five apples.
>
> その袋に何個のリンゴが入っていますか。—— 5個のリンゴが入っています。

▶「いくつの〜がありますか」と数をたずねるときは，How many 〜 are there? の形で表す。

How many people **were there** in the stadium?
—— About two hundred.
（スタジアムには何人の人がいましたか。—— 約200人です。）

会話でチェック！ →果物屋さんに来ています。

How many apples **are there** in the bag?　その袋に何個のリンゴが入っていますか。

There are five apples.　5個のリンゴが入っています。

I'll buy them. Thank you.　それらを買います。ありがとう。

　解答 ➡ p.255

下線部をたずねる疑問文を完成させよう。

1. There are <u>ten</u> eggs on the table.
   → (　　　　　) (　　　　　　) (　　　　　　) are there on the table?
2. There were <u>eight</u> students in this group.
   → How (　　　　　) (　　　　　　) (　　　　　　) there in this group?

There is 〜.の否定文

「〜はありません」「〜はいません」

41 **There isn't 〜.「〜はありません」「〜はいません」**

● There is 〜.の否定文の形を覚えよう。

例文
There isn't a hospital near here.

この近くに病院はありません。

▶ 「〜はない」「〜はいない」という否定文は，be動詞のあとにnot を置いて，There is not [isn't] 〜. / There are not [aren't] 〜.の形で表す。過去の文ではThere was not [wasn't] 〜. / There were not [weren't] 〜.となる。

There wasn't an answer from her.
（彼女から返事はありませんでした。）

▶ any（1つも，少しも）で否定の意味を強調することがある。

There aren't any cars on the street.
（通りには車が1台もありません。）

参照 some / any
>> p.222

会話でチェック! → 友達はかぜをひいているようです。

You should see a doctor. 　　医者に診てもらったほうがいいよ。

But **there isn't** a hospital near here. 　でも，この近くには病院がないよ。

Shall I call a taxi? 　　タクシーを呼ぼうか。

That's OK. I'll take some medicine. 　大丈夫。薬を飲むよ。

発音練習

✏ **確認問題 6** 解答➡p.255

次の英文を否定文に書きかえよう。

1. There is a swimming pool in my school.

　→ (　　　　　　) (　　　　　　　　　) a swimming pool in my school.

2. There are some eggs in the kitchen.

　→ There (　　　　　　) any (　　　　　　　　) in the kitchen.

42 There is no 〜.「〜はありません」「〜はいません」

● noを使った否定文の形を覚えよう。

例文

There are no classes today.

今日は授業がありません。

▶ 名詞の前にnoを置いたThere is [are] no 〜.の形で，「〜は1 つもない」「〜は1人もいない」という否定文の意味を表す。

There is no hospital near here. (この近くに病院はありません。)
There were no students in the gym.
(体育館には生徒が1人もいませんでした。)

▶ not any を使った文とほぼ同じ意味になる。

There are **no** classes today. 例文
= There are**n't any** classes today.

×There aren't no classes ....と しないように注意しよう。

+α noのあとに数えられる名詞がくる場合，「ふつう1つくらいしかないと思っ ているもの」がない場合は単数形，「ふつう複数あると思っているもの」が1 つもない場合は複数形を用いる。

There is **no TV** in this classroom. ［no＋単数名詞］
(この教室にはテレビがありません。)
There are **no desks** in this classroom. ［no＋複数名詞］
(この教室には机が1つもありません。)

会話でチェック！ →朝，お父さんから話しかけられました。

発音練習

Did you do your homework last night?

昨日の夜，宿題をしたのかい？

No, I didn't. **There are no** classes today. We have a sports day.

しなかったよ。今日は授業がないん だ。運動会なんだよ。

✎ **確認問題 7** 解答➡p.255

次の英文を，noを使って同じ意味の否定文に書きかえよう。

1. There are not any buses after nine o'clock.
　→ There (　　　　　) (　　　　　) (　　　　　　　) after nine o'clock.
2. There is not any food in their house.
　→ (　　　　　) (　　　　　) (　　　　　　) food in their house.

84

There is 〜.　　　　　　　　　「〜があります」「〜がいます」

☑ 36 **There is ＋単数名詞.**　「〜があります」「〜がいます」

> **There is** a box on the table.　　　　　（テーブルの上に箱があります。）

▶ 〈There ＋ be 動詞〜.〉で「〜がある」「〜がいる」という意味を表す。「〜」が単数名詞ならbe動詞はisを使う。

▶ ものが「ある」場合にも，人や動物が「いる」場合にも使える。

▶ 複数のものや人・動物が「ある」「いる」という場合，be動詞をareにして〈There are ＋複数名詞.〉の形で表す。

>   37 　**There are** some students in the gym.（体育館に何人かの生徒がいます。）

▶ 名詞のあとにはin 〜（〜の中に）/ on 〜（〜の上に）などの場所を表す語句がくることが多い。

▶ 「〜」にくる名詞が「数えられない名詞」の場合は〈There is ＋数えられない名詞.〉のように単数名詞と同じくisを使う。

☑ 38 **There was 〜.**　「〜がありました」「〜がいました」

> **There was** a big park here.　　　　　（ここには大きな公園がありました。）

▶ 過去に「〜があった」「〜がいた」という場合，be動詞を過去形にする。「〜が」にあたる名詞が単数なら〈There was ＋単数名詞.〉，複数なら〈There were ＋複数名詞.〉の形で表す。

There is 〜.の疑問文　　　　　「〜がありますか」「〜がいますか」

☑ 39 **Is there 〜?**　「〜がありますか」「〜がいますか」

> **Is there** a station near your house?
> ── Yes, **there is**. / No, **there isn't**.
> （あなたの家の近くには駅がありますか。──はい，あります。/ いいえ，ありません。）

▶ 「〜がありますか」「〜がいますか」とたずねるときは，be動詞をthereの前に出して，〈be動詞＋ there ＋名詞?〉の形で表す。

第4章

There is 〜.の文

85

✓ **40 How many 〜 are there?** 「いくつの〜がありますか」

> **How many** apples **are there** in the bag?
> —— **There are** five apples.
> (その袋に何個のリンゴが入っていますか。—— 5個のリンゴが入っています。)

▶「いくつの〜がありますか」と数をたずねるときは, How many 〜 are there?の形で表す。

There is 〜.の否定文　　　「〜はありません」「〜はいません」

✓ **41 There isn't 〜.** 「〜はありません」「〜はいません」

> **There isn't** a hospital near here.
> (この近くに病院はありません。)

▶「〜はない」「〜はいない」という否定文は, be動詞のあとにnotを置いて, There is not [isn't] 〜. / There are not [aren't] 〜.の形で表す。

✓ **42 There is no 〜.** 「〜はありません」「〜はいません」

> **There are no** classes today.
> (今日は授業がありません。)

▶名詞の前にnoを置いたThere is [are] no 〜.の形で, 「〜は1つもない」「〜は1人もいない」という否定文の意味を表す。

> There is [are] no 〜.は
> There isn't [aren't] any 〜.
> とほぼ同じ意味になるよ。

定期試験対策問題　解答➡p.263

1　次の文の＿＿に，is / are のどちらか適するほうを入れなさい。

⑴ There ＿＿＿＿＿＿ a cup on the table.

⑵ There ＿＿＿＿＿＿ a lot of trees in the park.

⑶ ＿＿＿＿＿＿ there many members in your club?

⑷ There ＿＿＿＿＿＿ not any stars in the sky.

⑸ There ＿＿＿＿＿＿ no police box around here.

⑹ ＿＿＿＿＿＿ there any bus service in this city?

2　次の英文を，（　　）内の指示にしたがって書きかえなさい。

⑴ There was a house on the hill. （a house を four houses に）

＿＿＿＿＿＿＿＿＿＿＿＿＿＿＿＿＿＿＿＿＿＿＿＿＿＿＿＿＿＿＿＿＿

⑵ There are a lot of beautiful flowers near the lake. （疑問文に）

＿＿＿＿＿＿＿＿＿＿＿＿＿＿＿＿＿＿＿＿＿＿＿＿＿＿＿＿＿＿＿＿＿

⑶ There are some pictures on the wall. （過去の文に）

＿＿＿＿＿＿＿＿＿＿＿＿＿＿＿＿＿＿＿＿＿＿＿＿＿＿＿＿＿＿＿＿＿

⑷ There was a hospital in this village. （否定文に）

＿＿＿＿＿＿＿＿＿＿＿＿＿＿＿＿＿＿＿＿＿＿＿＿＿＿＿＿＿＿＿＿＿

⑸ There are ten eggs in the box. （下線部をたずねる文に）

＿＿＿＿＿＿＿＿＿＿＿＿＿＿＿＿＿＿＿＿＿＿＿＿＿＿＿＿＿＿＿＿＿

3　次の日本文の意味を表す英文を，（　　）内の語句を並べかえて作りなさい。

⑴ 部屋の中にソファが1つあります。

（ a sofa / room / is / the / in / there ）.

＿＿＿＿＿＿＿＿＿＿＿＿＿＿＿＿＿＿＿＿＿＿＿＿＿＿＿＿＿＿＿＿＿

⑵ 屋久島にはたくさんの種類の植物があります。

（ many kinds of / are / plants / Yakushima Island / there / on ）.

＿＿＿＿＿＿＿＿＿＿＿＿＿＿＿＿＿＿＿＿＿＿＿＿＿＿＿＿＿＿＿＿＿

4 次の英文を日本語になおしなさい。

(1) There was an earthquake yesterday.

_____

(2) There are twelve months in a year.

_____

(3) There isn't a bird in the cage.

_____

(4) Was there a lot of rain in Brazil last year?

_____

(5) There was no war between the two countries.

_____

5 次の日本文に合うように，____に適する語を入れなさい。

(1) 木の下にベンチが2つありますか。

_____ _____ two benches under the tree?

(2) その町には以前は映画館が1軒もありませんでした。

_____ _____ no movie theater in the town before.

(3) 病院にはたくさんの患者がいました。

_____ _____ _____ patients in the hospital.

(4) 冷蔵庫の中には何もありません。

_____ _____ nothing in the refrigerator.

6 次の日本文を英語になおしなさい。

(1) 京都にはたくさんのお寺があります。

_____

(2) このあたりにはバス停はありませんでした。

_____

(3) あなたの学校には教室がいくつありますか。

_____

第**5**章

文型を作る動詞

主語（S）＋動詞（V）＋補語（C）

become / look / get などを使う文 ……………………… **90**

43 become 〜「〜になる」 ……………………………………… 90

44 look 〜「〜に見える, 〜のようだ」 ……………………… 91

45 get 〜「〜になる」, feel 〜「〜に感じる」など …………… 92

主語（S）＋動詞（V）＋目的語（O）＋目的語（O）

give / tell / show などを使う文 ……………………… **93**

46 give ＋ O（人）＋ O（もの）「（人）に（もの）を与える」 … 93

47 give ＋ O（もの）＋ to ＋ O（人）への書きかえ ………… 94

主語（S）＋動詞（V）＋目的語（O）＋補語（C）

call / make などを使う文 ……………………………… **95**

48 call ＋ O ＋ C「O を C と呼ぶ」 ………………………… 95

49 make ＋ O ＋ C「O を C にする」 ……………………… 96

● 要点のまとめ ………………………………………………… 98

● 定期試験対策問題 …………………………………………… 100

文型（≫ p.90 〜）の解説動画を確認しよう！
5つの文型については, ≫ p.102を見よう！

解説動画

主語（S）＋動詞（V）＋補語（C）

become / look / getなどを使う文

43 become ～「～になる」

● 〈become ＋名詞／形容詞〉の形と意味をつかもう。

> 例文
> # You will **become** a good pianist.
> あなたはよいピアニストになるでしょう。

▶ 動詞becomeは，あとに名詞や形容詞がきて，「～になる」という意味を表す。

The actor **became** very famous in Japan.
（その俳優は日本でとても有名になりました。）

▶ この名詞や形容詞は，主語についての説明を加える語で，補語と呼ばれる。意味の上で〈主語＝補語〉の関係がある。

⚠️ 主語と目的語の間にはイコールの関係はない。
I **visited** Kyoto.（私は京都を訪れました。）
[Kyotoはvisitの目的語。I ≠ Kyoto]

> 用語 主語を「S」，動詞を「V」，補語を「C」と示すことがある。それぞれ次の英語の頭文字である。
> 主語＝Subject
> 動詞＝Verb
> 補語＝Complement

 ポイント

You will **become** a good pianist.
　　主語　　　　　　　　　　　　　　名詞 …主語youについて説明している
　　└─────────┘＝└─────────┘

The actor **became** very famous in Japan.
　　主語　　　　　　　　　　　　　形容詞 …主語the actorについて説明している
　　└──────┘＝└──────┘

会話でチェック！ →友達がピアノの練習をしています。

発音練習

> You practice the piano very hard.

あなたは熱心にピアノを練習しているね。

> I want to play it well.

じょうずに弾きたいからね。

> You'll **become** a good pianist.

あなたはよいピアニストになるね。

> Thank you. I hope so.

ありがとう。そうだといいな。

✎ **確認問題 ①**　解答➡p.255

[　　]内から適する語を選び，（　　）に入れて英文を完成させよう。

[we / friends / vet / it / cloudy / boy]

1. The (　　　　　　) became a (　　　　　　　　).
2. (　　　　　　　) became good (　　　　　　　).
3. (　　　　　　　) became (　　　　　　　) in the afternoon.

44 look 〜「〜に見える，〜のようだ」

● 〈look＋形容詞〉の形と意味をつかもう。

例文
This cake **looks** good.
このケーキはおいしそうです[おいしく見えます]。

▶ 動詞lookは，あとに形容詞がきて，「〜に見える，〜のようだ」
という意味を表す。この形容詞は，主語がどのように見えるかを説明
する補語である。

> 見た目の様子を言う
> 表現だよ。

▶ 「〜」に名詞がくる場合はlook like 〜の形を使う。

The cat **looks like** a small tiger.

（そのネコは小さなトラのように見えます。）

会話でチェック!　→友達が写真を見せてくれました。

Is this a picture of your birthday party?

これはあなたの誕生日パーティーの
写真？

Yes. I had a lot of fun.

うん。とても楽しかったよ。

Oh, this cake **looks** good. 👆

ああ，このケーキはおいしそう。

It was good. My mother made it.

おいしかったよ。母が作ってくれたん
だ。

発音練習

✎ **確認問題 ②**　解答➡p.255

日本文に合うように，（　　）にlookかlook likeを入れよう。必要なら，主語や時制に合わせ
て形を変えること。

1. トムは疲れているように見えます。

　 Tom (　　　　　　　　　　　　　) tired.

2. 彼らは観光客のように見えます。

　 They (　　　　　　　　　　　　　　　) tourists.

45 get ~「～になる」，feel ～「～に感じる」など

● あとに補語がくるそのほかの動詞について学習しよう。

例文

Let's go home before it **gets** dark.

暗くなる前に家に帰りましょう。

▶ 動詞 get のあとに形容詞がきて，「～ になる」の意味を表す。become よりもややくだけた言い方である。

▶ あとに補語がくる動詞には，ほかに次のようなものがある。どの動詞の場合も補語は主語について説明している。

feel ～「～に感じる」
　I **feel** a little cold. (私は少し寒く感じます。)
sound ～「～に聞こえる，～のようだ」
　The idea **sounds** interesting.
　(そのアイデアはおもしろそうです[おもしろく聞こえます]。)
turn ～「～になる」
　His face **turned** red. (彼の顔は赤くなりました。)
grow ～「～になる」
　The wind **grew** stronger. (風がもっと強くなりました。)

become とちがって，「～になる」の意味の get の補語に名詞はこない。

〈主語＝補語〉なんだね。

会話でチェック！ →もうすぐ日が暮れそうです。

発音練習

It's almost five. / もうすぐ5時です。

I feel a little cold. / 私は少し寒く感じます。

Me, too. Let's go home before it **gets** dark. / 私もです。暗くなる前に家に帰りましょう。

Yes, let's. / はい，そうしましょう。

確認問題 ③ 解答 ➡ p.255

[ ]内から適する語を選び，( )に入れて英文を完成させよう。

[get / feel / sound]

1. 父は怒るでしょう。　　　　　　　　　　 My father will (　　　　) angry.
2. それらの話は本当のように聞こえます。 The stories (　　　) real.
3. 私たちはおなかがすいたと感じています。 We (　　　) hungry.

主語（S）＋動詞（V）＋目的語（O）＋目的語（O）

give / tell / show などを使う文

46 **give＋O（人）＋O（もの）「（人）に（もの）を与える」**

●動詞のあとに目的語が2つくる形を学習しよう。

> 例文
> ## My father **gave** me a watch.
> 父は私に腕時計をくれました。

第**5**章 文型を作る動詞

▶ 動詞giveは，あとに〈人＋もの〉の2つの目的語がきて，「（人）に（もの）を与える」という意味を表す。

▶ あとに目的語が2つくる動詞には，ほかに次のようなものがある。〈動詞＋人＋もの〉の語順をしっかり覚えよう。

send「～に…を送る」
She **sent** him some pictures.（彼女は彼に写真を何枚か送りました。）

tell「～に…を話す［教える］」
Mary **told** me her phone number.
（メアリーは私に電話番号を教えてくれました。）

teach「～に…を教える」
Mr. Smith **teaches** us English.（スミス先生が私たちに英語を教えます。）

buy「～に…を買ってあげる」
My mother **bought** me some cookies.
（母は私にクッキーを買ってくれました。）

make「～に…を作ってあげる」
I **made** her a cup of coffee.
（私は彼女にコーヒーを1杯作ってあげました。）

> （**用語**）目的語を「O」と示すことがある。これは目的語という意味の英語Objectの頭文字である。
>
> 目的語を2つとるそのほかの動詞：
> show「～に…を見せる」
> lend「～に…を貸す」
> get「～に…を買ってあげる」
> ask「～に…をたずねる」
>
> （**参照**）〈動詞＋人＋疑問詞＋to＋動詞の原形〉の形も参照。≫p.136

会話でチェック！ →昨日は友達の誕生日だったようです。

Yesterday was my birthday.	昨日は私の誕生日だったよ。
Did you get any presents?	何かプレゼントをもらった？
My father **gave** me a watch. Look!	父が私に腕時計をくれたよ。ほら！
Wow! That's a nice watch.	わあ！ すてきな腕時計だね。

発音練習

 **確認問題 ④** 解答 →p.255

日本文に合うように，（　）に適する語を入れよう。

1. 私は彼女にプレゼントをあげます。　I'll（　　　　　　）（　　　　　　）a（　　　　　　）.

47 give＋O（もの）＋to＋O（人）への書きかえ

● 「人」と「もの」の順序を入れかえた形について学習しよう。

例文
I **gave** the book **to** my brother.

私はその本を弟にあげました。

▶〈give ＋人＋もの〉と同じ意味を〈give ＋もの＋to ＋人〉の形で表すことがある。他の動詞も同じように書きかえられる。

Mr. Smith **teaches** us English.
→ Mr. Smith **teaches** English **to** us.
（スミス先生が私たちに英語を教えます。）

> 〈give ＋もの＋to ＋人〉の形は，「何をあげたか」より「だれにあげたか」に意味の中心がある。

▶ buy や make の場合は〈for ＋人〉を使う。

My mother **bought** me some cookies.
→ My mother bought some cookies **for** me.
（母は私にクッキーを買ってくれました。）

> buy や make は相手がいなくても（自分のために）買ったり作ったりできる。そのような行為を，特に相手のために行う場合には〈for ＋人〉を使うと考えよう。

＋α 「もの」が代名詞 it / them のときは，〈動詞＋O（人）＋O（もの）〉ではなく，〈動詞＋代名詞＋to [for]＋人〉の形を使う。
I gave **it to** my brother. [×I gave my brother it.]

会話でチェック! →夏目漱石の『吾輩は猫である』の話をしています。

発音練習

Did you read *I Am a Cat*? 『吾輩は猫である』を読みましたか。

Yes, I read it a few days ago. はい，数日前に読みました。

Was it interesting? おもしろかったですか。

Yes. So I **gave** the book **to** my brother. はい。だからぼくはその本を弟にあげました。

 **確認問題 ⑤** 解答 →p.255

同じ意味になるように，（　）に適する語を入れよう。

1. He told them a long story.（彼は彼らに長いお話をしました。）
　　→ He told a long（　　　　　　）（　　　　　　）（　　　　　　）.

主語(S)+動詞(V)+目的語(O)+補語(C)

音声

call / makeなどを使う文

48 call+O+C「OをCと呼ぶ」
● 動詞のあとに目的語と補語がくる形を学習しよう。

> 例文
> # We **call** her Kathy.
> 私たちは彼女をキャシーと呼んでいます。
>

第5章 文型を作る動詞

▶ 動詞callは,〈call+目的語(O)+補語(C)〉の形で「OをCと呼ぶ」の意味を表す。

call me Ken. (私をケンと呼んでください。) [Kenが補語]
What do you **call** this flower in English? [疑問詞whatが補語]
(英語でこの花を何と呼びますか。)

▶ 動詞nameは,〈name+目的語(O)+補語(C)〉の形で「OをCと名づける」の意味を表す。

They **named** their baby John. (彼らは赤ん坊をジョンと名づけました。)

▶ この文型で補語になるのは「呼び名」にあたる名詞で, 意味の上で〈目的語=補語〉の関係がある。

We **call** her Kathy. → her = Kathy
They **named** their baby John. → their baby = John

> **参照** become やlookのあとの補語は,〈主語=補語〉の関係がある。
> >> p.90

ポイント

呼ぶ ～を …と
We **call** her Kathy.
　　　　　目的語　　補語　…目的語herについて説明している
　　　　　　　　=

95

会話でチェック! →向こうにいる女の子について話しています。

発音練習

  Do you know that girl's name?

あの女の子の名前を知っていますか。

Yes, her name is Katherine, but we **call** her Kathy. Kathy is her nickname.

はい。名前はキャサリンですが, 私たちは彼女をキャシーと呼んでいます。キャシーは彼女のニックネームです。

  I see.

なるほど。

確認問題 ⑥ 解答➡p.255

日本文に合うように, ( ) に適する語を入れよう。

1. 私たちはこの魚を英語で "salmon" (サケ) と呼びます。

   We call this ( ) "( )" in English.

2. 彼らは彼らのイヌをシロと名づけました。

   They ( ) their ( ) Shiro.

49 make＋O＋C 「OをCにする」

● 「〜を…にする」という意味の表現を学習しよう。

例文

The news will **make** him happy.

その知らせは彼を幸せにするでしょう。

▶ 動詞makeは, 〈make＋目的語(O)＋補語(C)〉の形で「OをCにする」の意味を表す。補語になるのは名詞や形容詞で, 意味の上で〈目的語＝補語〉の関係がある。

him＝happyや, the girl＝a star の関係が成り立つんだね。

The movie **made** the girl a star.　[a star が補語]

(その映画はその女の子をスターにしました。)

⚠ 目的語を主語のようにすると自然な日本語になる。

　その知らせは彼を幸せにするでしょう。

　→彼はその知らせを聞いたら喜ぶでしょう。

ポイント

 する   〜を   …に

The news will **make**　him　happy.

目的語　補語　…目的語himについて説明している

＝

96

▶ keep（OをCにしておく）やfind（OがCとわかる）もこの文型をとる。

You must **keep** your room clean.

（あなたは部屋をきれいにしておかなければなりません。）

We **found** the book interesting.

（私たちはその本がおもしろいとわかりました。）

> keepは「OをCのままに保つ」, findは「OがCであることを見いだす」というニュアンス。

会話でチェック！ →試合に勝ったあと，コーチと話しています。

I'm glad I won the game.

試合に勝ってうれしいです。

You did it! Did you tell your father?

やりましたね！　お父さんに伝えましたか。

No. I didn't have the time.

いいえ。時間がありませんでした。

Call him right now. The news will **make** him happy. 🔊

すぐにお父さんに電話しなさい。その知らせを聞いたらお父さんは喜ぶでしょう。

確認問題 ❼ 解答 ➡ p.255

日本文に合うように，（　　）に適する語を入れよう。

1. この歌はあなたを幸せにしてくれますか。

   Does this song make (　　　　　　) (　　　　　　)?

2. その物語は彼女を悲しくさせました。

   The story (　　　　　) (　　　　　) sad.

まとめておこう

文型の見分け方

[**feel：SVCとSVO**]

　SVCのC（補語）は，S（主語）について説明しているので，〈S＝C〉の関係だが，SVOのO（目的語）は，動作などの対象を表すので，〈S≠O〉。

　I **feel** cold. （私は寒く感じます。）　[I＝coldなのでSVC]

　I **feel** the wind. （私は風を感じます。）　[I≠the windなのでSVO]

[**make：SVOCとSVOO**]

　SVOCのC（補語）は，O（目的語）について説明しているので，〈O＝C〉の関係だが，SVOOの2つ目のO（目的語）は，動作などの対象を表すので，〈1つ目のO≠2つ目のO〉。

　He **made** me happy. （彼は私を幸せにしました。）　[me＝happyなのでSVOC]

　He **made** me lunch. （彼は私にお昼ご飯を作ってくれました。）　[me≠lunchなのでSVOO]

主語(S)＋動詞(V)＋補語(C)　become / look / getなどを使う文

✓ **43 become 〜**　「〜になる」

> ### You will **become** a good pianist.
> （あなたはよいピアニストになるでしょう。）

▶ 動詞becomeは，あとに名詞や形容詞がきて，「〜になる」という意味を表す。

▶ この名詞や形容詞は，主語についての説明を加える語で，補語と呼ばれる。意味の上で〈主語＝補語〉の関係がある。

▶ 動詞lookは，あとに形容詞がきて，「〜に見える，〜のようだ」という意味を表す。この形容詞は，主語がどのように見えるかを説明する補語である。また，「〜」に名詞がくる場合は，look like 〜の形を使う。

　　44　This cake **looks** good. （このケーキはおいしそうです［おいしく見えます］。）

▶ 動詞getのあとに形容詞がきて，「〜になる」の意味を表す。becomeよりもややくだけた言い方である。

　　45　Let's go home before it **gets** dark. （暗くなる前に家に帰りましょう。）

主語(S)＋動詞(V)＋目的語(O)＋目的語(O)　give / tell / showなどを使う文

✓ **46 give ＋ O (人) ＋ O (もの)**　「(人) に (もの) を与える」

> ### My father **gave** me a watch.
> （父は私に腕時計をくれました。）

▶ 動詞giveは，あとに〈人＋もの〉の2つの目的語がきて，「(人)に(もの)を与える」という意味を表す。

▶ あとに目的語が2つくる動詞には他にも，send(送る)，tell(話す)，teach(教える)，buy(買う)，make(作る)などがある。〈動詞＋人＋もの〉の語順をしっかり覚えよう。

▶ 〈give＋人＋もの〉と同じ意味を〈give＋もの＋to＋人〉の形で表すことがある。他の動詞も同じように書きかえられる。buyやmakeの場合は〈for＋人〉を使う。

　　47　I **gave** the book **to** my brother. （私はその本を弟にあげました。）

▶ 「もの」が代名詞it / themのときは，〈動詞＋代名詞＋to [for]＋人〉の形を使う。

　　I gave **it to** my brother.　［×I gave my brother it.］

主語（S）＋動詞（V）＋目的語（O）＋補語（C）　call / makeなどを使う文

☑ **48 call ＋ O ＋ C** 「OをCと呼ぶ」

We **call** her Kathy.
（私たちは彼女をキャシーと呼んでいます。）

▶ 動詞callは，〈call ＋目的語（O）＋補語（C）〉の形で「OをCと呼ぶ」の意味を表す。

▶ 動詞nameは，〈name ＋目的語（O）＋補語（C）〉の形で「OをCと名づける」の意味を表す。

▶ この文型で補語になるのは「呼び名」にあたる名詞で，意味の上で〈目的語＝補語〉の関係がある。

☑ **49 make ＋ O ＋ C** 「OをCにする」

The news will **make** him happy.
（その知らせは彼を幸せにするでしょう。）

▶ 動詞makeは，〈make ＋目的語（O）＋補語（C）〉の形で「OをCにする」の意味を表す。補語になるのは名詞や形容詞で，意味の上で〈目的語＝補語〉の関係がある。

▶ keep（OをCにしておく）やfind（OがCとわかる）もこの文型をとる。

　　You must **keep** your room clean.

　　（あなたは部屋をきれいにしておかなければなりません。）

　　We **found** the book interesting.

　　（私たちはその本がおもしろいとわかりました。）

> SVOCの文型では「OはCである」という関係があるんだね。

右側：第**5**章　文型を作る動詞

定期試験対策問題　解答➡p.264

1 次の(1)〜(5)と文型が同じ文を，ア〜オから１つずつ選びなさい。

(1) This book became popular quickly. ＿＿＿＿＿

(2) He doesn't like math. ＿＿＿＿＿

(3) We went to school by bike. ＿＿＿＿＿

(4) My mother made me some sandwiches. ＿＿＿＿＿

(5) We call her Kate. ＿＿＿＿＿

　　ア　I found a new restaurant near the station.
　　イ　This is my brother, Taro.
　　ウ　I found the book difficult.
　　エ　I'll give her a present.
　　オ　It rained hard last night.

2 次の日本文の意味を表す英文を，（　　）内の語句を並べかえて作りなさい。

(1) 外では雪が降っています。

(is / outside / it / snowing).

＿＿＿＿＿＿＿＿＿＿＿＿＿＿＿＿＿＿＿＿＿＿＿＿＿＿＿＿＿

(2) その歌は私にとても美しく聞こえました。

(beautiful / the song / so / sounded) to me.

＿＿＿＿＿＿＿＿＿＿＿＿＿＿＿＿＿＿＿＿＿＿＿ to me.

(3) 父は私にアドバイスをくれませんでした。

(give / didn't / advice / my father / me).

＿＿＿＿＿＿＿＿＿＿＿＿＿＿＿＿＿＿＿＿＿＿＿＿＿＿＿＿＿

(4) 彼の言葉は私を緊張させました。

(me / his words / nervous / made).

＿＿＿＿＿＿＿＿＿＿＿＿＿＿＿＿＿＿＿＿＿＿＿＿＿＿＿＿＿

3 次の各組の英文がほぼ同じ意味になるように，＿＿＿に適する語を入れなさい。

(1) Mr. Saito is our science teacher.

Mr. Saito ＿＿＿＿＿＿ ＿＿＿＿＿＿ science.

(2) She gave him a cup of tea.

She gave a cup of tea ＿＿＿＿＿＿ ＿＿＿＿＿＿.

(3) He made his sister some pancakes.

He made some pancakes ＿＿＿＿＿＿ ＿＿＿＿＿＿ ＿＿＿＿＿＿.

4 次の英文を日本語になおしなさい。

(1) The young man looked like the child's father.

＿＿＿＿＿＿＿＿＿＿＿＿＿＿＿＿＿＿＿＿＿＿＿＿＿＿＿＿＿＿＿

(2) The water in the pond turned green.

＿＿＿＿＿＿＿＿＿＿＿＿＿＿＿＿＿＿＿＿＿＿＿＿＿＿＿＿＿＿＿

5 次の日本文に合うように，＿＿＿に適する語を入れなさい。

(1) 長旅が彼女を疲れさせました。

The long journey ＿＿＿＿＿＿ her ＿＿＿＿＿＿.

(2) その庭園の花は美しく見えました。

The flowers in the garden ＿＿＿＿＿＿ ＿＿＿＿＿＿.

(3) 彼はいつもそのドアを開けておきます。

He always ＿＿＿＿＿＿ the door ＿＿＿＿＿＿.

(4) 私は昨日，授業中に眠く感じました。

I ＿＿＿＿＿＿ ＿＿＿＿＿＿ in class yesterday.

6 次の日本文を英語になおしなさい。

(1) 彼女たちは彼女をキム (Kim) と呼びます。

＿＿＿＿＿＿＿＿＿＿＿＿＿＿＿＿＿＿＿＿＿＿＿＿＿＿＿＿＿＿＿

(2) 午後にとても寒くなりました。

＿＿＿＿＿＿＿＿＿＿＿＿＿＿＿＿＿＿＿＿＿＿＿＿＿＿＿＿＿＿＿

自動詞と他動詞

● 英語の動詞は自動詞と他動詞の2つに分かれる。あとに目的語がこない動詞を自動詞、目的語がくる動詞を他動詞という。辞書では、動詞の意味が自動詞・他動詞に分けて説明されるので、区別できるようにしておこう。

I **slept** well last night. (私は昨夜、よく眠りました。)

動詞　副詞
└─ あとに目的語がない ＝ 自動詞

I **studied** English last night. (私は昨夜、英語を勉強しました。)

動詞　　目的語
└─ あとに目的語がある ＝ 他動詞

● SVC の文型をとる動詞は、あとに目的語がこないので自動詞である。

She **became** a teacher. (彼女は先生になりました。)[>>p.90]

動詞　　　補語
└─ あとに目的語がない ＝ 自動詞

● SVOO や SVOC の文型をとる動詞は、あとに目的語がくるので他動詞である。

My father **gave** me a watch. (父は私に腕時計をくれました。)[>>p.93]

動詞　目的語　目的語
└─ あとに目的語がある ＝ 他動詞

We **call** her Kathy. (私たちは彼女をキャシーと呼んでいます。)[>>p.95]

動詞　目的語　補語
└─ あとに目的語がある ＝ 他動詞

◆**自動詞・他動詞と文型のまとめ** [右のように番号で文型を呼ぶこともある]

自動詞	SV	I **slept** well.	第1文型
	SVC	She **became** a teacher.	第2文型
他動詞	SVO	I **studied** English.	第3文型
	SVOO	My father **gave** me a watch.	第4文型
	SVOC	We **call** her Kathy.	第5文型

● 自動詞・他動詞の両方に使われる動詞も多い。

┌ I **studied** hard.　　　　　　　[自動詞] (私は熱心に勉強しました。)
└ I **studied** English hard.　　　[他動詞] (私は熱心に英語を勉強しました。)
┌ The door **opened** slowly.　　[自動詞] (そのドアはゆっくりと開きました。)
└ I **opened** the door slowly.　　[他動詞] (私はそのドアをゆっくりと開けました。)

第**6**章

接続詞

and / or / but / so

「そして」「または」「しかし」「だから」 …… **104**

50 and「〜と…」「〜そして…」 …… 104

51 or「〜か…」「〜または…」 …… 104

52 but「〜しかし…」「〜だが…」 …… 105

53 so「〜だから…」「〜それで…」 …… 106

when / while など

「〜するとき」「〜する間に」など …… **107**

54 when「〜するとき」 …… 107

55 while「〜する間に」 …… 108

56 before「〜する前に」/ after「〜したあとに」 …… 109

57 until「〜するまで（ずっと）」 …… 110

if / because

「もし〜なら」「〜なので」 …… **111**

58 if「もし〜なら」 …… 111

59 because「〜なので」「〜だから」 …… 112

that

「〜ということ」 …… **113**

60 I think (that) 〜.「〜と思います」 …… 113

61 tell him (that) 〜「〜と彼に言う」 …… 114

62 I'm glad (that) 〜.「〜してうれしいです」 …… 115

63 時制の一致「〜と思った」 …… 117

● 要点のまとめ …… 118

● 定期試験対策問題 …… 121

接続詞（≫p.104 〜）の解説動画を確認しよう！

and / or / but / so

「そして」「または」「しかし」「だから」

50 and「〜と…」「〜そして…」

● 語句や文を結びつけるandの働きを理解しよう。

例文
I took a bath **and** went to bed.
私はお風呂に入って，寝ました。

▶ 語句と語句や文と文を結びつける働きをする語を接続詞という。

▶ andは「〜と…」「〜そして…」の意味で語句と語句や文と文を結びつける。

Tom **and** Kumi are good friends.（トムとクミはよい友達です。）
Koji cooked dinner **and** Maki washed the dishes.
（コウジが晩ご飯を作り，そしてマキがお皿を洗いました。）

> Tom and Kumiで2人だからbe動詞はareになるんだね。
>

会話でチェック!　→昨日の夜は何をしたでしょうか。

What did you do after dinner last night?　　昨日の夜，晩ご飯のあとに何をしましたか。

I took a bath **and** went to bed.　　お風呂に入って，寝ました。

When did you do your homework?　　いつ宿題をしましたか。

Oh, I forgot!　　ああ，忘れました！

51 or「〜か…」「〜または…」

● 「2つのうちのどちらか」を表すorの働きを理解しよう。

例文
Which do you like, summer **or** winter?
あなたは夏と冬ではどちらが好きですか。

▶ orは「〜か…」「〜または…」の意味で語句と語句や文と文を結びつける。

I want to play soccer **or** basketball today.
（私は今日，サッカーかバスケットボールがしたいです。）

会話 でチェック！ →好きな季節はどちらですか。

 Which do you like, summer **or** winter?

夏と冬ではどちらが好きですか。

I like summer.

私は夏が好きです。

What do you want to do in the summer?

夏には何をしたいですか。

I want to go to the beach or the swimming pool.

ビーチかプールに行きたいです。

 確認問題 ① 解答⇒p.255

日本文に合うように，（　）に適する語を入れよう。
1. 私はお昼ご飯にパスタとピザを食べるつもりです。
   I'll eat pasta (　　　　　) pizza for lunch.
2. 私はお昼ご飯にパスタかピザを食べるつもりです。
   I'll eat pasta (　　　　　) pizza for lunch.

---

52 **but**「〜しかし…」「〜だが…」
● 対立する語句や文を結びつけるbutの働きを理解しよう。

 I talked to her, but she didn't answer.
私は彼女に話しかけましたが，彼女は答えませんでした。

▶ but は「〜しかし…」「〜だが…」の意味で語句と語句や文と文を結びつける。

The room was large **but** warm.
（その部屋は大きかったですが，暖かかったです。）

会話 でチェック！ →さっきメグミに会ったのですが…。

Is Megumi angry? I talked to her, **but** she didn't answer me.

メグミは怒ってるのかな。話しかけたけど，答えなかったよ。

Maybe she didn't hear your voice.

あなたの声が聞こえなかったのかもね。

第6章 接続詞

53 so「〜だから…」「〜それで…」

● 結果を表す so の働きを理解しよう。

例文
> # It was raining hard, **so** I stayed at home.
> 雨が激しく降っていたので、私は家にいました。

▶ so は「〜だから…」「〜それで…」の意味で、主に文と文を結びつける。

I ran a lot. **So** I was tired and wanted to sit down.
（私はたくさん走りました。それで疲れていて、座りたかったのです。）

2つの文に分けて〈〜. So ...〉の形でも用いられる。

会話でチェック！ →友達はコンサートに来なかったようです。

| I didn't see you at the concert. Did you come? | あなたをコンサートで見かけなかったよ。来た？ |

発音練習

| It was raining hard, **so** I stayed at home. | 雨が激しく降っていたから、家にいたんだ。 |

| I see. | なるほど。 |

 確認問題 ② 解答➡p.255

意味が通じるように、（　　）にbutかsoを入れよう。

1. John is a little boy, (　　　　　　　) he is very strong.
2. She is my classmate, (　　　　　　　) I know her very well.
3. She is my classmate, (　　　　　　　) I don't know her very well.

+⍺ and / or / but を使った次のような表現も覚えておこう。
命令文, and ....「〜しなさい、そうすれば…。」
　Study hard, **and** you'll pass the test.
　（一生懸命に勉強しなさい。そうすればテストに合格するでしょう。）
命令文, or ....「〜しなさい、そうしないと…。」
　Get up at once, **or** you'll be late for school.
　（すぐに起きなさい。そうしないと学校に遅刻しますよ。）
both A and B「AとBの両方とも」
　I ate **both** Japanese food **and** Chinese food.
　（私は和食と中華料理の両方とも食べました。）
not only A but (also) B「AだけでなくBも」
　She was **not only** sleepy **but also** hungry.
　（彼女は眠いだけでなく、おなかがすいてもいました。）

命令文のあとのand とorの使い分けに注意しよう。

その他の表現：
either A or B「AとBのどちらか」
not A but B「AでなくB」

when / while など

音声

「～するとき」「～する間に」など

54 when 「～するとき」

●同じ時のできごとを結びつけるwhenの用法を学習しよう。

例文

When I came home, you were sleeping.

私が家に帰ってきたとき，あなたは眠っていました。

▶ 接続詞whenは「～するとき」の意味で，文と文を結びつける。

▶ 〈When [A], [B].〉の形で，「AするときB」という
意味を表す。AとBにはそれぞれ〈主語＋動詞〉を含む文の形がくる。
AとBの間はコンマで区切る。

When she was a child, she lived in Osaka.
（子どものとき，彼女は大阪に住んでいました。）

▶ AとBの順序を入れ替えて，〈[B] when [A].〉の形で
も同じ意味を表せる。この場合，whenの前にコンマは不要。

You were sleeping **when** I came home.
（私が家に帰ってきたとき，あなたは眠っていました。）
She lived in Osaka **when** she was a child.
（子どものとき，彼女は大阪に住んでいました。）

日本語では「～する
とき」が前にくるね。

ポイント

I came home.　You were sleeping.
「私は家に帰ってきた」　　「あなたは眠っていた」

↓ whenで2つの文を結ぶ

When I came home, you were sleeping.
〈主語＋動詞〉　　　　〈主語＋動詞〉
└── コンマで区切る

↓ 順序を入れ替えても意味は同じ

You were sleeping **when** I came home.
〈主語＋動詞〉　　　　　〈主語＋動詞〉
└── コンマは不要

第6章

接続詞

107

⚠️ 「いつ」という意味の疑問詞whenと比較してみよう。

When did he get up?　［疑問詞＋疑問文の語順］
（彼はいつ起きましたか。）
When he got up, it was raining.　［接続詞＋ふつうの文の語順］
（彼が起きたとき, 雨が降っていました。）

⚠️ 〈when＋主語＋動詞〉で表すとき, 動詞は未来のことでも現在形を使う。

We will start the party **when** she comes.　［comes＝現在形］
（彼女が来たら, 私たちはパーティーを始めます。）
×We will start the party **when** she will come.

未来の意味では,「〜
したら」と訳せること
も多いよ。

会話でチェック！　→昨日の夜, お母さんは帰りが遅かったようです。　🎧

発音練習

What time did you come home last night, Mom?

お母さん, 昨日の夜は何時に家に帰ってきたの。

About eleven. **When** I came home, you were sleeping. 🎙

11時ごろよ。私が帰ってきたとき, あなたは眠っていたよ。

Yes. I went to bed at ten.

うん。ぼくは10時に寝たんだ。

🖊 **確認問題 ③**　解答 ➡p.255

日本文に合うように,（　）に適する語を入れよう。

1. あなたが私に電話をくれたとき, 私はテレビを見ていました。

（　　　　　　）you called me, I was watching TV.
＝I was watching TV（　　　　　）（　　　　　）（　　　　　）me.

2. 私は悲しいとき, いつもこの歌を聞きます。

（　　　　　　）I'm sad, I always listen to this song.
＝I always listen to this song（　　　　　）（　　　　　）（　　　　　）.

55 while「〜する間に」

● 「〜する間に」という意味のwhileの用法を学習しよう。

例文

Please drink the tea **while** it's hot.

熱い間に, お茶を飲んでください。
🎧

▶ 接続詞whileは「〜する間に」の意味で, 文と文を結びつける。
whenと同じように, while 〜を前に置くこともできる。

While you were out, I got a call from Tom.
（あなたが出かけている間に, トムから電話がありました。）

while 〜を前に置くとき
は, 文と文の間をコンマ
で区切る。

会話でチェック！ →家に来たお客さんにお菓子を勧めています。

Would you like some cake?　　ケーキはいかがですか。

Yes, please. I'm a little hungry.　はい、お願いします。少しおなかがすいています。

Please drink the tea **while** it's hot. 　熱いうちにお茶を飲んでください。

Thank you.　ありがとう。

確認問題 ④　　解答➡p.255

日本文に合うように，（　　）に適する語を入れよう。

1. 私が眠っている間に，母は家に帰ってきました。

My mother came home (　　　　　　) I was sleeping.

= (　　　　　) (　　　　　　) (　　　　　　　　) sleeping, my mother came home.

56 before「〜する前に」/ after「〜したあとに」

● 時間の前後関係を表す before / after の用法を学習しよう。

例文

Do your homework **before** you watch TV.

テレビを見る前に宿題をしなさい。

▶ 接続詞 before は「〜する前に」，after は「〜したあとに」の意味で文と文を結びつける。

I did my homework **after** I watched TV.

（私はテレビを見たあとに宿題をしました。）

⚠ before / after は前置詞としても使われる。前置詞の場合は後ろに名詞がくる。

She left home **before** six o'clock.　［before＝前置詞］

（彼女は6時前に家を出ました。）

I watched TV **after** dinner.　［after＝前置詞］

（私は晩ご飯のあとにテレビを見ました。）

whenと同じように，
before 〜 / after 〜を
前に置くこともできる。
After I watched TV,
I did my homework.

会話でチェック！ →お母さんと話しています。

Can I watch the movie on TV?　テレビで映画を見てもいい？

Yes, but do your homework **before** you watch TV. 　ええ、でもテレビを見る前に宿題をしなさいよ。

OK. I'll do my homework first.　わかった。宿題を先にやるよ。

解答➡p.255

確認問題 ⑤

日本文に合うように，（　）に適する語を入れよう。

1. 食べる前に手を洗いなさい。

   Wash your hands (　　　　　) you eat.

2. 部屋を掃除したあと，彼女は出かけました。

   (　　　　　) she cleaned her room, she went out.

3. 出かける前に，彼女は部屋を掃除しました。

   She cleaned her room (　　　　　) she went out.

57 until「〜するまで（ずっと）」

● 「〜するまで（ずっと）」という意味のuntilの用法を学習しよう。

> ### Please wait **until** I come back.
> 私が戻ってくるまで待っていてください。

▶ 接続詞untilは「〜するまで（ずっと）」の意味で，文と文を結びつける。tillも同じ意味を表す。

We stayed in the house **till** the rain stopped.
（雨がやむまで，私たちは家の中にいました。）

⚠ until / tillは前置詞としても使われる。前置詞の場合は後ろに名詞がくる。
　They will stay in Japan **until** next Sunday.　［until＝前置詞］
　（彼らは次の日曜日まで日本にいます。）

untilを×untillと書かないように注意しよう。

会話でチェック！ →食べ物を買いに行かなければなりません。

発音練習

I'll go and buy some food.　　私が食べ物を買いに行きます。

What should I do?　　私は何をすればいいですか。

Please wait **until** I come back. 　　私が戻ってくるまで待っていてください。

OK. Come back soon.　　わかりました。早く戻ってきてください。

確認問題 ⑥ 解答➡p.255

日本文に合うように，（　）に適する語を入れよう。

1. ジョンは10歳になるまで泳ぐことができませんでした。

   John couldn't swim (　　　　　) he was ten.

if / because

音声

「もし～なら」「～なので」

58 if「もし～なら」

- ●「もし～なら」と条件を述べるifの用法を学習しよう。

第**6**章 接続詞

例文

If you are tired, I'll carry your bag.

もし疲れているなら，私があなたのかばんを運びましょう。

▶ 接続詞ifは「もし～なら」の意味で，文と文を結びつける。

▶〈If [A], [B].〉または〈[B] if [A].〉の形で，
「もしAならB」という意味を表す。

Please come to my house **if** you have time.
（もし時間があるなら，私の家に来てください。）

> if ～を前に置くときは，文と文の間をコンマで区切る。

ポイント

You are tired.　I'll carry your bag.
「あなたは疲れている」　「私があなたのかばんを運ぼう」

↓ ifで2つの文を結ぶ

If you are tired, I'll carry your bag.
〈主語＋動詞〉　　　　〈主語＋動詞〉

〈if＋主語＋動詞〉で表すとき，動詞は未来のことでも現在形を使う。
If it is fine tomorrow, we will go to the park.　［is＝現在形］
（もし明日晴れなら，私たちは公園へ行きます。）
×**If** it will be fine tomorrow, we will go to the park.

> whenと似ているね。

会話でチェック！　→重そうなかばんを持っている人がいます。

If you are tired, I'll carry your bag.	疲れているなら，私があなたのかばんを運びましょう。	発音練習
Thank you.	ありがとう。	
It's nothing.　Oh, but it's heavy.	なんでもないですよ。ああ，でも重たい。	
There are a lot of books in it.	本がたくさん入っているんです。	

解答 ➡ p.255

✎ **確認問題 ⑦**

日本文に合うように，（　）に適する語を入れよう。

1. もしその魚が好きではないなら，私が食べます。

（　　　　　　　　）you don't like the fish, I'll eat it.

2. もし明日あなたが暇なら，映画に行きましょう。

Let's go to the movies（　　　　　　）you（　　　　　　）free tomorrow.

59 because「〜なので」「〜だから」

● 「〜なので」と理由を述べるbecauseの用法を学習しよう。

例文

I can't swim today **because** I have a cold.

私はかぜをひいているので，今日は泳げません。

🎧

▶ 接続詞becauseは〈Because ￼ A ￼, ￼ B ￼.〉または〈￼ B ￼ because ￼ A ￼.〉の形で，「AなのでB」という意味を表す。

> because 〜を前に置くときは，文と文の間をコンマで区切る。

Because it was raining, we stayed home.
（雨が降っていたので，私たちは家にいました。）

▶ Why 〜?（なぜ〜ですか）に答えるときにも使われる。

Why were you late? —— **Because** I got up late.
（なぜ遅刻したのですか。—— 寝坊したからです。）

会話でチェック！　→友達から電話がかかってきました。　🎧

発音練習

> I'm going to the beach. Do you want to come with me?

ぼくはビーチへ行くつもりだよ。いっしょに来る？

> I can't swim today **because** I have a cold. ☕

私はかぜをひいているから，今日は泳げないよ。

> That's too bad.

それは残念だね。

✎ **確認問題 ⑧**

解答 ➡ p.255

ifかbecauseのどちらか適するほうを（　）に入れよう。

1. Today I came home early（　　　　　　）I was sick.

2. Please tell me（　　　　　　）you have a good idea.

that

「〜ということ」

60 I think (that) 〜. 「〜と思います」

● 「〜ということ」という意味の接続詞thatの用法を学習しよう。

> 例文
> I **think that** he has a cold.
> 私は彼がかぜをひいていると思います。

▶ 接続詞thatは「〜ということ」の意味で，あとには文が続く。

▶ 〈think that ＋主語＋動詞〜〉の形で，「〜と思う（←〜ということを考える）」の意味になる。

▶ この用法のthatは省略されることが多い。省略しても意味は変わらない。

〈that＋主語＋動詞〜〉の全体で，名詞の働きをする。

 ポイント

I **think** 〜. ＋He has a cold.
「私は思う」 「彼はかぜをひいている」

↓ thatのあとに文を続ける

I **think that** he has a cold.
〈主語＋動詞〉 〈主語＋動詞〜〉

↓ thatは省略できる

I **think** he has a cold.
〈主語＋動詞〉 〈主語＋動詞〜〉

代名詞のthat（あれは）とは，役割がちがうんだね。

▶ 接続詞thatとともによく使われるその他の動詞を覚えよう。

know (that) 〜「〜ということを知っている」
We **know that** he has a dog.
（私たちは彼がイヌを飼っていることを知っています。）

say (that) 〜「〜と言う」
Kate **says that** you are right. （ケイトはあなたが正しいと言います。）

hope (that) 〜「〜だといいと思う」（←〜することを望む）
I **hope that** she will arrive soon.
（私は彼女がすぐに着くといいと思います。）

次のような動詞もよく使われる。
hear（聞く）
believe（信じる，思う）
understand（わかる）

第6章 接続詞

⚠️ that が省略された形の文にも慣れよう。

    We **know** he has a dog.
    Kate **says** you are right.
    I **hope** she will arrive soon.

➕⍺ I think ~.(私は~と思う)を否定して「私は~でないと思う」と言う場合には，thatのあとを否定文にせず，ふつう I don't think ~.という形で表す。

    I **think that** he is right.（私は彼が正しいと思います。）
    I **don't think that** he is right.
    （私は彼が正しくないと思います。/ 私は彼が正しいとは思いません。）
    [× I **think that** he is **not** right.とはふつうは言わない。]

> ふつうは think を否定するんだね.

会話でチェック! →トムの様子が少し変です。 🎧

発音練習

👦 < Look! Tom's face is red.　　　　見て。トムの顔が赤いです。

👧 < What is wrong with him?　　　　彼はどうしたんでしょうか。

👦 < I **think that** he has a cold. 💨　彼はかぜをひいているんだと思います。

👧 < I hope it is not very bad.　　　そんなに悪くないといいですね。

✏️ **確認問題 ⑨**　解答➡p.255

日本文に合うように，（　　）に適する語を入れよう。

1. 私はこの本がおもしろいと思います。

    I (　　　　　　) (　　　　　　　　) this book is interesting.

2. 彼はあなたがアメリカへ行くことを知りません。

    He doesn't (　　　　　　　) you're going to America.

---

61 tell him (that) ～ 「～と彼に言う」

● 「だれかに～と言う」という形で使われる接続詞thatの用法を学習しよう。

例文

Please **tell** her **that** I will come again.

私はまた来ると彼女に伝えてください。

🎧

▶ 〈tell＋人〉のあとに〈that＋主語＋動詞~〉を続けることもできる。〈tell＋人＋that ~〉の形で，「人に～と言う[～ということを伝える]」という意味になる。

参照 これはSVOO
の文型の一種。 >> p.93

▶ この that も省略することができる。

114

▶〈show＋人〉のあとにも〈that＋主語＋動詞～〉を続けることができる。「人に～と示す[明らかにする]」という意味になる。

I will **show** you **that** this is true.
（私はあなたに，これが本当だということを示してあげます。）

ポイント

Please **tell** her ～. ＋ I will come again.
「彼女に言ってください」 「私はまた来る」

↓ thatのあとに文を続ける

Please **tell** her **that** I will come again.

↓ thatは省略できる

Please **tell** her ⎵ I will come again.

tell her a story
（彼女に物語を話す）
と同じ形だね。

会話でチェック！ →ジェーンに会いに行ったのですが…。

Can I see Jane? | ジェーンに会えますか。

I'm sorry, but she's out right now. | すみません，彼女は今外出中です。

発音練習

Please **tell** her **that** I will come again. | 私はまた来ると彼女に伝えてください。

All right. | わかりました。

確認問題 ⑩ 解答➡p.255

日本文に合うように，（　）に適する語を入れよう。

1. 私が彼に，あなたがここで待っていると伝えましょうか。

Shall I (　　　　) him (　　　　　　) you are waiting here?

2. この手紙は，彼女がとても親切であることを私たちに示しています。

This letter shows (　　　　) (　　　　　) she is very kind.

62 I'm glad (that) ～.「～してうれしいです」

● 「～して」という感情の原因・理由を表す接続詞thatの用法を学習しよう。

例文

I'm **glad that** you like it.

私はあなたがそれを気に入ってくれてうれしいです。

▶ gladなどの感情を表す形容詞のあとに〈that＋主語＋動詞～〉がくると、「～してうれしい」などの意味になる。

（参照）不定詞を使ったglad to ～の形と混同しないようにしよう。
≫p.131

▶ このthatも省略することができる。

▶ 〈感情を表す形容詞＋that ～〉の形でよく使われるその他の表現を覚えよう。

この表現では、「人」が主語になるよ。

happy (that) ～「～して幸せだ[うれしい]」

　I was **happy that** she came and stayed with us.
　（私は彼女が来て私たちの家に泊まってくれてうれしかったです。）

sorry (that) ～「～して残念だ[申し訳ない]」

　I'm **sorry** I'm late. （遅くなって申し訳ありません。）

surprised (that) ～「～して驚く」

　We are **surprised that** you are here.
　（私たちはあなたがここにいて驚いています。）

afraid (that) ～「～と心配する、残念ながら～だ」

　He is **afraid that** you may be sick.
　（彼はあなたが病気かもしれないと心配しています。）

　I'm **afraid** I can't go with you.
　（残念ながら私はあなたといっしょに行けません。）

sure (that) ～「きっと～だと思う」（←～と確信している）

　I'm **sure that** you will win. （私はきっとあなたが勝つと思います。）

会話でチェック！ →今日は友達の誕生日です。 🎧

発音練習

- This is my birthday present for you. ｜ これはあなたへの誕生日プレゼントだよ。
- A new cup! Thank you! ｜ 新しいカップ！　ありがとう！
- I'm **glad** you like it. 😊 ｜ 気に入ってくれてうれしいな。
- I'll use it every day. ｜ 私はそれを毎日使うよ。

確認問題 ⑪　解答➡p.255

日本文に合うように、（　　）に適する語を入れよう。

1. 今日は雨が降っていて、彼女は残念に思っています。

　She is sorry (　　　　　　　) it is raining today.

2. 私はあなたが手紙をくれてとてもうれしいです。

　I'm very (　　　　　　　) you wrote to me.

●日本語とはちがう過去の表し方を学習しよう。

例文
I **thought** that you **were** angry.
私はあなたが怒っていると思いました。

▶ I thought that 〜.のようにthatの前の動詞が過去形のときは，thatのあとの動詞も過去形にする。これを時制の一致という。

（**用語**）動詞の形で現在や過去という「時」を表すことを時制という。

⚠ 同じ「時」のことは同じ時制で表すというルールである。訳すときは「怒っていると思った」とするので，you were angryだけを見て，「怒っていたと思った」と訳さないように注意しよう。

ポイント

I **think**　　that you **are** angry.　→ thinkとareは同じ「時」（現在）
「私は**思う**」　「あなたが怒っていると」
　↓ 過去形に　　　　↓ 過去形に
I **thought** that you **were** angry.　→ thoughtとwereは同じ「時」（過去）
「私は**思った**」　「あなたが怒っていると」

We **knew** that he **had** a dog.
（私たちは彼がイヌを飼っていることを知っていました。）

（**参照**）≫p.113の例文と比較してみよう。

会話 でチェック！　→友達を心配して話しかけています。

You didn't speak at dinner last night.　昨日の夜の晩ご飯のときあなたは話さなかったね。

I was very tired.　ぼくはとても疲れていたんだ。

I **thought** you **were** angry.　怒っているのかと思ったよ。

No, no. I just didn't want to talk.　ううん。話したくなかっただけだよ。

発音練習

✐ **確認問題** ⑫　解答➡p.255

日本文に合うように，（　）に適する語を入れよう。
1. 彼女はマイクが泣いているのだと思いました。
   She thought that Mike (　　　　　) crying.
2. 私は彼を知っていましたが，そこに住んでいるとは知りませんでした。
   I knew him, but I didn't know he (　　　　　) there.

and / or / but / so 「そして」「または」「しかし」「だから」

☑ **50 and** 「〜と…」「〜そして…」

> I took a bath **and** went to bed.　　　　（私はお風呂に入って，寝ました。）

▶ 語句と語句や文と文を結びつける働きをする語を接続詞という。

▶ andは「〜と…」「〜そして…」の意味で語句と語句や文と文を結びつける。

▶ orは「〜か…」「〜または…」の意味で語句と語句や文と文を結びつける。
　 51　Which do you like, summer **or** winter?（あなたは夏と冬ではどちらが好きですか。）

☑ **52 but** 「〜しかし…」「〜だが…」

> I talked to her, **but** she didn't answer.
> （私は彼女に話しかけましたが，彼女は答えませんでした。）

▶ butは「〜しかし…」「〜だが…」の意味で語句と語句や文と文を結びつける。

☑ **53 so** 「〜だから…」「〜それで…」

> It was raining hard, **so** I stayed at home.
> （雨が激しく降っていたので，私は家にいました。）

▶ soは「〜だから…」「〜それで…」の意味で，主に文と文を結びつける。

when / while など 「〜するとき」「〜する間に」など

☑ **54 when** 「〜するとき」

> **When** I came home, you were sleeping.
> （私が家に帰ってきたとき，あなたは眠っていました。）

▶ 接続詞whenは「〜するとき」の意味で，文と文を結びつける。

▶ 〈When <u>A</u>, <u>B</u>.〉または〈<u>B</u> when <u>A</u>.〉の形で,「Aする ときB」という意味を表す。AとBにはそれぞれ〈主語＋動詞〉を含む文の形がくる。

▶ 接続詞whileは「～する間に」の意味で,文と文を結びつける。

55 Please drink the tea **while** it's hot.（熱い間に, お茶を飲んでください。）

56 before 「～する前に」/ after 「～したあとに」

Do your homework **before** you watch TV.
（テレビを見る前に宿題をしなさい。）

▶ 接続詞beforeは「～する前に」, afterは「～したあとに」の意味で文と文を結びつける。

57 until 「～するまで（ずっと）」

Please wait **until** I come back. （私が戻ってくるまで待っていてください。）

▶ 接続詞untilは「～するまで（ずっと）」の意味で,文と文を結びつける。tillも同じ意味。

if / because 「もし～なら」「～なので」

58 if 「もし～なら」

If you are tired, I'll carry your bag.
（もし疲れているなら, 私があなたのかばんを運びましょう。）

▶ 接続詞ifは「もし～なら」の意味で, 文と文を結びつける。

▶ 〈If <u>A</u>, <u>B</u>.〉または〈<u>B</u> if <u>A</u>.〉の形で,「もしAならB」と いう意味を表す。

59 because 「～なので」「～だから」

> I can't swim today **because** I have a cold.
> （私はかぜをひいているので，今日は泳げません。）

▶ 接続詞becauseは〈Because ┃ A ┃ , ┃ B ┃ .〉または〈 ┃ B ┃ because ┃ A ┃ .〉の形で，「AなのでB」という意味を表す。

▶ Why ～?（なぜ～ですか）に答えるときにも使われる。

---

that 「～ということ」

60 I think (that)～. 「～と思います」

> I **think that** he has a cold.　　　（私は彼がかぜをひいていると思います。）

▶ 接続詞thatは「～ということ」の意味で，あとには文が続く。

▶ 〈think that＋主語＋動詞～〉の形で，「～と思う（←～ということを考える）」の意味になる。この用法のthatは省略されることが多い。

▶ 動詞tell（言う，伝える）は〈tell＋人＋that ～〉の形で，「人に～と言う［～ということを伝える］」という意味になる。このthatも省略が可能。

> 61 Please **tell her that** I will come again. （私はまた来ると彼女に伝えてください。）

▶ gladなどの感情を表す形容詞のあとに〈that＋主語＋動詞～〉がくると，「～してうれしい」などの意味になる。このthatも省略することができる。

> 62 I'm **glad that** you like it. （私はあなたがそれを気に入ってくれてうれしいです。）

63 時制の一致 「～と思った」

> I **thought** that you **were** angry. （私はあなたが怒っていると思いました。）

▶ I thought that ～.のようにthatの前の動詞が過去形のときは，thatのあとの動詞も過去形にする。これを時制の一致という。

定期試験対策問題 （解答 ➡ p.265）

1 次の（　）内から適する語を選びなさい。

(1) I hear (that, and) he has a dog. ＿＿＿＿＿＿

(2) (So, While) you were out, John came to our house. ＿＿＿＿＿＿

(3) They were speaking in very loud voices, (so, but) I couldn't sleep. ＿＿＿＿＿＿

(4) I don't have a guitar, (and, but) I have a violin. ＿＿＿＿＿＿

(5) Would you like coffee (or, but) tea? ＿＿＿＿＿＿

(6) There are three eggs (and, or) some apples in the fridge. ＿＿＿＿＿＿

2 次の＿＿に適する語を，右の□□から選んで書きなさい。

(1) My cousin is staying with us ＿＿＿＿＿＿ her parents come
back from their trip.

(2) Judy ＿＿＿＿＿＿ Mary know each other very well.

(3) ＿＿＿＿＿＿ he was young, he lived in China.

(4) I didn't go out ＿＿＿＿＿＿ it was raining yesterday.

(5) We will climb Mt. Fuji ＿＿＿＿＿＿ it is fine tomorrow.

(6) I think ＿＿＿＿＿＿ Ken is busy now.

> when
> until
> if
> and
> because
> that

3 次の各組の2文を，（　）内の語を使って1文にしなさい。

(1) He came home. The door was open. （when）

＿＿＿＿＿＿＿＿＿＿＿＿＿＿＿＿＿＿＿＿＿＿＿＿＿＿＿＿＿＿＿＿＿

(2) We took a taxi. We were in a hurry. （because）

＿＿＿＿＿＿＿＿＿＿＿＿＿＿＿＿＿＿＿＿＿＿＿＿＿＿＿＿＿＿＿＿＿

(3) Please tell him. I will call him tonight. （that）

＿＿＿＿＿＿＿＿＿＿＿＿＿＿＿＿＿＿＿＿＿＿＿＿＿＿＿＿＿＿＿＿＿

(4) She cooked dinner. The baby was sleeping. （while）

＿＿＿＿＿＿＿＿＿＿＿＿＿＿＿＿＿＿＿＿＿＿＿＿＿＿＿＿＿＿＿＿＿

4 次の日本文の意味を表す英文を, (　　) 内の語句を並べかえて作りなさい。

(1) 電話が鳴って, ケイトが出ました。

(it / rang / Kate / the phone / answered / and).

_____

(2) 寝る前に歯をみがきなさい。

(bed / before / your teeth / to / go / brush / you).

_____

(3) 彼女は, そのイヌはおなかがすいているのだと思いました。

(the dog / hungry / was / thought / she / that).

_____

(4) 私は宿題を終えたあとに, テレビゲームをします。

(will / my homework / video games / finish / play / after / I / I).

_____

(5) もし質問があれば, 手をあげなさい。

(a question / you / your hand / raise / have / if).

_____

5 次の英文を日本語になおしなさい。

(1) When she reached the bus stop, Mrs. White was there.

_____

(2) Everyone knows that the earth goes around the sun.

_____

(3) Hurry up, or you will be late.

_____

(4) They arrived at the hotel before it became dark.

_____

(5) While I was at the gate, many people went by.

_____

(6) They want not only food but also water.

_____

6 次の日本文に合うように，＿＿に適する語を入れなさい。

(1) 彼が現れるまで待ちましょう。

Let's ＿＿＿＿＿＿ ＿＿＿＿＿＿ he shows up.

(2) 彼女は，自分が泳げることを私たちに見せてくれるでしょう。

She will ＿＿＿＿＿＿ ＿＿＿＿＿＿ ＿＿＿＿＿＿ she can swim.

(3) 彼女がテニスの試合に負けて残念です。

I ＿＿＿＿＿＿ ＿＿＿＿＿＿ ＿＿＿＿＿＿ she lost her tennis match.

(4) 彼は，自分の母親に電話をかけていると思いました。

He ＿＿＿＿＿＿ he ＿＿＿＿＿＿ calling his mother.

(5) 天気がよかったので，私は散歩に出かけました。

The weather was nice, ＿＿＿＿＿＿ ＿＿＿＿＿＿ went out for a walk.

(6) なぜあなたは今朝，学校に遅刻したのですか。—— 寝坊したからです。

＿＿＿＿＿＿ were you late for school this morning?

—— ＿＿＿＿＿＿ I overslept.

(7) 彼女は驚いたと言いました。

She ＿＿＿＿＿＿ ＿＿＿＿＿＿ she was surprised.

7 次の日本文を英語になおしなさい。

(1) 私は，自分が正しいと思いました。

＿＿＿＿＿＿＿＿＿＿＿＿＿＿＿＿＿＿＿＿＿＿＿＿＿＿

(2) なぜ学校を休んだのですか。—— 頭が痛かったからです。

＿＿＿＿＿＿＿＿＿＿＿＿＿＿＿＿＿＿＿＿＿＿＿＿＿＿

(3) 兄が試験に合格して，私はとてもうれしいです。

＿＿＿＿＿＿＿＿＿＿＿＿＿＿＿＿＿＿＿＿＿＿＿＿＿＿

(4) 彼女はお父さんを訪ねましたが，彼は家にいませんでした。

＿＿＿＿＿＿＿＿＿＿＿＿＿＿＿＿＿＿＿＿＿＿＿＿＿＿

(5) 彼は部屋に入ってきて，その窓を開けました。

＿＿＿＿＿＿＿＿＿＿＿＿＿＿＿＿＿＿＿＿＿＿＿＿＿＿

(6) あなたは本を読みたいですか，それとも音楽を聞きたいですか。

＿＿＿＿＿＿＿＿＿＿＿＿＿＿＿＿＿＿＿＿＿＿＿＿＿＿

「句」と「節」

● 英語の文は「語（単語）」でできているが，その「語」が集まったかたまりが，文中で1つの働きを持つこともある。

例えば，次の文では on the bed というかたまりが形容詞の働きをしている。

〈前置詞＋名詞〉
The cat on the bed is sleeping. （ベッドの上のネコは眠っています。）
—修飾—…名詞catを修飾 ＝形容詞の働き

また，次の文では that he has a cold というかたまりが名詞の働きをしている。

〈接続詞＋文の形〉
I know that he has a cold. （私は彼がかぜをひいていることを知っています。）
S   V   O …動詞knowの目的語 ＝名詞の働き

● このように，まとまって1つの働きをする語群のうち，文の形（S＋V）を含まないものを「句」といい，文の形（S＋V）を含むものを「節」という。上の例の on the bedは〈S＋V〉を含まないので「句」，that he has a cold は he has という〈S＋V〉を含むので「節」である。

● 「句」と「節」には名詞・形容詞・副詞の働きがあり，その働きによって，「形容詞句」や「名詞節」などと呼ばれる。次の表で見てみよう。

呼び方		例	文法項目
句〈S+V〉を含まない	**名詞句**	I like to read books.（私は本を読むことが好きです。）	不定詞 ≫p.127
	形容詞句	The cat on the bed is sleeping.（ベッドの上のネコは眠っています。）	前置詞 ≫p.229
	副詞句	The cat is sleeping on the bed.（ネコはベッドの上で眠っています。）	前置詞 ≫p.229
節〈S+V〉を含む	**名詞節**	I know that he has a cold.（私は彼がかぜをひいていることを知っています。）	接続詞 ≫p.113
	形容詞節	I have a friend who lives in Kobe.（私には神戸に住む友達がいます。）	関係代名詞[3年で学習]
	副詞節	Do your homework before you watch TV.（テレビを見る前に宿題をしなさい。）	接続詞 ≫p.109

⚠ ここで完全に理解できなくてもよいので，《名詞・形容詞・副詞の働きをする「句」と「節」がある》ということだけ覚えておこう。

124

第**7**章

不定詞と動名詞

不定詞の名詞的用法

to ＋動詞の原形「〜すること」 …… **126**

- 64 want to 〜「〜したい（と思う）」 …… 126
- 65 like to 〜「〜するのが好きだ」 …… 127
- 66 would like to 〜「〜したいのですが」 …… 128
- 67 My dream is to 〜.「私の夢は〜することです」 … 129

不定詞の副詞的用法

to ＋動詞の原形「〜するために」「〜して」 **130**

- 68 「〜するために」「〜しに」（目的） …… 130
- 69 glad to 〜「〜してうれしい」
  （感情の原因・理由） …… 131

不定詞の形容詞的用法

to ＋動詞の原形「〜するための」「〜すべき」 **133**

- 70 「〜するための」「〜すべき」 …… 133
- 71 something to 〜「何か〜するもの」 …… 134

いろいろな不定詞

how to 〜 / It is ... to 〜. / want ＋人＋ to 〜 など

…… **136**

- 72 how to 〜「〜のしかた，〜する方法」 …… 136
- 73 It is ... to 〜.「〜することは…です」 …… 137
- 74 want ＋人＋ to 〜「（人）に〜してもらいたい」 … 138

動名詞

〜ing「〜すること」 …… **140**

- 75 enjoy 〜ing「〜することを楽しむ」 …… 140
- 76 be good at 〜ing「〜するのが得意だ」 …… 141
- 77 How about 〜ing?「〜するのはどうですか」 …… 142
- 78 〜ing is fun.「〜するのは楽しいです」 …… 143

- ●要点のまとめ …… 144
- ●定期試験対策問題 …… 147

不定詞（≫p.126 〜）の解説動画を確認しよう！

動名詞（≫p.140 〜）の解説動画を確認しよう！

不定詞の名詞的用法

to＋動詞の原形「〜すること」

64 **want to 〜**「〜したい（と思う）」

● 「〜すること」の意味を表す〈to＋動詞の原形〉の働きを理解しよう。

例文
I **want to drink** some water.
私は水を飲みたいです。

▶ 〈to＋動詞の原形〉を不定詞という。不定詞にはいくつかの意味[用法]がある。

▶ 不定詞は動詞の目的語になり，「〜すること」という意味を表す。名詞と同じ働きをするこの用法を不定詞の**名詞的用法**という。

> want to 〜は「〜したい（と思う）」「〜したがる」などと訳せる。場合に応じて自然な日本語にしよう。

ポイント

I **want** some water.（私は水がほしいです。）
「ほしい」　　「水」…名詞　　　　　　　　　**→名詞が目的語**

I **want to drink** some water.
「ほしい」　　「水を飲むこと」…名詞と同じ働き　　**→不定詞が目的語**
└──水を飲むことがほしい → 水を飲みたい

▶ 不定詞は主語や時制に関係なく，必ず〈to＋動詞の原形〉の形になる。主語や時制に応じて形を変えるのは不定詞の前の動詞wantの部分である。

She **wants to watch** TV.
（彼女はテレビを見たいと思っています。）

I **wanted to go** to the library yesterday.
（私は昨日，図書館へ行きたかったです。）

▶ 疑問文や否定文は，一般動詞を使った文と同じ形になる。

Do you **want to be** a teacher? —— Yes, I do.
（あなたは先生になりたいですか。—— はい，なりたいです。）

I **don't want to see** him.
（私は彼に会いたくないです。）

> want to be 〜は「〜になりたい」という意味になるよ。

会話でチェック! →汗をいっぱいかきました。

It's hot today.

今日は暑いですね。

Yes. I'm thirsty. I **want to drink** some water. 🖐

はい。のどがかわいています。私は水を飲みたいです。

Here you are. Have this cold glass of water.

はい、どうぞ。この冷たいコップの水を飲んでください。

確認問題 ❶　解答➡p.255

日本文に合うように，（　　）に適する語を入れよう。

1. 私は将来, 医者になりたいです。

　I (　　　　　) (　　　　　) (　　　　　) a doctor in the future.

2. ケイトは出かけたいと思っていたのですか。

　(　　　　　) Kate (　　　　　) (　　　　　) go out?

---

65 like to ～「～するのが好きだ」

●後ろに不定詞がくるさまざまな動詞を覚えよう。

例文

She **likes to read** books.

彼女は本を読むのが好きです。

▶ like to ～は「～することを好む」→「～するのが好きだ」という意味になる。

▶〈動詞＋to＋動詞の原形〉の形でよく使われるその他の表現を覚えよう。

start [begin] to ～「～し始める」（←～することを始める）

I **started to study** English six years ago.

（私は6年前に英語を勉強し始めました。）

It **began to rain**.（雨が降り始めました。）

try to ～「～しようとする」（←～することを試みる）

He **tried to open** the door.（彼はそのドアを開けようとしました。）

hope to ～「～することを望む」

I **hope to see** you again.（私はあなたにまた会えることを望みます。）

どの不定詞も「～すること」という名詞の働きをしているよ。

その他の例：

forget to ～「～することを忘れる」

need to ～「～する必要がある」

learn to ～「～できるようになる」

会話でチェック! →本棚に本がたくさん並んでいます。

> Are these books yours?

これらの本はあなたのですか。

> No, they are my sister's. She **likes to read** books.

いいえ，姉のです。彼女は本を読むのが好きです。

> Does she read comic books, too?

お姉さんはマンガも読みますか。

> No. She doesn't like to read them.

いいえ。姉はマンガを読むのは好きではありません。

確認問題 ❷ 解答➡p.255

日本文に合うように，（　）に適する語を入れよう。

1. 私は料理をするのが好きです。

I like (　　　　　) (　　　　　).

2. 彼らはふたたび歌い始めました。

They (　　　　　) (　　　　　) sing again.

66 would like to ～「～したいのですが」

●「～したい」をていねいに伝える表現を覚えよう。

例文

I'd like to stay at home.

私は家にいたいのですが。

▶ want to ～とほぼ同じ意味をていねいに伝えるには，〈would like to ＋動詞の原形〉を使う。would はよく 'd と短縮される。

参照 would like
≫p.70

▶ 疑問文 Would you like to ～？は「～したいですか」「～しませんか」と相手を誘うときにも使われる。

want to ～は主に親しい間柄で使う表現。

Would you like to come with me? —— Sure.

（私といっしょに来ませんか。—— いいですよ。）

会話でチェック! →買い物に行こうと誘ってみましたが。

> I'm going to the supermarket. Would you like to come with me?

スーパーへ行くところです。いっしょに来ませんか。

> Sorry, **I'd like to stay** at home. 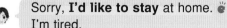 I'm tired.

すみません，私は家にいたいのですが。疲れているんです。

日本文に合うように，（　）に適する語を入れよう。

1. スミスさんにお会いしたいのですが。

I'd (　　　　　　) (　　　　　　　　) see Mr. Smith.

2. お茶を1杯，飲みませんか。

(　　　　　　　) you (　　　　　　) (　　　　　　　　) have a cup of tea?

67 My dream is to 〜.「私の夢は〜することです」

● 「〜すること」という意味の不定詞を使うほかの形の文を見てみよう。

> **例文**
>
> # My dream is **to become** a dancer.
>
> 私の夢はダンサーになることです。

▶ 〈be動詞＋to＋動詞の原形〉で「〜することだ」という意味を表す。dream（夢），plan（計画），hope（希望）などの名詞が主語になることが多い。

Their plan is **to climb** the mountain next week.

（彼らの計画は来週，その山に登ることです。）

用語 be動詞の後ろにくる名詞や形容詞を補語という。ここで学ぶ不定詞も補語の働きをしている。

+α　不定詞が主語になって，〈To＋動詞の原形＋is ....〉で「〜することは…だ」という意味を表すこともある。

To lose is to win.

（負けることは勝つことです。）　［「負けるが勝ち」の意味のことわざ］

会話でチェック！ 　→あなたの夢は何ですか。

> What is your dream?

あなたの夢は何ですか。

> My dream is **to become** a dancer.

私の夢はダンサーになることです。

> That's a wonderful dream.

それはすてきな夢ですね。

発音練習

日本文に合うように，（　）に適する語を入れよう。

1. 私の希望はこれらの子どもたちを助けることです。

My hope is (　　　　　　) (　　　　　　　　) these children.

2. 彼の夢はヨーロッパに行くことです。

His dream (　　　　　) (　　　　　　) (　　　　　　　) to Europe.

第7章 不定詞と動名詞

不定詞の副詞的用法

to＋動詞の原形「〜するために」「〜して」

68「〜するために」「〜しに」（**目的**）

● 「〜するために」と目的を表す不定詞の働きを理解しよう。

例文
He came to Japan **to study** Japanese.

彼は日本語を勉強するために日本に来ました。

▶ 〈to＋動詞の原形〉で「〜するために」「〜しに」という目的を表す。不定詞は動詞を修飾していて，副詞と同じ働きをするので，この用法を不定詞の副詞的用法という。

（**用語**）動詞や形容詞・副詞を修飾する語を副詞という。≫p.227

 ポイント

He came to Japan yesterday. （彼は昨日，日本に来ました。）
　　　　　動詞　　　　　　　　　　　　　副詞
　　　　　　　└─────修飾─────┘　→ **副詞** yesterday が動詞 came を修飾

He came to Japan **to study** Japanese.
　　　　　動詞　　　　　　　　　　　　　副詞
　　　　　　　└─────修飾─────┘　→ **不定詞** to study 〜が動詞 came を修飾

▶ 不定詞は文全体の主語や時制に関係なく，必ず〈to＋動詞の原形〉の形になる。

She goes to the park **to play** soccer every day. ［現在］
（彼女は毎日，サッカーをしに公園へ行きます。）

I got up early **to watch** TV. ［過去］
（私はテレビを見るために早く起きました。）

▶ 「〜するために」という意味の不定詞は，Why 〜?（なぜ〜ですか）に答えるときにも使われる。

Why did you buy these tomatoes?
── **To make** salad for dinner.
（あなたはなぜこれらのトマトを買ったのですか。
── 晩ご飯のサラダを作るためです。）

Why 〜?には Because 〜.（〜だからです）で答えることもできるね。

+α go [come] to ～は「～しに行く[来る]」の意味になるが，くだけた会話などでは go [come] and ～という形もよく使われる。
Please **come and see** me tomorrow.（明日，私に会いに来てください。）

＝ Please **come to see** me tomorrow.

This is Mike, my new friend. He came to Japan **to study** Japanese.

これはぼくの新しい友達のマイクです。彼は日本語を勉強するために日本に来ました。

発音練習

Where is he from?

彼はどこの出身ですか。

He's from Canada. Please come and see him tomorrow.

カナダです。明日，彼に会いに来てください。

確認問題 ⑤ 解答➡p.255

日本文に合うように，（　　）に適する語を入れよう。

1. 彼はダンサーになるために一生懸命に練習しました。
   He practiced hard (　　　　　　) (　　　　　　) a dancer.

2. 私はゲームをするために父のコンピューターを使います。
   I use my father's computer (　　　　　) (　　　　　) games.

69 glad to ～「～してうれしい」（感情の原因・理由）

● 「～して」と感情の原因・理由を表す不定詞の働きを理解しよう。

例文
I'm **glad to see** you again.

私はまたあなたに会えてうれしいです。

▶ glad, sad など感情を表す形容詞のあとに不定詞がきて，原因や理由を表す。「～してうれしい[悲しい]」などの意味になる。

▶ この不定詞は，形容詞を修飾する副詞的用法である。

ポイント

I'm **glad**.（私はうれしいです。）
　　感情を表す形容詞

I'm **glad**　　　 **to see** you again.
　　感情を表す形容詞　原因・理由　　　　　→**不定詞**to see ～が形容詞gladを修飾
　　　　　　　└── 修飾 ──┘

▶〈感情を表す形容詞＋to 〜〉の形でよく使われるその他の表現を覚えよう。

happy [nice] to 〜「〜してうれしい」

I was **happy to have** a friend like her.

（私は彼女のような友達がいてうれしかったです。）

Nice to meet you. ［初対面のあいさつ］

（はじめまして。［お会いできてうれしいです。］）

sad to 〜「〜して悲しい」

She was very **sad to read** his letter.

（彼女は彼の手紙を読んでとても悲しくなりました。）

sorry to 〜「〜して残念だ」

I'm **sorry to hear** the news.（私はそのニュースを聞いて残念です。）

なぜうれしいか，なぜ悲しいかなどの原因・理由を不定詞が表しているよ。

会話でチェック！ →日本に来るアメリカ人の友達を空港で出迎えます。

発音練習

Hi, Jane! Welcome to Japan!

こんにちは，ジェーン！ 日本へようこそ！

Hi, Ken! I'm **glad to see** you again.

こんにちは，ケン！ また会えてうれしいよ。

Me, too. How was the flight?

私もだよ。空の旅はどうだった？

It was fun.

楽しかったよ。

確認問題 ❻ 解答➡p.255

日本文に合うように，（ ）に適する語を入れよう。

1. 私はそのよいニュースを聞いて，とてもうれしかったです。

I was very glad (   ) (   ) the good news.

2. あなたはおばあさんに会ってうれしかったですか。

Were you happy (   ) (   ) your grandmother?

3. 私はサムが遠くに引っ越すと聞いて悲しかったです。

I was (   ) (   ) (   ) that Sam moved far away.

⚠ 名詞的用法の不定詞は目的語などになるため，取り去ると文が成立しないが，副詞的用法の不定詞は修飾語なので，取り去っても文が成立する。それぞれの働きを比較してみよう。

［名詞的用法］ I like **to read** books.

（私は本を読むのが好きです。）　［× I like.]

［副詞的用法］ I went to the library **to read** books.

（私は本を読むために図書館へ行きました。）

［○ I went to the library.]

修飾語は「飾り」だから，なくても文が成立するんだね。

不定詞の形容詞的用法

to＋動詞の原形 「〜するための」「〜すべき」

音声

70 「〜するための」「〜すべき」

● 「〜するための」と名詞を修飾する不定詞の働きを理解しよう。

例文

I have some books **to read**.

私は読むべき本を何冊か持っています。

▶ 〈to＋動詞の原形〉は「〜するための」「〜すべき」という意味で名詞を後ろから修飾する。名詞を修飾する働きは形容詞と同じなので，この用法を不定詞の形容詞的用法という。

We bought a lot of food **to eat** at the party.
（私たちはパーティーで食べるための食べ物をたくさん買いました。）

She doesn't have time **to study** today.
（彼女は今日，勉強をする時間がありません。）

> 「〜するための」「〜すべき」「〜する」などと訳せるが，場合に応じて自然な日本語にしよう。

ポイント

I have some books. （私は本を何冊か持っています。）
_{名詞}

I have some **interesting** books. （私はおもしろい本を何冊か持っています。）
形容詞　　　　名詞　　→**形容詞**interesting が名詞を修飾
└── 修飾 ──┘

I have some books **to read**. （私は読むべき本を何冊か持っています。）
名詞　　　不定詞　　→**不定詞**to read が名詞を修飾
└── 修飾 ──┘

⚠ 形容詞はふつう，前から名詞を修飾するが，不定詞は名詞を後ろから修飾する。形容詞と不定詞の両方が1つの名詞を修飾することもある。

I have some **interesting** books **to read**.
（私は読むべきおもしろい本を何冊か持っています。）

用語 前から名詞を修飾する形を前置修飾，後ろから修飾する形を後置修飾という。

+α 次のように不定詞のあとに前置詞がくる場合もある。
They need a house **to live in**.
（彼らには住むための家が必要です。）

live <u>in</u> a houseという関係から考えよう。

会話でチェック! →友達を家に誘ってみました。

Will you come to my house today?
今日は私の家に来る？

Sorry, but I have some books **to read**.
ごめん，読むべき本が何冊かあるんだ。

Why do you have to read them?
あなたはなぜそれらを読まなければならないの？

It's my homework from school.
学校の宿題なんだよ。

確認問題 ❼ 解答➡p.255

日本文に合うように，（　）に適する語を入れよう。
1. 私たちは学校で勉強すべきことがたくさんあります。
   We have a lot of things （　　　　）（　　　　） at school.
2. もう寝る時間ですよ。
   It's （　　　　）（　　　　） go to bed now.

71 something to 〜「何か〜するもの」

●不定詞がsomething / anythingなどを修飾する形を覚えよう。

例文

Please give me **something to drink**.
私に何か飲むものをください。

▶〈to ＋動詞の原形〉が代名詞something / anything（何か）を修飾すると，「何か〜するもの［こと］」という意味になる。

「飲むための何か」→「何か飲むもの」と考えてみよう。

▶anything は疑問文・否定文で使う。

Do you have **anything to read**?　[疑問文]
（あなたは何か読むものを持っていますか。）

She doesn't have **anything to do** today.　[否定文]
（彼女は今日，何もすることがありません。）

参照 some / any
≫p.222

▶nothing to 〜は「〜するもの［こと］が何もない」という意味になる。

I have **nothing to talk about**. （私には話すことが何もありません。）

I have **nothing to** 〜.
＝I **don't** have
anything to 〜.

134

⚠ something / anything / nothing などを形容詞が修飾する場合は，ふつうの名詞とちがって，前ではなく後ろに置かれる。さらに，〈-thing ＋形容詞〉を不定詞が修飾する場合は，その後ろに置かれる。

Please give me **something cold**. （私に何か冷たいものをください。）
Please give me **something cold to drink**.
（私に何か冷たい飲み物をください。）

〈-thing＋形容詞〉の語順に注意しよう。

会話でチェック！ →ハンバーガーショップに入りました。 🎧

😊 (Can I help you?) いらっしゃいませ。

😐 (Please give me **something to drink**. 🔊) 私に何か飲むものをください。

😊 (How about some orange juice?) オレンジジュースはいかがですか。

😐 (Yes, I'll have that.) はい，それを頂きます。

🔊 発音練習

✏ **確認問題 ⑧** 解答➡p.255

日本文に合うように，（　）に適する語を入れよう。

1. 何か食べるものがほしいのですが。

I'd like (　　　　　) (　　　　　) eat.

2. あなたは何か言うことがありますか。

Do you have anything (　　　　) (　　　　)?

まとめておこう

○ **不定詞の３つの用法**

○ 不定詞〈to ＋動詞の原形〉の３つの用法をまとめてみよう。

○ [名詞的用法] 意味「〜すること」 働き 動詞の目的語などになる。
She likes **to read** books. （彼女は本を読むのが[←読むことが]好きです。）
　　　動詞　　目的語

○ [副詞的用法] 意味「〜するために」「〜して」 働き 動詞・形容詞を修飾する。
He came to Japan **to study** Japanese. （彼は日本語を勉強するために日本に来ました。）
　　　動詞 ▲┗━━━━━┛動詞を修飾

○ I'm glad **to see** you again. （私はまたあなたに会えてうれしいです。）
　　　形容詞 ▲┗━┛ 形容詞を修飾

○ [形容詞的用法] 意味「〜するための」「〜すべき」 働き 名詞・代名詞を修飾する。

○ I have some books **to read**. （私は読むべき本を何冊か持っています。）
　　　　　名詞 ▲┗━┛ 名詞を修飾
Please give me something **to drink**. （私に何か飲むものをください。）
　　　　　代名詞 ▲┗━━━┛ 代名詞を修飾

いろいろな不定詞

how to ～ / It is ... to ～. / want＋人＋to ～ など

72 how to ～「～のしかた，～する方法」

● how to ～の訳し方と，文中での働きを学習しよう。

例文
I don't know **how to play** the game.
私はそのゲームの遊び方を知りません。

▶〈how to ＋動詞の原形〉は「どのように～したらよいか」「～のしかた，～する方法」の意味を表す。〈how to ～〉全体で名詞の働きをし，動詞の目的語などになる。

「そのゲームの遊び方」は「どのようにそのゲームを遊べばよいか」とも訳せる。

▶ how以外の疑問詞も〈疑問詞＋to ＋動詞の原形〉の形で，「～したらよいか，～すべきか」という意味を表す。

what to ～「何を～したらよいか」

I will tell you **what to do** first.

（私はあなたに，最初に何をすればよいか教えましょう。）

when to ～「いつ～したらよいか」

I don't know **when to start** the meeting.

（私はいつ会議を始めたらよいか知りません。）

where to ～「どこで［どこに］～したらよいか」

I can't decide **where to go** next Sunday.

（今度の日曜日にどこへ行ったらよいか，決められません。）

〈tell＋人＋疑問詞＋to ＋動詞の原形〉などの形でもよく使われる。

会話でチェック！ →友達の家で遊んでいます。

発音練習

Let's play this new game. この新しいゲームをしよう。

I don't know **how to play** it. 💨 ぼくはそれの遊び方を知らないよ。

It's very easy and interesting. とても簡単でおもしろいよ。

OK. I'll try. わかった。やってみるよ。

確認問題 ❾ 解答➡p.255

日本文に合うように, ( ) に適する語を入れよう。

1. 私はこのコンピューターの使い方を学びたいです。

I want to learn ( ) ( ) ( ) this computer.

2. 私は何を書けばよいかわかりません。

I don't know ( ) ( ) ( ).

3. 彼は私に, どこで待てばよいか教えてくれました。

He told me ( ) ( ) ( ).

73 It is ... to 〜.「〜することは…です」

●不定詞とともに使う形式的な主語itについて学習しよう。

例文

It is important **to study** English.

英語を勉強することは大切です。

▶「〜することは [〜するのは] …だ」は, To 〜で文を始めるのではなく,〈It is ... to 〜.〉で表すことが多い。主語の位置にitを置き,「〜すること」の意味の〈to＋動詞の原形〉を後ろに置く。この不定詞は名詞的用法。

▶このitは形式的な主語で, 本当の主語は後ろのto 〜。このitは「それは [が]」という意味ではないことに注意。

It's fun **to sing** together.
(いっしょに歌うのは楽しいです。)

> It isのあとにくる語句の例:
> easy (簡単な)
> difficult / hard (難しい)
> nice / good (よい)
> interesting (おもしろい)
> necessary (必要な) など

ポイント

It is important to study English.

形式的な主語　　　　　　　　本当の主語「英語を勉強すること」

└────────── = ──────────┘

➕α 不定詞〈to＋動詞の原形〉の前に〈for＋人〉を置いて,〈It is ... for ― to 〜.〉の形で「〜することは [〜するのは] ―にとって…だ」の意味を表すことができる。

It is interesting **for** me **to watch** birds.
(鳥を見ることは私にとっておもしろいです。)

> **用語** for me の me と to watch には, 「私が見る」という〈主語ー動詞〉の関係がある。この me (人) のことを不定詞の意味上の主語と呼ぶ。

第**7**章

不定詞と動名詞

137

What is your future dream? — あなたの将来の夢は何ですか。

I want to work in America someday. — いつかアメリカで働きたいです。

Then **it's** important **to study** English. — では英語を勉強するのは大切ですね。

Yes. I'm studying hard. — はい。一生懸命勉強しています。

確認問題 ⑩ 解答➡p.255

日本文に合うように，（　）に適する語を入れよう。

1. 英語で話すのはおもしろいです。

　　（　　　　　　　　）is interesting（　　　　　　）（　　　　　　　　）in English.

2. この本を読むのは簡単でしたか。

　　Was（　　　　　　　）easy（　　　　　　）（　　　　　　　）this book?

74 want＋人＋to ～ 「(人)に～してもらいたい」

● wantのあとに〈目的語（O）＋不定詞〉がくる形を学習しよう。

例文

I **want Sayaka to play** the piano.

私はサヤカにピアノを弾いてもらいたいです。

▶〈want to ＋動詞の原形〉は「（自分が）～したい」の意味だが，〈want ＋人＋to ＋動詞の原形〉の形は「（人）に～してもらいたい」の意味になる。

My father **wants me to learn** cooking.
（父は私に料理を習ってほしいと思っています。）

▶wantの目的語である「人」と，そのあとの〈to＋動詞の原形〉の間には，「（人）が～する」という主語と動詞の関係がある。

（**用語**）この場合の「人」を，不定詞の意味上の主語という。

ポイント

I **want**　　　　　　**to play** the piano.
　　　　　　　　└──「私が弾く」（I play）の関係

（私は，ピアノを弾くことを望む。→私はピアノを弾きたい。）

I **want Sayaka to play** the piano.
　　　　　　　　　└──「サヤカが弾く」（Sayaka plays）の関係

（私は，サヤカがピアノを弾くことを望む。→私はサヤカにピアノを弾いてもらいたい。）

138

▶ 次のような形もよく使われる。

would like ＋人＋ to ～「（人）に～してもらいたいのですが」
〈want＋人＋to ～〉よりもていねいな表現。

> **I'd like you to meet** Bob.
> （私はあなたにボブに会ってもらいたいのですが。）

tell ＋人＋ to ～「（人）に～するように言う」
このtellは，単に「言う」だけでなく，「命令する」という意味合いがある。

> My mother **told me to come** home early.
> （母は私に早く家に帰るように言いました。）

ask ＋人＋ to ～「（人）に～するように頼む」
このaskは，「たずねる，質問する」ではなく，「頼む，依頼する」という意味。

> I **asked Tom to wait** a minute.
> （私はトムに少し待ってくれるように頼みました。）

＋@ 「～しないように」の意味は，notをtoの前に置いて，〈not to＋動詞の原形〉の形で表す。

> She asked me **not to open** the door.
> （彼女は私にそのドアを開けないように頼みました。）

（参照） would like to
≫p.128

（短縮形） wouldは
I would→I'dなどと短縮形になることが多い。

会話でチェック！ →伴奏のピアノをだれが弾くか，相談しています。 🎧

Do you want to play the piano?
あなたはピアノを弾きたいですか。

No. I **want Sayaka to play** the piano. 🔊
いいえ。私はサヤカにピアノを弾いてもらいたいです。

Why do you say that?
なぜそのようなことを言うのですか。

She can play the piano very well.
彼女はとてもうまくピアノを弾けるからです。

発音練習

✏️ **確認問題 ⑪** 解答⇒p.255

[ ]の英文を参考にして，日本文に合うように，（ ）に適する語を入れよう。

1. 私はあなたにこの机を動かしてほしいです。 [You move this desk.]
   I want ( ) to ( ) this desk.

2. 先生は私たちに立つように言いました。 [We stand up.]
   Our teacher ( ) us ( ) ( ) up.

3. 彼女は私に昼食を作るように頼みました。 [I make lunch.]
   She ( ) ( ) to ( ) lunch.

第7章 不定詞と動名詞

139

動名詞

～ing「～すること」

75 enjoy ～ing「～することを楽しむ」

● 「～すること」という意味を表す動詞のing形の働きを理解しよう。

例文
I **enjoyed talking** with her.
私は彼女と話して楽しかったです。

▶ 動詞のing形で「～すること」という意味を表す。このing形を動名詞という。動名詞は名詞と同じ働きをする。

参照 ing形の作り方 ≫p.14

▶ 動名詞はenjoyなどの動詞の目的語になる。enjoy ～ingは「～することを楽しむ」→「～して楽しむ[楽しい]」という意味になる。

I **enjoyed** the game.（私はそのゲームを楽しみました。）
　「楽しんだ」　　　　「ゲーム」…名詞　　　　　　　　　　　**→名詞が目的語**
I **enjoyed talking** with her.
　「楽しんだ」　「彼女と話すこと」　…名詞と同じ働き　　　**→動名詞が目的語**
　　　　　　　└ 彼女と話すことを楽しんだ → 彼女と話して楽しかった

▶〈動詞＋～ing〉の形でよく使われるその他の表現を覚えよう。

like ～ing「～するのが好きだ」（←～することを好む）
My mother **likes going** on trips.
（私の母は旅行に行くのが好きです。）

start [begin] ～ing「～し始める」（←～することを始める）
The train **started [began] running** again.
（その電車はまた走行し始めました。）

finish ～ing「～し終える」（←～することを終える）
Tom **finished reading** the newspaper.
（トムは新聞を読み終えました。）

stop ～ing「～するのをやめる」（←～することをやめる）
The singer **stopped singing**.（その歌手は歌うのをやめました。）

like, start [begin]
は目的語が不定詞で
も動名詞でもほぼ同
じ意味になるよ。

⚠ 名詞的用法の不定詞も動名詞も，「～すること」の意味で動詞の目的語になるが，どちらを目的語にとるかは動詞によって決まる。

[不定詞だけ]
want to ～（～したい），hope to ～（～することを望む）

[動名詞だけ]
enjoy ～ing（～して楽しむ），finish ～ing（～し終える），
stop ～ing（～するのをやめる）

[どちらもOK]
like to ～ / like ～ing（～するのが好きだ），
start [begin] to ～ / start [begin] ～ing（～し始める）

（参照）不定詞の名詞的用法 ≫p.126

stop to ～ の to ～ は副詞的用法。「～するために立ち止まる」という意味になる。

会話 でチェック！ →昨日のパーティーの話をしています。 🎧

< How was the party last night? | 昨夜のパーティーはどうでしたか。

< It was great fun. | とても楽しかったです。

< Did you meet Jane? | ジェーンに会いましたか。

Yes, I did. She was very nice. I **enjoyed talking** with her. 🔊 | はい，会いました。彼女はとても親切でした。彼女と話して楽しかったです。

発音練習

✏ **確認問題 ⑫**　解答➡p.255

日本文に合うように，(　　)に適する語を入れよう。

1. あなたはテニスをして楽しかったですか。
   Did you (　　　　　) (　　　　　) tennis?
2. 私は夕食の前に宿題をし終えました。
   I (　　　　) (　　　　　　) my homework before dinner.
3. 彼は料理するのがとても好きです。
   He (　　　　) (　　　　　) very much.

---

76 be good at ～ing 「～するのが得意だ」

● 前置詞のあとにくる動名詞の働きを理解しよう。

例文
I'm good at playing the piano.
私はピアノを弾くのが得意です。 🎧

▶ 動名詞は名詞と同じ働きをするので，前置詞のあとにもくる。

Thank you for calling.

（電話をしてくれて［電話をしてくれたことに対して］ありがとう。）

（用語）at, in, forなどの語を**前置詞**という。前置詞のあとにくる名詞・代名詞などを前置詞の**目的語**という。>> p.229

⚠ 前置詞のあとに不定詞がくることはないので，注意しよう。

 × I'm good **at** to play the piano.
 × Thank you **for** to call.

会話でチェック! →音楽の話をしています。

> Do you like music?

あなたは音楽が好きですか。

> Yes. **I'm good at playing** the piano.

はい。私はピアノを弾くのが得意です。

> When did you start learning the piano?

あなたはいつ，ピアノを習い始めたのですか。

> At five. I can play the guitar, too.

5歳のときです。私はギターも弾けます。

---

77 How about ～ing?「～するのはどうですか」

● 動名詞を使って相手に提案をする表現を覚えよう。

例文

How about calling her?

彼女に電話をするのはどうですか。

▶ How about ～?は「～はどう［いかが］ですか」と相手に何かを勧める表現。aboutのあとに動名詞がくると，〈How about ～ing?〉で「～するのはどうですか」と提案したり誘ったりする表現になる。

How about going for a walk with me?

（私といっしょに散歩に行くのはいかがですか。）

会話でチェック! →今日，ミカが欠席でした。

> Mika didn't come to school today.

ミカは今日，学校に来ませんでした。

> Really? **How about calling** her?

本当に？ 電話してみてはどうですか?

> Yes. I'll call her right now.

はい。今すぐ彼女に電話します。

日本文に合うように，（　）に適する語を入れよう。

1. あなたはコンピューターを使うのが得意ですか。

   Are you (　　　　　) (　　　　　) (　　　　　) computers?

2. 私の誕生日パーティーに来てくれてありがとう。

   Thank you (　　　　　) (　　　　　) to my birthday party.

3. サッカーをするのはどうですか。

   (　　　　) (　　　　　) (　　　　　) soccer?

78 ～ing is fun.「～するのは楽しいです」

● 主語や補語になる動名詞の使い方を学ぼう。

例文
Taking pictures is a lot of fun.

写真を撮るのはとても楽しいです。 🎧

▶ 動名詞は名詞と同じように，文の主語や補語にもなる。

My hobby is **taking pictures**. ［taking picturesが補語］

（私の趣味は写真を撮ることです。）

⚠ 動名詞が主語になるときは3人称単数扱いで，be動詞はis / wasを使う。複数形の名詞が直前にあってもare / wereとしないように注意。
　×**Taking pictures** are a lot of fun.

動名詞が補語（≫p.90）になる場合は，進行形と同じ形になるので，文脈や前後関係から区別しよう。

会話 でチェック! →友達が新しいカメラを持ってきました。 🎧

👦 ⟨ Is this your new camera?

これはあなたの新しいカメラ？

👧 Yes, it is. I love cameras. **Taking pictures** is a lot of fun. 👆

うん，そうだよ。私はカメラが大好きなんだ。写真を撮るのはとても楽しいよ。

発音練習

日本文に合うように，（　）に適する語を入れよう。

1. ギターを弾くのは簡単ではありません。

   (　　　　　) the guitar (　　　　　) not easy.

2. 彼女の仕事は日本語を教えることです。

   Her job (　　　　　) (　　　　　) Japanese.

第7章 不定詞と動名詞

不定詞の名詞的用法 to＋動詞の原形「～すること」

☑ **64 want to ～** 「～したい（と思う）」

> I **want to drink** some water. （私は水を飲みたいです。）

▶ 〈to＋動詞の原形〉を不定詞という。

▶ 不定詞は動詞の目的語になり，「～すること」という意味を表す。名詞と同じ働きをするこの用法を不定詞の名詞的用法という。

▶ 疑問文や否定文は，一般動詞を使った文と同じ形になる。

▶ like to ～は「～することを好む」→「～するのが好きだ」という意味になる。
  65 She **likes to read** books.（彼女は本を読むのが好きです。）

▶ 〈動詞＋to＋動詞の原形〉の形でよく使われる表現に，start [begin] to ～（～し始める），try to ～（～しようとする），hope to ～（～することを望む）などがある。

> wantやlikeは一般動詞だから，疑問文や否定文はdoやdoes，didを使って作ればいいよ。

☑ **66 would like to ～** 「～したいのですが」

> I'd **like to stay** at home. （私は家にいたいのですが。）

▶ want to ～とほぼ同じ意味をていねいに伝えるには，〈would like to＋動詞の原形〉を使う。wouldはよく'dと短縮される。

▶ 疑問文 Would you like to ～? は「～したいですか」「～しませんか」と相手を誘うときにも使われる。

☑ **67 My dream is to ～.** 「私の夢は～することです」

> My dream is **to become** a dancer. （私の夢はダンサーになることです。）

▶ 〈be動詞＋to＋動詞の原形〉で「～することだ」という意味を表す。dream（夢），plan（計画），hope（希望）などの名詞が主語になることが多い。

不定詞の副詞的用法　　to＋動詞の原形「〜するために」「〜して」

✓ **68** 「〜するために」「〜しに」(目的)

> # He came to Japan **to study** Japanese.
> （彼は日本語を勉強するために日本に来ました。）

▶ 〈to＋動詞の原形〉で「〜するために」「〜しに」という目的を表す。副詞と同じように動詞を修飾するこの用法を不定詞の副詞的用法という。

▶ 「〜するために」という意味の不定詞は，Why 〜?（なぜ〜ですか）に答えるときにも使われる。

✓ **69** **glad to 〜**　「〜してうれしい」(感情の原因・理由)

> # I'm **glad to see** you again.　　（私はまたあなたに会えてうれしいです。）

▶ glad, sad など感情を表す形容詞のあとに不定詞がきて，原因や理由を表す。「〜してうれしい[悲しい]」などの意味になる。形容詞を修飾するこの不定詞は，副詞的用法である。

▶ glad と同様に〈感情を表す形容詞＋to 〜〉の形でよく使われる表現に，happy [nice] to 〜（〜してうれしい），sad to 〜（〜して悲しい），sorry to 〜（〜して残念だ）などがある。

不定詞の形容詞的用法　　to＋動詞の原形「〜するための」「〜すべき」

✓ **70** 「〜するための」「〜すべき」

> # I have some books **to read**.　　（私は読むべき本を何冊か持っています。）

▶ 〈to＋動詞の原形〉は「〜するための」「〜すべき」という意味で名詞を後ろから修飾する。形容詞のように名詞を修飾するこの用法を不定詞の形容詞的用法という。

▶ 〈to＋動詞の原形〉が代名詞 something / anything（何か）を修飾すると，「何か〜するもの[こと]」という意味になる。

　　71　Please give me **something to drink**.（私に何か飲むものをください。）

ちゃんと理解できているか, 問題を解いてみよう!

いろいろな不定詞　how to 〜 / It is ... to 〜. / want＋人＋to 〜 など

72 how to 〜　「〜のしかた, 〜する方法」

> I don't know **how to play** the game.
>
> （私はそのゲームの遊び方を知りません。）

▶ 〈疑問詞＋to＋動詞の原形〉の形で,「〜したらよいか, 〜すべきか」という意味を表す。

▶ 〈It is ... to 〜.〉で「〜することは [〜するのは] …だ」の意味を表す。このitは形式的な主語で, 本当の主語は後ろのto 〜である。

> **73**　**It is** important **to study** English. （英語を勉強することは大切です。）

▶ 〈want＋人＋to＋動詞の原形〉で「（人）に〜してもらいたい」の意味を表す。want のほかに would like（〜してもらいたいのですが）/ tell（〜するように言う）/ ask（〜するように頼む）などの動詞もよく使われる。

> **74**　I **want Sayaka to play** the piano. （私はサヤカにピアノを弾いてもらいたいです。）

動名詞　〜ing 「〜すること」

75 enjoy 〜ing　「〜することを楽しむ」

> I **enjoyed talking** with her.　（私は彼女と話して楽しかったです。）

▶ 動詞のing形で「〜すること」という意味を表す。このing形を動名詞という。

▶ 動名詞はenjoyなどの動詞の目的語になる。enjoy 〜ingは「〜することを楽しむ」→「〜して楽しむ [楽しい]」という意味になる。

▶ 〈動詞＋〜ing〉の形でよく使われる表現に, like 〜ing（〜するのが好きだ）, start [begin] 〜ing（〜し始める）, finish 〜ing（〜し終える）などがある。

▶ 名詞的用法の不定詞も動名詞も,「〜すること」の意味で動詞の目的語になるが, どちらを目的語にとるかは動詞によって決まる。

▶ 動名詞は名詞と同じ働きをするので, 前置詞のあとにもくる。

> **76**　**I'm good at playing** the piano. （私はピアノを弾くのが得意です。）

▶ 〈How about 〜ing?〉は「〜するのはどうですか」と提案したり誘ったりする表現。

> **77**　**How about calling** her? （彼女に電話をするのはどうですか。）

▶ 動名詞は文の主語や補語にもなる。動名詞が主語になるときは3人称単数扱い。

> **78**　**Taking pictures** is a lot of fun. （写真を撮るのはとても楽しいです。）

1 次の(1)〜(5)と同じ不定詞の用法を含む文を，ア〜オから１つずつ選びなさい。

(1) I'm very glad to see you. _____

(2) Mary has a lot of work to do. _____

(3) She wants to be a nurse. _____

(4) He often goes to the park to run after school. _____

(5) To get up early is good for your health. _____

> ア　We like to go for walks with our dog.
> イ　They were surprised to hear the news.
> ウ　May I have something to drink?
> エ　To become an actor is his dream.
> オ　I'm going to go to Nagoya to visit Nagoya Castle tomorrow.

2 次の(　)内から適する語句を選びなさい。

(1) We started (work, working, worked) at nine o'clock. _____

(2) Do you know how (read, to read, reading) this word? _____

(3) You must stop (talk, talked, talking) now. _____

(4) I would like (visit, to visit, visiting) Africa. _____

(5) How about (going, to go, go) on a picnic? _____

3 次の___に適する語を右の□□から選び，不定詞か動名詞の形にして入れなさい。

(1) We enjoyed _____ in the chorus.

(2) I hope _____ you again tomorrow.

(3) My brother is good at _____ pictures.

(4) Would you like _____ for a walk?

(5) My mother told me _____ my vegetables.

go
see
eat
sing
draw

4 次の日本文の意味を表す英文を，（　　　）内の語句を並べかえて作りなさい。

(1) この本を読むことは簡単ではありません。

(this book / easy / not / is / reading).

_____

(2) 彼女の希望は音楽の先生になることです。

(music teacher / wish / is / her / a / become / to).

_____

(3) あなたは桜の花を見に仙台へ行きましたか。

(go / the cherry blossoms / to / to / you / see / Sendai / did)?

_____

(4) その子どもたちには何か食べるものが必要です。

(need / eat / the children / to / something).

_____

(5) 彼は友だちの経験について聞いて残念に思いました。

(to / he / his friend's experience / sorry / about / hear / was).

_____

5 次の各組の文がほぼ同じ内容を表すように，____ に適する語を入れなさい。

(1) { She likes to play basketball.
    { She likes _____ basketball.

(2) { Singing in a loud voice is a lot of fun.
    { It is a lot of fun _____ _____ in a loud voice.

(3) { They go on picnics in autumn. They like them.
    { They like _____ _____ on picnics in autumn.

(4) { We have a lot of work. We have to do it.
    { We have a lot of work _____ _____.

(5) { He watched a baseball game. He enjoyed it.
    { He enjoyed _____ a baseball game.

(6) { I stopped for a few minutes and started running again.
    { I stopped for a few minutes and started _____ _____ again.

6 次の英文を日本語になおしなさい。

(1) I finished reading the novel.

_____

(2) Why did you go to the airport? —— To meet Tom.

_____

(3) It is difficult for me to answer this question.

_____

(4) Thank you for inviting me.

_____

(5) Chris wanted his daughter to travel abroad.

_____

7 次の日本文に合うように，＿＿に適する語を入れなさい。

(1) それは言うには愉快なことではないね。

That's not a nice thing _____ _____.

(2) その会社の目的はお金を稼ぐことです。

The company's goal _____ _____ _____ money.

(3) なぜそんなに一生懸命にピアノを練習するのですか。

—— 将来，ピアニストになるためです。

Why do you practice the piano so hard?

—— _____ _____ a pianist in the future.

8 次の日本文を英語になおしなさい。

(1) あなたは医者に診てもらう必要があります。

_____

(2) 私は何を言えばよいかわかりませんでした。

_____

(3) 私たちは日本を去るのが悲しかったです。

_____

(4) 散歩に行くのはどうですか。

_____

不定詞と動名詞のちがい

● 「～すること」の意味の不定詞と動名詞には，微妙なニュアンスのちがいがある。

● 不定詞は未来指向で，「これから先のこと」を表す場合が多い。

I **want to eat** dinner. （私は夕食を食べたいです。）

⚠ hope to ～「（これから）～することを望む」，try to ～「（これから）～しようとする」

● 動名詞は現在・過去指向で，「実際に行っていること」や「すでに行ったこと」を表す場合が多い。

I **enjoyed eating** dinner. （私は夕食を食べることを楽しみました。）

I **finished eating** dinner. （私は夕食を食べ終えました。）

● あとに動名詞・不定詞のどちらがくるかで，意味が異なる動詞もある。

┌ **forget to** ～「（これから）～するのを忘れる」

I often **forget to lock** the door. （私はよくドアにかぎをかけるのを忘れます。）

  forget ～**ing**「（過去に）～したのを忘れる」

└ She **forgot meeting** me before. （彼女は以前私に会ったのを忘れていました。）

┌ **remember to** ～「（これから）～するのを覚えている」

Please **remember to call** me. （私に電話するのを覚えておいてください。）

  remember ～**ing**「（過去に）～したのを覚えている」

└ Do you **remember meeting** me before? （以前私に会ったのを覚えていますか。）

⚠ likeやbegin / startなどは，あとに不定詞・動名詞のどちらがきても意味は変わらない。

第**8**章

比較の文

比較級と最上級

「…よりも〜だ」「いちばん[最も]〜だ」 **152**

79 比較級（〜er）＋than ...「…よりも〜だ」 152

80 最上級（〜est）「いちばん[最も]〜だ」 153

81 more を使う比較級「…よりも〜だ」 155

82 most を使う最上級「いちばん[最も]〜だ」 156

83 疑問詞で始まる文「どちらがより〜ですか」「どれがいちばん〜ですか」 157

84 better / best「よりよい」/「いちばんよい」 158

85 like 〜 better / like 〜 the best「〜がより好きだ」/「〜がいちばん好きだ」 158

as 〜 as ...

「…と同じくらい〜だ」 **161**

86 as 〜 as ...「…と同じくらい〜だ」 161

87 not as 〜 as ...「…ほど〜ではない」 162

● 要点のまとめ 164

● 定期試験対策問題 166

比較（≫p.152 〜）の解説動画を確認しよう！

解説動画

比較級と最上級

「…よりも〜だ」「いちばん［最も］〜だ」

79 比較級（〜**er**）＋ **than ...**「…よりも〜だ」

● 2つのものを比較して伝える表現を学習しよう。

> 例文
> # My little brother is **taller than** my father.
> 私の弟は父よりも背が高いです。

▶ 2つのものを比べて「より〜だ」というときは，形容詞の比較級を用いる。比較級は形容詞に er をつけて作る。

tall（背が高い）→ tall**er**（より背が高い）
big（大きい）→ big**ger**（より大きい）
easy（簡単な）→ eas**ier**（より簡単な）

▶「…よりも」と比べる相手を示すときは than ... を使う。than のあとには，前に出た語のくり返しを避けるために，mine（私のもの）/ yours（あなたのもの）や one などがよく使われる。

Your bag is bigger than **mine**. [＝ my bag]
（あなたのかばんは私のよりも大きいです。）

This book is easier than that **one**. [＝ that book]
（この本はあの本よりも簡単です。）

> **用語** 比較級に対して，形容詞や副詞のもとの形を原級という。

> **参照** bigger や easier のように er のつけ方に注意が必要な語もある。詳しい作り方は
> ≫ p.160

> My little brother is tall.（私の弟は背が高いです。）
>
> 原級
> ↓ er をつけて比較級に
>
> My little brother is **taller than** my father.
> 「…よりも背が高い」

▶ 形容詞だけでなく副詞も比較級にできる。

Tom can run **faster than** Mike.
（トムはマイクよりも速く走れます。）

> fast（速く）→ fast**er**（より速く）

> My little brother is twelve years old, but he is very tall.

ぼくの弟は12歳ですが，とても背が高いです。

> How tall is he?

どれくらい背が高いのですか。

> About 1 meter 70 centimeters. He is **taller than** my father.

1メートル70センチくらいです。彼は父よりも背が高いです。

✎ **確認問題 ①**　解答➡p.255

日本文に合うように，（　）に適する語を入れよう。

1. アメリカは日本よりも大きいです。

　　America is (　　　　　　) (　　　　　　) Japan.

2. あなたの自転車は私のよりも新しいです。

　　Your bicycle is (　　　　　　) than (　　　　　　).

80 最上級（～est）「いちばん［最も］～だ」

● 「(3つ以上の中で)いちばん～だ」という意味を伝える表現を学習しよう。

例文
Ann is **the youngest of** the three.

アンは3人の中でいちばん若い［年下］です。

▶ 3つ以上の中で「いちばん［最も］～だ」というときは，形容詞の最上級を用いて〈the＋最上級〉の形で表す。最上級は形容詞にest をつけて作る。

young(若い) → young**est**(いちばん若い)

big(大きい) → big**gest**(いちばん大きい)

easy(簡単な) → eas**iest**(いちばん簡単な)

参照 biggestやeasiestのようにestのつけ方に注意が必要な語もある。詳しい作り方は >>p.160

▶ 「複数の人やものの中で」は〈of＋複数を表す語句〉，「ある場所や範囲の中で」は〈in＋場所・範囲を表す語句〉で表す。

〈of＋複数を表す語句〉

of the three(3人[3つ]の中で)

of us all(私たちみんなの中で)

of all the students(すべての生徒[生徒全員]の中で)

of these dogs(これらのイヌの中で)

inとofの使い分けに注意しよう。

〈**in** ＋場所・範囲を表す語句〉

in Japan（日本の中で）　　　　　　**in** this house（この家の中で）

in her family（彼女の家族の中で）　**in** my class（私のクラスの中で）

Ann is the youngest **in** her family.

（アンは彼女の家族の中でいちばん若い［年下］です。）

「日本」や「この家」は場所，「彼女の家族」や「私のクラス」は範囲だね。

ポイント

Ann is 　　　young.（アンは若いです。）

　　　　　　原級

　　　　　　↓ estをつけて最上級に

Ann is **the youngest of** the three.

　　　　〈the＋最上級〉　　　〈of＋複数を表す語句〉

▶ 〈the＋最上級〉のあとに名詞がくることもある。

Mt. Fuji is **the highest mountain** in Japan.　[最上級＋名詞]

（富士山は日本でいちばん高い山です。）

▶ 形容詞だけでなく副詞も最上級にできる。

Tom can run **(the) fastest** of us all.　[副詞の最上級]

（トムは私たちみんなの中でいちばん速く走れます。）

副詞の最上級にはtheをつけないこともある。

会話でチェック!　→3人の女の子が写った写真を見ています。

発音練習

Who are these girls?

この女の子たちはだれですか。

They are Ann, Kate and Mary. They are good friends.

アンとケイトとメアリーです。彼女たちは仲のいい友達です。

Kate and Mary look older than Ann.

ケイトとメアリーは，アンより年上に見えます。

Yes. Ann is **the youngest of** the three.

はい。アンは3人の中でいちばん年下です。

　確認問題 ❷　解答➡p.255

日本文に合うように，（　）に適する語を入れよう。

1. ポチはこれらのイヌの中でいちばん小さいです。

Pochi is （　　　　　）（　　　　　） of these dogs.

2. この本は4冊の中でいちばん簡単です。

This book is the （　　　　　）（　　　　　） the four.

3. 私たちの学校はこの市でいちばん古い建物です。

Our school is （　　　　　）（　　　　　） building （　　　　　） this city.

moreを使う比較級「…よりも～だ」

● 長いつづりの語の前にmoreを置いて比較級にする形を覚えよう。

例文

Kanji is **more difficult than** *hiragana*.

漢字はひらがなより難しいです。

▶ difficultやinterestingのような長いつづりの語を比較級にする
ときは，前にmoreを置いて〈more＋原級〉で表す。thanの使い
方などは，erをつける語と同じ。

difficult(難しい) → **more** difficult(より難しい)

interesting(おもしろい) → **more** interesting(よりおもしろい)

moreをつける語の例：
beautiful(美しい)
famous(有名な)
important(重要な)
quickly(すばやく)など

Kanji is   **difficult.** (漢字は難しいです。)

原級

↓ moreをつけて比較級に

Kanji is **more difficult than** *hiragana*.

「…よりも難しい」

第8章 比較の文

会話でチェック！ →アメリカから来たジェーンと話しています。

What are you doing, Jane?   何をしているの, ジェーン。

I'm writing a letter in Japanese.   日本語で手紙を書いているの。

Can you write *kanji*?   あなたは漢字が書けるの？

Yes, I can. But *kanji* is **more difficult than** *hiragana*.   うん，書けるよ。でも漢字はひらがなより難しいね。

 確認問題 ③ 解答➡p.255

日本文に合うように，( )に適する語を入れよう。

1. あなたの絵は私のよりも美しいです。

   Your picture is (   ) (   ) than mine.

2. メグミはケンタよりもすばやく答えました。

   Megumi answered (   ) (   ) than Kenta.

82 mostを使う最上級「いちばん[最も]〜だ」

● 長いつづりの語の前にmostを置いて最上級にする形を覚えよう。

Fall is **the most beautiful** season **of** all.

秋は，すべて（の季節）の中でいちばん美しい季節です。

▶ 前にmoreを置いて比較級にする語の最上級は〈most＋原級〉の形になる。この場合も前にtheをつける。

This question is **the most difficult in** this book.

（この問題は，この本の中でいちばん難しいです。）

 ポイント

Fall is a 　　　　　beautiful season.（秋は美しい季節です。）

原級

↓ mostをつけて最上級に

Fall is **the most beautiful** season **of** all.

〈the＋最上級〉　　　　　　　　　〈of＋複数を表す語〉

＋α more / mostはmanyとmuchの比較級/最上級でもある。

Kate has **more** books **than** Mary. ← manyの比較級

（ケイトはメアリーよりも多くの本を持っています。）

Ben had **the most** money **in** the village. ← muchの最上級

（ベンはその村の中でいちばん多くのお金を持っていました。）

会話でチェック! → もうすぐ10月になります。

October is coming soon. I like fall. / もうすぐ10月が来ます。私は秋が好きです。

Why do you like fall? / なぜ秋が好きなのですか。

Because it's **the most beautiful** season **of** all. / 四季の中でいちばん美しい季節だからです。

✎ **確認問題 ④** 　解答➡p.255

日本文に合うように，（　　）に適する語を入れよう。

1. この本は3冊の中でいちばんおもしろいです。

　　This book is the (　　　　　) (　　　　　) of the three.

2. 彼女は中国でいちばん有名な歌手です。

　　She is (　　　　) (　　　　　) (　　　　　) singer in China.

156

83 疑問詞で始まる文「どちらがより〜ですか」「どれがいちばん〜ですか」

● 比較級・最上級を使って「どちらが」「どれが」とたずねる文を覚えよう。

例文

Which is smaller, Japan or New Zealand?
—— New Zealand is.

日本とニュージーランドではどちらが小さいですか。—— ニュージーランドです。

▶ 2つのものを比べて「AとBではどちらがより〜ですか」とたずねるときは，〈Which is＋比較級, A or B?〉の形を使う。人を比較するときはwhichではなくwhoを使うのがふつう。

Who is younger, you **or** Emi? —— Emi is.
（あなたとエミではどちらが年下ですか。—— エミです。）

▶ 3つ以上の中で「どれ [だれ] がいちばん〜ですか」とたずねるときは，〈Which [Who] is the＋最上級?〉の形を使う。

Which is the highest of the three mountains? —— Mt. Fuji is.
（3つの山の中でどれがいちばん高いですか。—— 富士山です。）

Who is the most famous actor in Japan?
（日本でいちばん有名な俳優はだれですか。）

> 例文 の答えの文New Zealand is. はNew Zealand is smaller than Japan. を省略した形。

> more や most をつける語も同じように考えればいいよ。

会話でチェック! →ニュージーランドからの留学生と話しています。

 New Zealand is a small country.
ニュージーランドは小さな国です。

 Yes, but Japan is small, too.
はい，でも日本も小さいです。

 Which is smaller, Japan **or** New Zealand?
日本とニュージーランドではどちらが小さいですか。

 New Zealand is.
ニュージーランドです。

発音練習

 確認問題 ⑤ 解答➡p.256

日本文に合うように，（ ）に適する語を入れよう。

1. お金と愛ではどちらがより大切ですか。
   Which is (   ) (   ), money or love?
2. これらの建物の中でどれがいちばん古いですか。
   (   ) is the (   ) of these buildings?
3. あのグループの中でだれがいちばん人気がありますか。
   (   ) is the (   ) popular in that group?

第**8**章

比較の文

157

84 better / best「よりよい」/「いちばんよい」

● good / well の比較級・最上級の形を覚えよう。

例文

Your idea is **better than** mine.

あなたのアイデアは私のよりもいいです。

▶ good（よい）は，比較級では better，最上級では best と不規則に変化する。

> 参照 比較級・最上級の作り方 ≫p.160

She is the best singer in this class.

（彼女はこのクラスでいちばん歌がじょうずです［いちばんよい歌手です］。）

▶ better / best は well（よく，うまく）の比較級/最上級でもある。

Nancy plays tennis **better than** Kate.

（ナンシーはケイトよりテニスがうまいです。）

会話でチェック! → 2人でアイデアを出し合っています。

発音練習

Your idea is very good.

あなたのアイデアはとてもいいですね。

I think your idea is **better than** mine.

私はあなたのアイデアが私のよりもいいと思います。

Let's ask our teacher about our ideas.

私たちのアイデアについて先生に聞いてみましょう。

Yes, let's.

はい，そうしましょう。

✏ **確認問題 ⑥** 解答 ➡p.256

日本文に合うように，（　）に適する語を入れよう。

1. 私はそれよりもいい自転車を持っています。

   I have a (　　　　　) bike (　　　　　) that one.

2. ナンシーは私たち全員の中でいちばんテニスがうまいです。

   Nancy plays tennis the (　　　　　) (　　　　　) us all.

85 like ~ better / like ~ the best「~がより好きだ」/「~がいちばん好きだ」

● 「より好き」「いちばん好き」ということを伝える表現を覚えよう。

例文

I **like** red **better** than blue.

私は青よりも赤が好きです。

▶「〜がとても好きだ」というときは very much を使う。「〜のほうが好きだ」「〜がいちばん好きだ」というときには，比較級/最上級として better / best を使う。

I **like** math **very much**.（私は数学がとても好きです。）
I **like** math **the best** of all subjects.
（私はすべての科目の中で数学がいちばん好きです。）

▶2つのものを比べて「ＡとＢではどちらのほうが好きですか」とたずねるときは，Which do you like better, A or B? の形を使う。

Which do you **like better**, summer **or** winter?
—— I like summer better.
（夏と冬ではどちらのほうが好きですか。—— 夏のほうが好きです。）

2人の人を比べるときは which でなく who を使う。

▶3つ以上の中で「どの〜がいちばん好きですか」とたずねるときは，Which 〜 do you like the best? の形を使う。

Which season do you **like the best**?
—— I like summer the best.
（どの季節がいちばん好きですか。—— 夏がいちばん好きです。）

選択の範囲を限らず，「何の[どんな]〜」とたずねるときは，which でなく what を使う。
What food does your father **like the best**?
（あなたのお父さんはどんな食べ物がいちばん好きですか。）

会話でチェック! →新しいシャツを選んでいます。

This blue shirt looks pretty.
この青いシャツはきれいですね。

Yes, but I **like** red **better than** blue.
はい，でも私は青よりも赤が好きです。

発音練習

How about that red one, then?
では，あの赤いのはどうですか。

That's nice. I'll buy it.
いいですね。買いましょう。

 確認問題 7 解答➡p.256

日本文に合うように，（　　）に適する語を入れよう。
1. 私は和食よりも中華料理のほうが好きです。
   I (　　　　　　) Chinese food (　　　　　　) than Japanese food.
2. マイクはすべてのスポーツの中でサッカーがいちばん好きです。
   Mike (　　　　) soccer (　　　　) (　　　　　　) of all sports.
3. 音楽と本ではどちらのほうが好きですか。—— 本のほうが好きです。
   (　　　　　) do you like (　　　　　　), music or books?
   —— I like books better.

◆比較級・最上級の作り方

		原　級	比較級	最上級
語尾がer, est になる語	多くの語 →er / estをつける	cold（寒い）	colder	coldest
		long（長い）	longer	longest
		new（新しい）	newer	newest
		old（年とった）	older	oldest
		tall（背の高い）	taller	tallest
		fast（速い, 速く）	faster	fastest
	eで終わる語 →r / stだけつける	large（大きい）	larger	largest
		nice（すてきな）	nicer	nicest
		wide（広い）	wider	widest
	〈子音字＋y〉で終わる語 →yをiに変えて er / estをつける	busy（忙しい）	busier	busiest
		easy（簡単な）	easier	easiest
		early（早い, 早く）	earlier	earliest
	〈短母音＋子音字〉で終わる語 →最後の文字を重ねて er / estをつける	big（大きい）	bigger	biggest
		hot（熱い, 暑い）	hotter	hottest
前にmore / mostを置く語（比較的つづりの長い語）		beautiful（美しい）	more beautiful	most beautiful
		difficult（難しい）	more difficult	most difficult
		interesting（おもしろい）	more interesting	most interesting
		popular（人気のある）	more popular	most popular
		quickly（すばやく）	more quickly	most quickly
		slowly（ゆっくりと）	more slowly	most slowly
形がまったく変わる語		good（よい）/ well（よく）	better	best
		many / much（多くの）	more	most
		little（少ない）	less	least
		bad / ill（悪い）	worse	worst

as ～ as ...

「…と同じくらい～だ」

86 as ～ as ... 「…と同じくらい～だ」

● 2つのものの程度が同じであることを伝える表現を学習しよう。

例文

Dogs are **as cute as** cats.

イヌはネコと同じくらいかわいいです。

▶ 2つのものを比べて「…と同じくらい～だ」というときは，〈as ～ as ...〉の形で表す。「～」の部分には形容詞や副詞の原級がくる。

Your story is **as interesting as** Mike's.
（あなたの話はマイクの話と同じくらいおもしろいです。）

I get up **as early as** my father every morning.
（私は毎朝，父と同じくらい早く起きます。）

> 原級はもとの形のことだったね。

Dogs are 　　　cute.　（イヌはかわいいです。）
　　　　　　　_{原級}

Dogs are **as cute as** cats.
　　　　「…と同じくらいかわいい」 └── 比較の対象

⚠ 次の文は「2人の年齢が同じ」という意味であり，「2人が年をとっている」という意味ではないことに注意。

I'm **as old as** Emi.　We're junior high school students.
（私はエミと同い年です。私たちは中学生です。）

tall や long などの語の場合も同じように考えよう。

Ken is **as tall as** John.
（ケンはジョンと同じくらいの背の高さです。）

This pencil is **as long as** that one.
（この鉛筆はあれと同じ長さです。）

I'm old.は「私は年をとっています。」という意味になる。
Ken is tall. （ケンは背が高いです。）
This pencil is long. （この鉛筆は長いです。）

第8章 比較の文

会話 でチェック！ →ペットのネコの写真を見せてもらいました。

This is my cat, Tama.

これは私のネコのタマです。

It's really cute.　Do you like cats better than dogs?

本当にかわいいですね。あなたはイヌよりもネコが好きですか。

That's a difficult question.

それは難しい質問です。

Why?

なぜですか。

I think dogs are **as cute as** cats.

イヌはネコと同じくらいかわいいと思うんです。

　確認問題 8　　解答➡p.256

日本文に合うように，（　　）に適する語を入れよう。

1. この本はあの本と同じくらいやさしいです。

　　This book is (　　　　　) easy (　　　　　) that one.

2. アリスはトムと同じくらいの速さで走りました。

　　Alice ran (　　　　) (　　　　) (　　　　) Tom.

87 not as 〜 as ... 「…ほど〜ではない」

● 〈as 〜 as ...〉の否定の形と意味を覚えよう。

Osaka is **not as big as** Tokyo.

大阪は東京ほど大きくありません。

▶ 〈as 〜 as ...〉の否定の形は〈not as 〜 as ...〉となり，「…ほど〜ではない」という意味になる。

My story **isn't as interesting as** yours.

（私の話はあなたの話ほどおもしろくありません。）

I **didn't** get up **as early as** my father this morning.

（私は今朝，父ほど早くは起きませんでした。）

〈not so 〜 as ...〉という形もあるが，やや古い言い方。

　Osaka is　　　　　 big. （大阪は大きいです。）

　　　　　　　　　　　　　　　　原級

　　Osaka is **not as big as** Tokyo.

　　　　　　　 「…ほど大きくない」　　―― 比較の対象

⚠ 次の文は「私はケンほど背が高くない」という意味であり,「背の高さが同じではない」という意味ではないことに注意。

> I'm **not as tall as** Ken.（私はケンほど背が高くありません。）
> 　　　　　　　　　　　　　[×私はケンと身長が同じではありません。]

また,〈not as ~ as ...〉は,反対の意味の語を使って比較級の文に書きかえることができる。

> I'm **not as tall as** Ken.
> ＝I'm **shorter than** Ken.（私はケンよりも背が低いです。）

tall（背が高い）の反対の意味の語はshort（背が低い）。

会話でチェック!　→留学生のベスはどこへ行きたいのでしょうか。

 I want to go to Osaka.　I hear it's an interesting city.

私は大阪へ行きたいです。おもしろい都市だと聞いています。

発音練習

Yes.　Osaka **isn't as big as** Tokyo, but there are a lot of interesting places. 👆

はい。大阪は東京ほど大きくありませんが,おもしろい場所がたくさんあります。

✏ **確認問題 ❾**　解答➡p.256

日本文に合うように,（　　）に適する語を入れよう。

1. この本はあの本ほど難しくはありません。

　This book is (　　　　　) (　　　　　) difficult (　　　　　) that one.

2. 私はあなたほどうまく料理をすることができません。

　I (　　　　　) cook (　　　　　) well (　　　　　) you.

まとめておこう

〈比較級＋ **than** ...〉 「…よりも~」	Tom is **taller than** Takashi. （トムはタカシよりも背が高いです。） She is **more famous than** her mother. （彼女は母親より有名です。）
〈**the** ＋最上級＋ **of [in]** ...〉 「…の中でいちばん~」	Tom is **the tallest in** his family. （トムは家族の中でいちばん背が高いです。） She is **the most famous of** the four. （彼女は4人の中でいちばん有名です。）
〈**as** ＋原級＋ **as** ...〉 「…と同じくらい~」	Tom is **as tall as** John. （トムはジョンと同じ背の高さです。）
〈**not as** ＋原級＋ **as** ...〉 「…ほど~でない」	Takashi is **not as tall as** Tom. （タカシはトムほど背が高くありません。）

比較級と最上級　　　　「…よりも～だ」「いちばん[最も]～だ」

☑ **79 比較級（～er）＋than ...**　「…よりも～だ」

> My little brother is **taller than** my father.
> （私の弟は父よりも背が高いです。）

▶ 2つのものを比べて「より～だ」というときは，形容詞の比較級を用いる。比較級は形容詞にerをつけて作る。

▶「…よりも」と比べる相手を示すときはthan ... を使う。thanのあとには，前に出た語のくり返しを避けるために，mine（私のもの）/ yours（あなたのもの）やoneなどがよく使われる。

▶ 形容詞だけでなく副詞も同様に比較級にできる。

▶ difficultやinterestingのような長いつづりの語を比較級にするときは，前にmoreを置いて〈more＋原級〉で表す。

　　81 *Kanji* is **more difficult than** *hiragana*.（漢字はひらがなより難しいです。）

☑ **80 最上級（～est）**　「いちばん[最も]～だ」

> Ann is **the youngest of** the three.
> （アンは3人の中でいちばん若い[年下]です。）

▶ 3つ以上の中で「いちばん[最も]～だ」というときは，形容詞の最上級を用いて〈the＋最上級〉の形で表す。最上級は形容詞にestをつけて作る。

▶「複数の人やものの中で」は〈of＋複数を表す語句〉，「ある場所や範囲の中で」は〈in＋場所・範囲を表す語句〉で表す。

▶〈the＋最上級〉のあとに名詞がくることもある。また，形容詞だけでなく副詞も最上級にできる。

▶ 前にmoreを置いて比較級にする語の最上級は〈most＋原級〉の形になる。この場合も前にtheをつける。

　　82 Fall is **the most beautiful** season **of** all.

　　　（秋は，すべて（の季節）の中でいちばん美しい季節です。）

83 疑問詞で始まる文　「どちらがより～ですか」「どれがいちばん～ですか」

> **Which is smaller**, Japan **or** New Zealand?
> —— New Zealand is.
>
> （日本とニュージーランドではどちらが小さいですか。——ニュージーランドです。）

▶ 2つのものを比べて「AとBではどちらがより～ですか」とたずねるときは，〈Which is ＋比較級，A or B?〉を，3つ以上の中で「どれ［だれ］がいちばん～ですか」とたずねるときは，〈Which [Who] is the ＋最上級?〉を使う。人を比較するときはふつう who を使う。

84 better / best　「よりよい」／「いちばんよい」

> Your idea is **better** than mine.　　（あなたのアイデアは私のよりもいいです。）

▶ good（よい）/ well（よく，うまく）は，比較級 better，最上級 best と不規則に変化する。
▶ 「～のほうが好きだ」「～がいちばん好きだ」というときには，比較級 / 最上級として better / best を使う。
　85 I **like** red **better than** blue.（私は青よりも赤が好きです。）
▶ 2つのものを比べて「AとBではどちらのほうが好きですか」とたずねるときは，Which do you like better, A or B? を，3つ以上の中で「どの～がいちばん好きですか」とたずねるときは，Which ～ do you like the best? の形を使う。

as ～ as ...　　　　　　　　　　　　　「…と同じくらい～だ」

86 as ～ as ...　「…と同じくらい～だ」

> Dogs are **as cute as** cats.　　（イヌはネコと同じくらいかわいいです。）

▶ 2つのものを比べて「…と同じくらい～だ」というときは，〈as ～ as ...〉の形で表す。「～」の部分には形容詞や副詞の原級がくる。
▶ 否定の形は〈not as ～ as ...〉となり，「…ほど～ではない」という意味になる。
　87 Osaka is **not as big as** Tokyo.（大阪は東京ほど大きくありません。）

1 次の語の比較級・最上級を書きなさい。ただし，1語とはかぎりません。

(1) cold — ( ) — ( )

(2) large — ( ) — ( )

(3) slowly — ( ) — ( )

(4) big — ( ) — ( )

(5) easy — ( ) — ( )

(6) important — ( ) — ( )

(7) good — ( ) — ( )

(8) many — ( ) — ( )

(9) little — ( ) — ( )

(10) bad — ( ) — ( )

2 次の( )内から適する語句を選びなさい。

(1) Cats are (largest, larger, large) than rats. _____

(2) The building is the (tallest, taller, tall) of the three. _____

(3) This game is (more exciting, excitinger) than that one. _____

(4) I can run as (fastest, faster, fast) as you. _____

(5) I like English (best, better, well) than before. _____

(6) Tommy isn't as (famouser, more famous, famous) as John. _____

3 次の英文を，( )内の指示にしたがって書きかえなさい。

(1) The singer is popular. (in Japanをつけて最上級の文に)

_____

(2) My sister got up early. (than my motherをつけて比較級の文に)

_____

(3) This rabbit is white. (as 〜 as snowを用いて，「雪のように白い」の意味に)

_____

4 次の日本文の意味を表す英文を，（　　）内の語句を並べかえて作りなさい。

(1) 私の母は私の父よりも車の運転がじょうずです。

(is / my father / my mother / driver / better / a / than).

_____

(2) この島は，地球上でもっとも美しい場所です。

(on / the / Earth / this island / place / beautiful / most / is).

_____

(3) 私はそれを，1回目より注意深くもう一度読んでみました。

(it / I / the first time / carefully / more / again / than / read).

_____

(4) あなたはゆで卵と目玉焼きではどちらのほうが好きですか。

(or / better / which / like / do / fried eggs / boiled eggs / you /,)?

_____

(5) あなたはオレンジジュースよりも牛乳のほうが好きですか。

(orange juice / you / than / like / milk / do / better)?

_____

5 次の英文を日本語になおしなさい。

(1) Is this the oldest church in France?

_____

(2) Life is more important than money.

_____

(3) Which do you like better, the blue car or the red one?

_____

(4) This desert is as large as Japan.

_____

(5) Which runs faster, a horse or a cow?

_____

(6) Who is the best tennis player in your class?

_____

6 次の日本文に合うように，＿＿に適する語を入れなさい。

(1) カンガルーはウサギより高く跳ぶことができます。

Kangaroos can jump ＿＿＿＿＿ ＿＿＿＿＿ rabbits.

(2) 今日は母より私のほうが忙しいです。

I'm ＿＿＿＿＿ ＿＿＿＿＿ my mother today.

(3) 私はケーキと同じくらいクッキーが好きです。

I like cookies ＿＿＿＿＿ much ＿＿＿＿＿ cake.

(4) バチカン市国は世界でいちばん小さな国です。

The Vatican City is ＿＿＿＿＿ ＿＿＿＿＿ ＿＿＿＿＿ in the world.

(5) この湖は阿寒湖ほど深くないです。

This lake is ＿＿＿＿＿ ＿＿＿＿＿ deep ＿＿＿＿＿ Lake Akan.

(6) あなたにとって数学と英語のどちらがより難しいですか。

Which ＿＿＿＿＿ ＿＿＿＿＿ ＿＿＿＿＿ for you, math or English?

(7) この箱はあの箱よりずっと大きいです。

This box is ＿＿＿＿＿ ＿＿＿＿＿ ＿＿＿＿＿ that box.

(8) 私は昨日，家族の中で最も多くのお金を買い物に使いました。

I spent ＿＿＿＿＿ ＿＿＿＿＿ ＿＿＿＿＿ on shopping in my family yesterday.

7 次の日本文を英語になおしなさい。

(1) 私の父は私の母と同じくらいの背の高さです。

＿＿＿＿＿＿＿＿＿＿＿＿＿＿＿＿＿＿＿＿＿＿＿＿＿＿＿＿＿＿＿＿

(2) 冬は4つの季節の中でいちばん寒いです。

＿＿＿＿＿＿＿＿＿＿＿＿＿＿＿＿＿＿＿＿＿＿＿＿＿＿＿＿＿＿＿＿

(3) この本とあの本ではどちらがおもしろいですか。── この本です。

＿＿＿＿＿＿＿＿＿＿＿＿＿＿＿＿＿＿＿＿＿＿＿＿＿＿＿＿＿＿＿＿

(4) 4人の中で，だれがいちばん年下ですか。

＿＿＿＿＿＿＿＿＿＿＿＿＿＿＿＿＿＿＿＿＿＿＿＿＿＿＿＿＿＿＿＿

(5) あなたのスニーカー（sneakers）は私のものよりいいです。

＿＿＿＿＿＿＿＿＿＿＿＿＿＿＿＿＿＿＿＿＿＿＿＿＿＿＿＿＿＿＿＿

第9章

受け身の文

受け身の形と意味

be動詞＋過去分詞「〜される」 …… **170**

- 88 am [is, are]＋過去分詞「〜される」「〜されている」 …… 170
- 89 be動詞＋過去分詞＋by ...「…によって〜される」 …… 171
- 90 was [were]＋過去分詞「〜された」「〜されていた」 …… 172
- 91 will be＋過去分詞「〜されるだろう」 …… 172

受け身の疑問文 / 否定文

「〜されますか」/「〜されない」 **174**

- 92 be動詞＋主語＋過去分詞〜？「〜されますか」「〜されていますか」 …… 174
- 93 When / Whereなど＋be動詞＋主語＋過去分詞〜？ …… 175

- 94 be動詞＋not＋過去分詞「〜されない」「〜されていない」 …… 176

注意すべき受け身

SVOOの文 / SVOCの文 / by以外の前置詞 **177**

- 95 目的語が2つある文（SVOO）の受け身 …… 177
- 96 「〜を…と呼ぶ」などの文（SVOC）の受け身 …… 178
- 97 by以外の前置詞があとに続く受け身 …… 179

- ●要点のまとめ …… 181
- ●定期試験対策問題 …… 184

受け身の文（≫p.170〜）の解説動画を確認しよう！

受け身の形と意味

be動詞＋過去分詞「〜される」

88 **am [is, are]＋過去分詞**「〜される」「〜されている」
- 受け身の文の形と，その意味を学習しよう。

例文
The book **is published** in many countries.
その本は多くの国で出版されています。

▶「使う」「作る」のような「〜する」という言い方ではなく，「使われる」「作られる」のような「〜される」「〜されている」の意味を表す文を受け身［受動態］の文という。

（**用語**）「受動態」に対して，「〜する」を表す文を「能動態」の文という。

▶ 受け身は〈be動詞＋過去分詞〉で表す。be動詞は，現在の文ならam [is, are] を使う。過去分詞とは動詞の形の一種で，例文のpublishedはpublish（出版する）の過去分詞。

Those doors **are closed** at ten every day.
（それらのドアは毎日10時に閉められます。）

ポイント

publish the book （その本を出版する）
〈be動詞＋過去分詞〉に　　　　目的語→主語に

The book **is published** in many countries.
その本は　　　　出版されている

◆過去分詞の作り方

[**規則動詞**]　過去形と同じく動詞に（e）dをつける。

publish → published	close → closed
play → played	love → loved
study → studied	visit → visited

[**不規則動詞**]　1語1語異なる変化をする。

make → made	speak → spoken
write → written	read → read
build → built	break → broken

動詞の過去形の作り方
>> p.21, p.209

動詞の過去分詞の作り方
>> p.209

（**発音**）readの過去分詞は原形と同じ形だが，発音は原形 [ri:dリード]，過去分詞[redレッド]と異なるので注意。

Do you know *The Little Prince*?

あなたは『星の王子さま』を知っていますか。

Yes, that's my favorite story.

はい, 私のいちばん好きなお話です。

I love it, too.　The book **is published** in many countries. Many people read it.

私も大好きです。その本は多くの国で出版されています。多くの人がそれを読みます。

確認問題 ❶　解答➡p.256

[ ]の語句を参考にして, 日本文に合うように, ( )に適する語を入れよう。

1. サッカーは世界中で楽しまれています。　[enjoy soccer]

   Soccer (　　　　　) (　　　　　　　) all over the world.

2. それらの手紙は英語で書かれています。　[write those letters]

   Those letters (　　　　　) (　　　　　　　) in English.

89 be動詞＋過去分詞＋by ... 「…によって～される」

● 受け身の文で使われるby ...（…によって）の使い方を学習しよう。

例文
His songs **are loved by** young people.

彼の歌は若い人たちに愛されています。

▶「だれによって～されるのか」を言いたいときは,〈be動詞＋過去分詞〉のあとにby ...（…によって）を置く。

Nikko **is visited by** many people every year.
（日光は毎年, 多くの人々によって訪れられます。）

実際には, 受け身の文ではby ... がつかないことが多い。

第 **9** 章　受け身の文

Do you know this singer?

あなたはこの歌手を知っていますか。

Yes.　He is very popular.　His songs **are loved by** young people.

はい。彼はとても人気があります。彼の歌は若い人たちに愛されています。

 確認問題 ❷　解答➡p.256

日本文に合うように, ( )に適する語を入れよう。

1. 英語は多くの人々によって話されています。

   English (　　　　) (　　　　　) (　　　　　　) a lot of people.

90 **was [were]＋過去分詞**「～された」「～されていた」

●過去を表す受け身の文の形を覚えよう。

例文

That picture **was painted** in the 14th century.

あの絵は14世紀に描かれました。

▶「～された」「～されていた」と過去のことを表す受け身の文は，be動詞を過去形にして，〈was [were]＋過去分詞〉となる。

I **was loved** by my grandfather.
（私は祖父に愛されていました。）

Those doors **were closed** at eight last night.
（それらのドアは昨夜8時に閉められました。）

be動詞を過去形にすればいいんだね。

会話でチェック! →展覧会を楽しんでいます。

発音練習

🧑 ＜ Oh, that picture looks old. ）　ああ，あの絵は古そうですね。

👩 ＜ It **was painted** in the 14th century. ✎ ）　それは14世紀に描かれました。

🧑 ＜ It's very beautiful. ）　とても美しいです。

👩 ＜ Yes. I want to look at it all day long. ）　はい。私は1日中見ていたいです。

✎ **確認問題 ❸**　解答➡p.256

[　]の語句を参考にして，日本文に合うように，（　）に適する語を入れよう。

1. この写真は有名な写真家によって撮られました。　[take this picture]

This picture (　　　　　　　) (　　　　　　　) by a famous photographer.

2. これらの木は10年前に植えられました。　[plant these trees]

These trees (　　　　　　　) (　　　　　　　) ten years ago.

91 **will be＋過去分詞**「～されるだろう」

●未来を表す受け身の文の形を覚えよう。

例文

That restaurant **will be closed** at nine.

あのレストランは9時に閉店する［閉められる］でしょう。

▶「〜されるだろう」「〜される予定だ」と未来のことを表す受け身の文は，〈will be ＋過去分詞〉または〈be going to be ＋過去分詞〉となる。

A new library **is going to be built** here.
（ここに新しい図書館が建てられる予定です。）

canなどの助動詞を含む文の受け身は〈助動詞＋be ＋過去分詞〉になる。
Mt. Fuji can be seen from here.（ここから富士山が見えます。）

 会話 でチェック！　→晩ご飯を作る時間がありませんでした。　

I didn't have time to make dinner.

晩ご飯を作る時間がありませんでした。

How about eating at ABC restaurant?

ABCレストランで食べるのはどうですか。

It's already eight.　That restaurant **will be closed** at nine.

もう8時です。あのレストランは9時に閉店ですよ。

Yes.　Let's go right now.

ええ。すぐに行きましょう。

 確認問題 ④　解答➡p.256

[　]の語句を参考にして，日本文に合うように，（　）に適する語を入れよう。

1. この本は学生たちによって読まれるでしょう。　[will read this book]

　This book （　　　　　）（　　　　　）（　　　　　） by students.

2. あなたはパーティーに招待されるでしょう。　[will invite you]

　You （　　　　　）（　　　　　）（　　　　　） to the party.

◆受け身の文の作り方

ふつうの文 (能動態) から受け身の文 (受動態) を作る手順を確認しよう。

能動態の文 Young people **love** his songs.

（若い人たちは彼の歌を愛しています。）

① ② ③

受動態の文 His songs **are loved by** young people.

（彼の歌は若い人たちに愛されています。）

① 能動態の文の目的語を受け身の文の主語にする。

　His songs ...

② 動詞の部分を〈be 動詞＋過去分詞〉の形にする。

　His songs **are loved** ...

③ 能動態の文の主語を by ... の形にして最後に置く。

　His songs are loved **by young people**.

能動態が過去の文のときは，受け身の文ではbe動詞をwas [were]にするよ。

受け身の疑問文 / 否定文

「〜されますか」/「〜されない」

92 be動詞+主語+過去分詞〜? 「〜されますか」「〜されていますか」

●受け身の文の疑問文の作り方と，その答え方を学習しよう。

> 例文
> **Is** Spanish **spoken** in your country?
> —— Yes, it **is**. / No, it **isn't**.
> あなたの国ではスペイン語が話されていますか。——はい，話されています。/ いいえ，話されていません。

▶ 受け身の文の疑問文は，be動詞（am [is, are] / was [were]）を主語の前に出し，〈be動詞+主語+過去分詞〜?〉の形にする。

> ×Does English used 〜?としないように注意しよう。

▶ 答えの文でも，am [is, are] / was [were]を使う。

Were these books **written** by Murakami Haruki?
—— Yes, they **were**. / No, they **weren't**.

（これらの本は村上春樹によって書かれましたか。
—— はい，書かれました。/ いいえ，書かれませんでした。）

⚠ 「〜されるでしょうか」という未来の受け身の疑問文は，willを主語の前に出し，〈Will+主語+be+過去分詞〜?〉の形になる。
Will that restaurant **be closed** at nine?
—— Yes, it **will**. / No, it **won't**.
（あのレストランは9時に閉店するでしょうか。
—— はい，閉店するでしょう。/ いいえ，閉店しないでしょう。）

> 助動詞を含む受け身の疑問文は〈助動詞+主語+be+過去分詞〜?〉の形になる。

会話 でチェック! →外国の人と知り合いになりました。

発音練習

> Where are you from?

あなたはどこの出身ですか。

> I'm from Peru.

私はペルー出身です。

> **Is** Spanish **spoken** in your country? 🔊

あなたの国ではスペイン語が話されていますか。

> Yes, it **is**. And some other languages are spoken in Peru, too.

はい，話されています。それにペルーではほかの言語もいくつか話されています。

次の英文を受け身の疑問文に書きかえて，答えの文も完成させよう。

1. She is liked by her classmates.
    → (　　　　　　) she (　　　　　　) by her classmates?
    —— Yes, (　　　　　) (　　　　　).
2. These letters were sent from Japan.
    → (　　　　　　) these letters (　　　　　　) from Japan?
    —— No, (　　　　　) (　　　　　).

93 When / Whereなど＋be動詞＋主語＋過去分詞〜?

● 疑問詞で始まる受け身の疑問文の形を学習しよう。

例文

When was this photo taken?
—— It was taken ten years ago.

この写真はいつ撮られましたか。——10年前に撮られました。

▶ 疑問詞（when / whereなど）を使った受け身の疑問文は，疑問詞を文の最初に置き，そのあとに受け身の疑問文の形を続ける。

Where are these smartphones **made**?
—— They are made in China.
（これらのスマートフォンはどこで作られていますか。
—— 中国で作られています。）

語順に注意しよう。

▶ 主語をたずねるときには，次のような語順になる。

What language **is spoken** in Australia?
　　　主語　　〈be動詞＋過去分詞〉
—— English is.
（オーストラリアでは何語が話されていますか。—— 英語が話されています。）

English is. = English is spoken in Australia.

第9章 受け身の文

会話 でチェック!　→友達に写真を見せています。

Look! I found a photo of my family and me yesterday.

見て！ 昨日，私の家族と私の写真を見つけたよ。

When was it **taken**?

それはいつ撮られたの。

It was taken ten years ago. I was five years old then.

10年前に撮られたんだ。私はそのとき5歳だったよ。

175

解答➡p.256

確認問題 ❻

下線部をたずねる疑問文を完成させよう。

1. The sweater is sold at that store. (そのセーターはあの店で売られています。)
   → (　　　　　) (　　　　　　　) the sweater (　　　　　)?
2. A dragon is drawn on the wall. (壁には龍が描かれています。)
   → (　　　　　) (　　　　　) (　　　　　　　) on the wall?

94 be動詞＋not＋過去分詞 「～されない」「～されていない」

● 受け身の文の否定文の作り方を学習しよう。

例文

Eggs **aren't sold** at that store.

あの店では卵は売られていません。

▶ 受け身の文の否定文は，be動詞のあとにnotを置き，〈be動詞＋not＋過去分詞〉の形にする。

He **was not invited** to the meeting.
(彼はその会合に招かれませんでした。)

⚠️ 未来の受け身の否定文は，〈will not be ＋過去分詞〉の形にする。
　　This book **won't be read** by young people.
　　(この本は若い人たちには読まれないでしょう。)

助動詞を含む受け身の文の否定文は〈助動詞＋not be ＋過去分詞〉の形にする。

会話でチェック！ →料理の準備をしています。

Oh, we don't have eggs. — ああ，卵がありません。

I'll go and buy some at the convenience store. — 私がコンビニでいくつか買ってきましょう。

Eggs **aren't sold** at that store. — あの店では卵は売られていません。

I'll go to the supermarket, then. — では，スーパーへ行きます。

確認問題 ❼

解答➡p.256

[　]の語句を参考にして，日本文に合う受け身の否定文を完成させよう。

1. The work [not finish] yesterday. (その仕事は昨日は終えられませんでした。)
   → The work (　　　　　) (　　　　　) yesterday.
2. Oil [not use] in this salad. (このサラダに油は使われていません。)
   → Oil (　　　　　) (　　　　　) (　　　　　　　) in this salad.

注意すべき受け身

 音声

SVOOの文 / SVOCの文 / by以外の前置詞

95 目的語が2つある文（SVOO）の受け身

● 目的語が2つある文の受け身の作り方を学習しよう。

> 例文
>
> # I **was given** a chance by my parents.
>
> 私は両親からチャンスを与えられました。

▶ give や teach などのあとに目的語が2つある文（SVOO）では，それぞれの目的語を主語にした2通りの受け身の文が作れる。

My parents **gave** me a chance.
（両親が私にチャンスを与えました。）

→ （1）I **was given** a chance by my parents.
　　（私は両親からチャンスを与えられました。）

　 （2）A chance **was given** (to) me by my parents.
　　（両親から私にチャンスが与えられました。）

Mike **sent** her an e-mail.
（マイクは彼女にメールを送りました。）

→ （1）She **was sent** an e-mail by Mike.
　　（彼女はマイクによってメールを送られました。）

　 （2）An e-mail **was sent** (to) her by Mike.
　　（マイクによって彼女にメールが送られました。）

参照 SVOOの文
≫p.93

SVOOで用いられる動詞：give（与える），teach（教える），send（送る），tell（話す）など

（2）の形の文では，to をつけることが多いが，代名詞の場合は to をつけないこともある。

第9章
受け身の文

ポイント

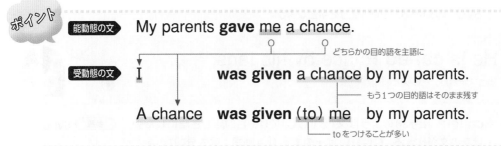

能動態の文 My parents **gave** me a chance.

どちらかの目的語を主語に

受動態の文 I **was given** a chance by my parents.

もう1つの目的語はそのまま残す

A chance **was given** (to) me by my parents.

to をつけることが多い

+α make（…に〜を作ってあげる）などの文では，「もの」を主語にした受け身の文しかできない。また，「人」の前にはforが必要となる。

She **made** her daughter the dress.
（彼女は娘にそのドレスを作ってあげました。）
→ The dress **was made for** her daughter.
（そのドレスは彼女の娘のために作られました。）

この例でHer daughter was made 〜とすると「彼女の娘が作られた」の意味になってしまうので，この形は避けられる。

（参照）「人」の前にto / forのどちらを用いるかは動詞によって異なる。
>> p.94

会話でチェック！ →アメリカに留学することになりました。

I'm going to study abroad next year.
ぼくは来年，海外で勉強する予定です。

That's great!
すばらしいですね！

I **was given** a chance by my parents. I'll do my best there.
ぼくは両親からチャンスをもらいました。そこでベストを尽くします。

I think you have good parents.
あなたはいい両親を持っていると思います。

確認問題 8 解答➡p.256

[ ]の語句を参考にして，日本文に合うように，（ ）に適する語を入れよう。

1. 彼はそのお金を与えられました。 [give him the money]
   （　　　　　）（　　　　　　）（　　　　　　　）the money.

2. そのお金は彼に与えられました。 [give him the money]
   The（　　　　）（　　　　　　）（　　　　　　）（　　　　　　　　）him.

3. 私たちはアメリカ人に英語を教えてもらっています。 [teach us English]
   We（　　　　　）（　　　　　　）（　　　　　　）by an American.

---

96 「〜を…と呼ぶ」などの文（**SVOC**）の受け身

● SVOCの文の受け身の作り方を学習しよう。

例文 **He is called** Prince by his fans.

彼はファンからプリンスと呼ばれています。

▶ call（〜を…と呼ぶ）のような文（SVOC）では，目的語を主語にした受け身の文が作れる。C（補語）はそのまま〈be動詞＋過去分詞〉のあとに置かれる。

The baby **was named** Sora. （その赤ん坊はソラと名づけられました。）

（参照）SVOCの文
>> p.95
SVOCで用いられる動詞：name（〜を…と名づける），call（〜を…と呼ぶ）など

ポイント

能動態の文 His fans **call** him Prince.（彼のファンは彼をプリンスと呼びます。）
O　　C

目的語を主語に
受動態の文 He **is called** Prince by his fans.
そのまま残す

 会話でチェック！ →友達が好きな歌手の写真を見せてくれました。

This is my favorite singer.
これは私の好きな歌手だよ。

What's his name?
彼の名前は何？

His name is Kenji, but he **is called** Prince by his fans.
名前はケンジだけど、ファンからはプリンスと呼ばれているよ。

I see.　He looks like a prince.
なるほど。彼は王子様のように見えるね。

 確認問題 ⑨ 解答➡p.256

[　]の語句を参考にして、日本文に合うように、(　)に適する語を入れよう。
1. 私は友達からベスと呼ばれています。　[call me Beth]
　 I (　　　　　) (　　　　　　　) Beth by my friends.
2. そのネコはタマと名づけられました。　[name the cat Tama]
　 The cat (　　　　) (　　　　) (　　　　).

97 by 以外の前置詞があとに続く受け身

● by 以外の前置詞を使う受け身を表現として覚えよう。

例文 **I am interested in** Japanese culture.
私は日本の文化に興味があります。

▶〈be動詞＋過去分詞〉という受け身の形のあとに、by 以外の前置詞が続く場合がある。be interested in ～「～に興味がある」のように、日本語では受け身の意味にならないことも多い。

> interestは「興味を持たせる」という意味の動詞で、be interestedは「興味を持たされる」がもとの意味。

▶受け身のあとに by 以外の前置詞が続くほかの表現を覚えよう。

be surprised at ～「～に驚く」
　 We **were surprised at** the news.（私たちはその知らせに驚きました。）

be pleased with ～「～が気に入っている」

She **is pleased with** his present.

(彼女は彼のプレゼントが気に入っています。)

be excited about ～「～でわくわくしている」

The boy **was excited about** Christmas.

(男の子はクリスマスのことでわくわくしていました。)

be made from ～「～から作られる」

Cheese **is made from** milk. (チーズは牛乳から作られます。)

be known to ～「～に知られている」

He **is known to** everyone in this school.

(彼はこの学校の全員に知られています。)

be covered with ～「～でおおわれている」

The garden **was covered with** snow.

(庭は雪でおおわれていました。)

be filled with ～「～でいっぱいである」

The street **was filled with** people. (通りは人でいっぱいでした。)

> be made from ～は原料の質が変わる場合に用いる。材料がそのままわかる場合は, be made of ～(～でできている)を使う。
> The table **is made of** wood.(そのテーブルは木でできています。)

⚠ 受け身の形を使う, 次のような表現も覚えておこう。
　　I **was born** in Sapporo. (私は札幌で生まれました。)
　　He **was injured** in an accident. (彼は事故でけがをしました。)

会話でチェック! →外国人の友達が日本に遊びに来ます。

Where do you want to go?　あなたはどこへ行きたい?

I don't know, but I'm interested in Japanese culture. 👆　わからないけど、ぼくは日本の文化に興味があるんだ。

You should go to Kyoto, then.　それなら京都へ行くべきだね。

That's a good idea.　それはいい考えだね。

✎ **確認問題 ⑩**　解答➡p.256

日本文に合うように,(　)に適する語を入れよう。

1. 彼は動物に興味がありません。

　He (　　　　) (　　　　) (　　　　) animals.

2. プラスチックは石油から作られます。

　Plastic is (　　　　) (　　　　) oil.

3. あなたは新しい家が気に入っていますか。

　(　　　　) you (　　　　) (　　　　) your new house?

180

受け身の形と意味　　　　be動詞＋過去分詞「～される」

☑ **88 am [is, are] ＋過去分詞**　「～される」「～されている」

> The book **is published** in many countries.
> （その本は多くの国で出版されています。）

▶「使う」「作る」のような「～する」という言い方ではなく，「使われる」「作られる」のような「～される」「～されている」の意味を表す文を受け身 [受動態] の文という。

▶受け身は〈be動詞＋過去分詞〉で表す。be動詞は，現在の文なら am [is, are] を使う。

☑ **89 be動詞＋過去分詞＋by ...**　「…によって～される」

> His songs **are loved by** young people.
> （彼の歌は若い人たちに愛されています。）

▶「だれによって～されるのか」を言いたいときは，〈be動詞＋過去分詞〉のあとに by ...（…によって）を置く。

☑ **90 was [were] ＋過去分詞**　「～された」「～されていた」

> That picture **was painted** in the 14th century.
> （あの絵は14世紀に描かれました。）

▶「～された」「～されていた」と過去のことを表す受け身の文は，be動詞を過去形にして，〈was [were] ＋過去分詞〉となる。

☑ **91 will be ＋過去分詞**　「～されるだろう」

> That restaurant **will be closed** at nine.
> （あのレストランは9時に閉店する [閉められる] でしょう。）

▶「～されるだろう」「～される予定だ」と未来のことを表す受け身の文では，〈will be ＋過去分詞〉または〈be going to be ＋過去分詞〉となる。

第**9**章　受け身の文

受け身の疑問文 / 否定文 「～されますか」/「～されない」

☑ 92 **be動詞＋主語＋過去分詞～?** 「～されますか」「～されていますか」

> **Is** Spanish **spoken** in your country?
> —— Yes, it **is**. / No, it **isn't**.
> （あなたの国ではスペイン語が話されていますか。——はい，話されています。/ いいえ，話されていません。）

▶ 受け身の文の疑問文は，be動詞（am [is, are] / was [were]）を主語の前に出し，〈be動詞＋主語＋過去分詞～?〉の形にする。

☑ 93 **When / Whereなど＋be動詞＋主語＋過去分詞～?**

> **When was** this photo **taken**?
> —— It was taken ten years ago.
> （この写真はいつ撮られましたか。—— 10年前に撮られました。）

▶ 疑問詞（when / whereなど）を使った受け身の疑問文は，疑問詞を文の最初に置き，そのあとに受け身の疑問文の形を続ける。

▶ 主語をたずねるときには，〈疑問詞（＋名詞）＋be動詞＋過去分詞～?〉の語順になる。

☑ 94 **be動詞＋not＋過去分詞** 「～されない」「～されていない」

> Eggs **aren't sold** at that store.
> （あの店では卵は売られていません。）

▶ 受け身の文の否定文は，be動詞のあとにnotを置き，〈be動詞＋not＋過去分詞〉の形にする。

注意すべき受け身　　SVOOの文 / SVOCの文 / by以外の前置詞

☑ 95 **目的語が2つある文（SVOO）の受け身**

> # I **was given** a chance by my parents.
> （私は両親からチャンスを与えられました。）

▶ give や teach などのあとに目的語が2つある文（SVOO）では，それぞれの目的語を主語にした2通りの受け身の文が作れる。
> A chance **was given** (to) me by my parents.　[ものを主語にする文]
> （両親から私にチャンスが与えられました。）

☑ 96 **「～を…と呼ぶ」などの文（SVOC）の受け身**

> # He **is called** Prince by his fans.
> （彼はファンからプリンスと呼ばれています。）

▶ call（～を…と呼ぶ）のような文（SVOC）では，目的語を主語にした受け身の文が作れる。C（補語）はそのまま〈be動詞＋過去分詞〉のあとに置かれる。

☑ 97 **by 以外の前置詞があとに続く受け身**

> # I **am interested in** Japanese culture.
> （私は日本の文化に興味があります。）

▶ 〈be動詞＋過去分詞〉という受け身の形のあとに，by以外の前置詞が続く場合がある。be interested in ～「～に興味がある」のように，日本語では受け身の意味にならないことも多いので，注意しよう。

受け身の文では「～される」人やものが主語になるのが基本だよ。

第**9**章

受け身の文

定期試験対策問題 （解答 ➡ p.270）

1 次の（　）内から適する語句を選びなさい。

(1) Baseball（is, are, does）played in many countries.　＿＿＿＿＿＿＿

(2)（Are, Were, Was）these photos taken three years ago?　＿＿＿＿＿＿＿

(3) This computer is not（uses, using, used）very often.　＿＿＿＿＿＿＿

(4) I was（wash, washing, washed）the dishes in the kitchen then.　＿＿＿＿＿＿＿

(5) The next meeting（is be, will be, was be）held next Monday.　＿＿＿＿＿＿＿

2 次の＿＿に，（　）内の語を適する形にして書きなさい。ただし，1語とはかぎりません。

(1) This picture ＿＿＿＿＿＿ by a famous artist fifty years ago.　（paint）

(2) The game ＿＿＿＿＿＿ next week.　（play）

(3) A postcard ＿＿＿＿＿＿ to me by my cousin yesterday.　（send）

(4) The trees ＿＿＿＿＿＿ by ants last year.　（damage）

(5) This song ＿＿＿＿＿＿ by a lot of children these days.　（sing）

3 次の英文を，（　）内の指示にしたがって書きかえなさい。

(1) The summer concert is held every year.　（every yearをlast monthに）

＿＿＿＿＿＿＿＿＿＿＿＿＿＿＿＿＿＿＿＿＿＿＿＿＿＿＿＿＿＿＿＿＿＿＿

(2) This letter was posted yesterday.　（否定文に）

＿＿＿＿＿＿＿＿＿＿＿＿＿＿＿＿＿＿＿＿＿＿＿＿＿＿＿＿＿＿＿＿＿＿＿

(3) Fishing is allowed in this area.　（疑問文と，それにNoで答える文に）

＿＿＿＿＿＿＿＿＿＿＿＿＿＿＿＿＿＿＿＿＿＿＿＿＿＿＿＿＿＿＿＿＿＿＿

(4) This temple was built eight hundred years ago.　（下線部をたずねる文に）

＿＿＿＿＿＿＿＿＿＿＿＿＿＿＿＿＿＿＿＿＿＿＿＿＿＿＿＿＿＿＿＿＿＿＿

(5) My bike was stolen yesterday.　（下線部をたずねる文に）

＿＿＿＿＿＿＿＿＿＿＿＿＿＿＿＿＿＿＿＿＿＿＿＿＿＿＿＿＿＿＿＿＿＿＿

(6) Tadashi was injured in the accident.　（下線部をたずねる文に）

＿＿＿＿＿＿＿＿＿＿＿＿＿＿＿＿＿＿＿＿＿＿＿＿＿＿＿＿＿＿＿＿＿＿＿

4 次の英文を，（　　）で示された語句を主語にして書きかえなさい。

(1) They will announce the winner in the hall. （the winner）

_____

(2) My uncle gave me this watch. （this watch）

_____

(3) My sister found my key in the garden. （my key）

_____

(4) His friends call him Anton. （he）

_____

5 次の＿＿＿に適する語を，下の [　] から選んで書きなさい。

(1) The child's eye were filled _____ tears.

(2) These dolls are made _____ bamboo.

(3) The houses were covered _____ snow.

(4) Akira is very interested _____ science.

(5) The restaurant is known _____ young people.

with	to	in	of

6 次の問いに対する答えとして適するものを，ア〜オから１つずつ選びなさい。

(1) What language is spoken in Canada? _____

(2) Where were you born? _____

(3) Where did you get this pendant? _____

(4) How old is this house? _____

(5) What is your plan for tomorrow? _____

　ア　I was born in Iwate and grew up in Tokyo.
　イ　It was built about a hundred years ago.
　ウ　Mainly English and French.
　エ　I'm going to a concert.　I was invited by my grandparents.
　オ　It was given to me by my best friend.

7 次の日本文の意味を表す英文を，（　　）内の語句を並べかえて作りなさい。

(1) 彼は新しい仕事が気に入っていません。

(is / his new job / he / pleased / with / not).

_____

(2) 彼女の本はファンにどのように迎えられるでしょうか。

(by / her book / will / her fans / how / received / be)?

_____

(3) バターは何から作られますか。

(from / butter / what / made / is)?

_____

(4) あの書店でノートは売られていますか。

(that bookstore / at / notebooks / sold / are)?

_____

(5) 有名なポップスター（pop star）が渋谷で目撃されました。

(in Shibuya / was / pop star / seen / famous / a).

_____

8 次の日本文に合うように，＿＿に適する語を入れなさい。

(1) この食べ物はマカロニ・アンド・チーズと呼ばれています。

This _____ _____ _____ macaroni and cheese.

(2) その小説は1990年に書かれ，翌年に出版されました。

The novel _____ _____ in 1990 and _____ the next year.

9 次の日本文を英語になおしなさい。

(1) これらの部屋は毎日，掃除されます。

_____

(2) 彼女は彼女の友達によって何と呼ばれていますか。

_____

(3) 私たちはその大きな音（the loud sound）に驚きました。

_____

「完了」を表す現在完了

have＋過去分詞「〜したところだ」「〜してしまった」 **188**

98 have just＋過去分詞「ちょうど〜した
ところだ」 188

99 have already＋過去分詞「すでに〜し
てしまった」 189

100 Have＋主語＋過去分詞 〜 yet?「もう〜
してしまいましたか」 190

101 have not＋過去分詞〜 yet「まだ〜して
いない」 191

「経験」を表す現在完了

have＋過去分詞「〜したことがある」 **192**

102 have＋過去分詞「〜したことがある」 ... 192

103 have been to 〜「〜へ行ったことがある」
.... 193

104 Have＋主語＋ever＋過去分詞〜?
「今までに〜したことがありますか」 ... 194

105 How many times 〜?「何度〜したことが
ありますか」 195

106 have never＋過去分詞「一度も〜したこ
とがない」 195

「継続」を表す現在完了

have＋過去分詞「（ずっと）〜している」 **197**

107 have＋過去分詞「（ずっと）〜している」 ... 197

108 Have＋主語＋過去分詞〜?「（ずっと）〜
していますか」 198

109 How long 〜?「どのくらい〜しています
か」 199

110 have not＋過去分詞「（ずっと）〜してい
ない」 200

現在完了進行形

have been 〜ing「（ずっと）〜している」 **201**

111 have been＋動詞のing形「（ずっと）〜
している」（現在完了進行形） 201

● 要点のまとめ 203

● 定期試験対策問題 206

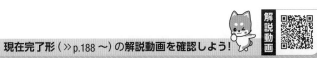

現在完了形（≫ p.188 〜）の解説動画を確認しよう！

解説動画

音声

「完了」を表す現在完了

have＋過去分詞「〜したところだ」「〜してしまった」

98 have just＋過去分詞「ちょうど〜したところだ」

● 現在完了の形と，「完了」を表す用法を学習しよう。

例文 **I have just eaten** breakfast.

私はちょうど朝ご飯を食べたところです。

▶〈have＋過去分詞〉の形を現在完了形という。主語が 3 人称単数なら，〈has＋過去分詞〉となる。

She **has just eaten** breakfast.
（彼女はちょうど朝ご飯を食べたところです。）

▶現在完了形は，過去の動作や状態が現在と関連していることを表す形で，「完了」「経験」「継続」の 3 つの用法がある。

▶〈have [has] just＋過去分詞〉は「ちょうど〜したところだ」の意味。「完了」の用法で，過去に始まった動作がちょうど終わったところであることを表す。

My father **has just come** home.
（父はちょうど家に帰ってきたところです。）

過去分詞の作り方
≫ p.209

（短縮形）
I have → I've
She has → She's など

ポイント

現在の文 **I eat** breakfast at seven every day.
（私は毎日，7 時に朝ご飯を食べます。）

→毎日の習慣。今この時点の状態とは関係ない（今が夜でも言える）。

過去の文 **I ate** breakfast three hours ago.
（私は 3 時間前に朝ご飯を食べました。）

→過去に終わった動作。

現在完了の文 **I have just eaten** breakfast.（私はちょうど朝ご飯を食べたところです。）

→現在と関連のある動作。「食べたところだから現在は満腹」などの含みがある。

188

What shall we do first?　　まず何をしようか。

 How about eating something?　I didn't have time to eat breakfast.　何か食べるのはどう？ 朝ご飯を食べる時間がなかったんだ。

 発音練習

 I'm sorry. **I have just eaten** breakfast. 　　ごめん。朝ご飯を食べたばかりだよ。

 OK. I'll wait until lunch.　　わかった。お昼ご飯まで待つよ。

確認問題 ❶　解答➡p.256

[　]の動詞を参考にして，日本文に合うように，（　）に適する語を入れよう。

1. 私はちょうど彼の手紙を読んだところです。　[read]
   I (　　　　　) just (　　　　　) his letter.
2. バスはちょうど到着したところです。　[arrive]
   The bus (　　　　) (　　　　) (　　　　).

99 have already＋過去分詞「すでに～してしまった」

● already が使われる「完了」を表す文を学習しよう。

例文 **I've already cleaned** my room.
私はすでに部屋を掃除してしまいました。

▶〈have [has] already ＋過去分詞〉は「すでに～してしまった」「もう～してしまった」の意味。これも「完了」の用法で，過去に始まった動作が，今すでに終わっていることを表す。

She **has already written** her Christmas cards.
（彼女はもうクリスマスカードを書いてしまいました。）

⚠ 例文 は「すでに掃除をしたから，今は部屋がきれいだ」という現在の状況を表している。それに対して過去の文は，現在の状況とは無関係。
　　I **cleaned** my room yesterday.（私は昨日，部屋を掃除しました。）
　　→今はまた散らかっているかもしれない。[今の状況と無関係]

+α 現在完了形は現在の状況を表す表現なので，過去の時点を表す語句といっしょに使うことはできない。
　　×I **have cleaned** my room yesterday.
　　（私は昨日，部屋を掃除してしまいました。）

現在完了形は，過去の出来事が現在と関連していることを表す言い方なんだね。

過去の時点を表す語句:
yesterday（昨日）
last year（去年）
ten days ago（10日前）
など

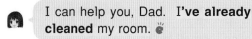

I can help you, Dad. **I've already cleaned** my room. 🎙

手伝えるよ、お父さん。もう自分の部屋は掃除したから。

Will you clean the kitchen?

台所を掃除してくれるかな?

OK. I can make our lunch, too.

わかった。お昼ご飯も作れるよ。

確認問題 ②　解答➡p.256

[　]の動詞を参考にして、日本文に合うように、（　）に適する語を入れよう。

1. エミはもう宿題を終えてしまいました。　[finish]

　Emi (　　　　　) already (　　　　　　) her homework.

2. 私はすでにその質問に答えました。　[answer]

　I (　　　　) (　　　　　) (　　　　　　) the question.

---

100 Have＋主語＋過去分詞～ yet?「もう～してしまいましたか」

● 「完了」の用法の疑問文の形と意味を学習しよう。

例文

Has the taxi **arrived yet**?
—— Yes, it **has**. / No, it **hasn't**.

タクシーはもう到着しましたか。—— はい、到着しました。/ いいえ、到着していません。

▶ 現在完了形の疑問文は、have [has] を主語の前に出す。

▶ 「もう～してしまいましたか」とたずねる場合は、文末に yet を置いて〈Have [Has] ＋主語＋過去分詞～ yet?〉とする。

▶ 答えるときは、have [has] / haven't [hasn't] を使って答える。「いいえ、まだです」は、No, not yet. と言ってもよい。

Have you **eaten** breakfast **yet**? —— No, **not yet**.

（あなたはもう朝ご飯を食べましたか。—— いいえ、まだです。）

「すでに」「もう」の意味は、肯定文では already、疑問文では yet で表す。文中の位置のちがいにも注意しよう。

What are you doing, Mom?

何をしているの、お母さん。

Wait a minute. **Has** the taxi **arrived yet**? 🎙

少し待って。タクシーはもう来た?

Yes, it **has**. It's waiting at the gate.

うん、来たよ。門のところで待っているよ。

190

[　]の動詞を参考にして，日本文に合うように，（　）に適する語を入れよう。

1. あなたはもう切符を買いましたか。── はい，買いました。　[buy]

（　　　　　　　）you（　　　　　　　）the ticket（　　　　　　）?

── Yes,（　　　　　　）（　　　　　　）.

2. 電車はもう発車してしまいましたか。── いいえ，まだです。　[leave]

（　　　　　　　）the train（　　　　　　）（　　　　　　）?

── No, not（　　　　　　）.

101 have not＋過去分詞～ yet「まだ～していない」

● 「完了」の用法の否定文の形と意味を学習しよう。

例文
I **haven't opened** his present **yet**.

私はまだ彼のプレゼントを開けていません。

▶ 現在完了形の否定文は，have [has] のあとにnotを置く。

▶ 「まだ～していない」という意味は，文末にyetを置いて〈have [has] not＋過去分詞～ yet〉の形で表す。

The snow **has not** stopped **yet**.（雪はまだやんでいません。）

（短縮形）
have not → haven't
has not → hasn't

yet は，疑問文では「もう」，否定文では「まだ（～ない）」の意味になる。

会話 でチェック!　→誕生日パーティーが終わりました。

It was a great party.　すばらしいパーティーでした。

What did John give you?　ジョンは何をくれましたか。

I **haven't opened** his present **yet**.　私はまだ彼のプレゼントを開けていません。

Let's open it now.　今開けましょうよ。

発音練習

第 **10** 章

現在完了形

[　]の動詞を参考にして，日本文に合うように，（　）に適する語を入れよう。

1. 私はまだお風呂に入っていません。　[take]

I（　　　　　　）（　　　　　　）a bath（　　　　　　）.

2. クリスはまだ昼食を食べていません。　[eat]

Chris（　　　　　　）（　　　　　　）lunch（　　　　　　）.

「経験」を表す現在完了

have＋過去分詞「〜したことがある」

102 **have＋過去分詞**「〜したことがある」

●過去の事柄を「経験」として伝える現在完了の用法を学習しよう。

> 例文
> # I **have seen** the movie **three times**.
> 私はその映画を3回見たことがあります。

▶ 〈have [has]＋過去分詞〉の形で「(今までに)〜したことがある」という「経験」の意味を表す。

▶ 「経験」を表す現在完了形の文では，回数・頻度などを表す語句が用いられることが多い。

[回数・頻度などを表す語句]

once(1回), twice(2回), three times(3回),
many times(何回も) [3回以上は 〜 times で表す]
before(以前に)
often(しばしば), sometimes(ときどき)

I **have heard** this song **before**.
(私はこの歌を以前に聞いたことがあります。)
She **has often visited** Kyoto.
(彼女はしばしば京都を訪れたことがあります。)

> oftenや
> sometimesは，
> have [has]と過去
> 分詞の間に置くよ。

ポイント

過去の文 I **saw** the movie last night. (私は昨夜，その映画を見ました。)

→過去に終わった動作。「いつ見たか」を伝える場合。

現在完了の文 I **have seen** the movie three times.

(私はその映画を(今までに)3回見たことがあります。)

→「今まで」の経験。「いつ見たか」は関係ない。

※現在完了形はyesterday, last year, ten days agoなど過去の決まった時点を表す語句といっしょに使うことはできない。

I saw the movie *Supercat* yesterday.

映画『スーパーキャット』を昨日見ました。

I love that movie. **I've seen** it **three times**. 🎯

私はあの映画が大好きです。3回見たことがあります。

📝 **確認問題 ⑤** 解答➡p.256

日本文に合うように,（　　）に適する語を入れよう。

1. 私はその本を2回読んだことがあります。

I (　　　　　　) read the book (　　　　　　).

2. ボブは以前にこの歌を歌ったことがあります。

Bob (　　　　) (　　　　　　) this song (　　　　　　).

[103] have been to ～「～へ行ったことがある」

● have been to ～は表現として覚えよう。

例文

I **have been to** that restaurant before.

私は以前にそのレストランへ行ったことがあります。

▶「（今までに）～へ行ったことがある」はhave [has] been to ～で表す。

⚠️「そこへ行ったことがある」は, to ～の代わりにthereを使う。

She **has been there** once.

（彼女はそこへ1回行ったことがあります。）

➕ⓐ goの過去分詞goneを使ったhave [has] gone to ～は,「～へ行ったことがある」の意味を表すこともあるが, ふつうは「～へ行ってしまった（今はここにいない）」という「完了」の意味で使われる。

He **has gone to** India. （彼はインドへ行ってしまいました。）

have beenと
have goneのちがいに注意しよう。

Let's go to the restaurant near your house.

あなたの家の近くのレストランへ行きましょう。

Yes, let's. **I've been to** that restaurant before, and the food was good. 🎯

はい, そうしましょう。以前にそのレストランへ行ったことがあって, 食べ物がおいしかったです。

第**10**章

現在完了形

解答➡p.256

確認問題 ⑥

日本文に合うように，（　）に適する語を入れよう。

1. 私は韓国へ何回も行ったことがあります。

   I've (　　　　　) (　　　　　　　) Korea many times.

104 Have＋主語＋ever＋過去分詞～？「今までに～したことがありますか」

● 「経験」の用法の疑問文の形とeverの使い方を学習しよう。

> **Have** you **ever played** this game?
> ── Yes, I **have**. / No, I **haven't**.
>
> あなたは今までにこのゲームをしたことがありますか。── はい，あります。/ いいえ，ありません。

▶「今までに～したことがありますか」とたずねる場合は，過去分詞の前にeverを置いて〈Have [Has]＋主語＋ever＋過去分詞～?〉とする。

ever（今までに）は
疑問文で使うんだね。

▶ 答えるときは，have [has] / haven't [hasn't] を使って答える。

Has Ken **ever been** to a foreign country?
── No, he **hasn't**.

（ケンは今までに外国へ行ったことがありますか。── いいえ，ありません。）

会話でチェック！ →友達は何をしているのでしょうか。

What are you doing?
何をしてるの？

I'm playing a new video game.
Have you **ever played** this game?
新しいテレビゲームをしてるよ。今までにこのゲームをしたことはある？

No, I **haven't**. Can I try it?
いや，ないよ。やってみてもいいかな。

Sure. It's exciting.
もちろん。わくわくするよ。

確認問題 ⑦ 解答➡p.256

日本文に合うように，（　）に適する語を入れよう。

1. あなたは今までにこのシャンプーを使ったことがありますか。── はい，あります。

   Have you (　　　　　) (　　　　　　　) this shampoo? ──Yes, I (　　　　　).

2. 彼は今までにギターを弾いたことがありますか。── いいえ，ありません。

   (　　　　　) he (　　　　　　　) played the guitar? ──No, he (　　　　　).

105 How many times ～?「何度～したことがありますか」

● 「経験」の回数のたずね方と，その答え方を学習しよう。

> **How many times** have you been there?
> ── Only **once**.
>
>
> あなたはそこへ何回行ったことがありますか。──1回だけです。

▶「何回，何度」とたずねる場合は，How many times か How often で疑問文を始める。

▶ 回数を答えるときは，once，twice，～ times などを使う。

How often have you seen a doctor? ── **Twice** a year.

（医者の診察を何回受けたことがありますか。── 年に2回です。）

会話でチェック！ →町の夏祭りの話をしています。

- Have you ever been to the summer festival?
  今までにその夏祭りへ行ったことがありますか。

- Yes, I have. It's a big festival.
  はい，あります。大きなお祭りです。

- **How many times** have you been there?
  そこへ何回行ったことがありますか。

- Only **once**.
  1回だけです。

✎ 確認問題 ⑧ 解答➡p.256

日本文に合うように，（　）に適する語を入れよう。

1. あなたはこの料理を何回食べたことがありますか。──5回食べたことがあります。

（　　　　　）（　　　　　）times（　　　　　）you eaten this dish?
──I've eaten it（　　　　　）（　　　　　）.

106 have never＋過去分詞「一度も～したことがない」

● never を使った「経験」の用法の否定文の形と意味を学ぼう。

> I **have never talked** to him.
>
>
> 私は一度も彼と話したことがありません。

▶「経験」の用法の否定文は,〈have [has] not＋過去分詞〉でもよいが,「一度も～ない」という意味のneverを用いて〈have [has] never＋過去分詞〉の形がよく使われる。

neverはnotよりも強い否定を表すんだ。

He **hasn't had** kiwi before. （彼は今までにキウイを食べたことがありません。）

He **has never had** kiwi. （彼は一度もキウイを食べたことがありません。）

⚠ neverは「経験」をたずねる疑問文への答えにもよく使われる。
　Have you ever tried Korean food? ── No, **never**.
　（あなたは韓国料理を食べてみたことがありますか。
　──いいえ，一度もありません。）

会話でチェック! →向こうに見える男の子が気になります。 🎧

発音練習

Look at that boy. Who is he?
あの男の子を見て。彼はだれですか。

That's Takuya. He's in Class 1.
あれはタクヤです。彼は1組です。

What is he like?
彼はどんな人ですか。

I don't know. I know his name, but
I**'ve never talked** to him.
わかりません。名前は知っていますが，彼とは一度も話したことがありません。

✏ **確認問題 ⑨** 解答➡p.256

日本文に合うように，（　）に適する語を入れよう。
1. 彼女は今までに流れ星を見たことがありません。
　She (　　　　　) (　　　　　　　) a shooting star before.
2. 私は今までに一度も中国へ行ったことがありません。
　I (　　　　　) (　　　　　) (　　　　　) to China.

　まとめておこう

　　「完了」と「経験」の用法

　　[**完了**] I **have just read** this book. （私はこの本をちょうど読んだところです。）
　　　　　　 I **have already read** this book. （私はこの本をもう読みました。）
　　　　　　 Have you **read** this book **yet**? （あなたはこの本をもう読みましたか。）
　　　　　　 I **haven't read** this book **yet**. （私はまだこの本を読んでいません。）
　　[**経験**] I **have read** this book **before**. （私は以前にこの本を読んだことがあります。）
　　　　　　 Have you **ever read** this book? （あなたは今までにこの本を読んだことがありますか）
　　　　　　 I **have never read** this book. （私は一度もこの本を読んだことがありません。）

「継続」を表す現在完了

have＋過去分詞「（ずっと）～している」

107 have＋過去分詞「（ずっと）～している」

● 過去のある時点からの「継続」を表す現在完了の用法を学習しよう。

> 例文
> # I **have lived** here **for** ten years.
> 私は10年間（ずっと）ここに住んでいます。

▶ 〈have [has]＋過去分詞〉の形で「（今までずっと）～している」「（今までずっと）～である」という「継続」の意味を表す。

▶ 過去に始まった動作や状態が今も続いていることを表し，継続期間を表すfor ～（～の間）や，始まった時点を表すsince ～（～以来，～からずっと）とともに使われることが多い。

> sinceは前置詞（since＋名詞）としても，接続詞（since＋主語＋動詞）としても使える。

ポイント

> 現在の文　I **live** here. （私はここに住んでいます。）
> →「今ここに住んでいる」という現在の状態だけを表す。

> 過去の文　I **lived** here ten years ago. （私は10年前にここに住んでいました。）
> →「10年前に住んでいた」という過去の状態を表す。

> 現在完了の文　I **have lived** here **for** ten years.
> （私は10年間（ずっと）ここに住んでいます。）
> →「10年前から今までずっと」という状態の継続を表す。今もここに住んでいる。

We **have known** him **for** a long time.
（私たちは彼を長い間ずっと知っています。）
[We **know** him. （私たちは（今）彼を知っています。）]
She **has been** busy **since** last month.
（彼女は先月からずっと忙しいです。）
[She **is** busy. （彼女は（今）忙しいです。）]

> 「～から」はfromではなくsinceを使うよ。

会話でチェック! →ジェーンがアメリカから遊びに来ました。

発音練習

Where should I go sightseeing?

どこへ観光に行けばよいでしょうか。

I'll show you around. **I've lived** here **for** ten years, so I know a lot about this town.

私があなたを案内しましょう。私はここに10年間ずっと住んでいるので、この町のことをよく知っています。

Thank you. That will be fun.

ありがとう。楽しくなりそうですね。

確認問題 ⑩ 解答➡p.256

[　]の文を参考にして，日本文に合うように，（　）に適する語を入れよう。

1. 私は数時間ずっと空腹です。 [I am hungry.]

   I (　　　　　) (　　　　　) hungry (　　　　　) a few hours.

2. リンダは2010年から日本に住んでいます。 [Linda lives in Japan.]

   Linda (　　　　　) (　　　　　) in Japan (　　　　　) 2010.

---

108 Have＋主語＋過去分詞～? 「(ずっと)～していますか」

● 「継続」の用法の疑問文の形を学習しよう。

例文

Has she **been** busy since then?
―― Yes, she **has**. / No, she **hasn't**.

彼女はそのときからずっと忙しいのですか。―― はい，忙しいです。/ いいえ，忙しくありません。

▶ 「(ずっと)～していますか」とたずねる場合は，〈Have [Has] ＋主語＋過去分詞～?〉とする。

▶ 答えるときは，have [has] / haven't [hasn't] を使って答える。

Have you **lived** here for ten years? ―― Yes, I **have**.

（あなたはここに10年間住んでいるのですか。―― はい，住んでいます。）

会話でチェック! →友達のお母さんの話をしています。

発音練習

My mother is very busy now. She opened a web store last month.

私の母は今とても忙しいんだ。先月、ウェブストアをオープンしたんだ。

Has she **been** busy since then?

それからずっと忙しいの?

Yes, she **has**. She has a lot of customers.

うん、そうなんだ。お客さんがたくさんいるんだ。

解答➡p.256

確認問題 ⑪

[ ]の文を参考にして，日本文に合うように，(　)に適する語を入れよう。

1. あなたたちは5年間ずっと友達なのですか。　[Are you friends?]

(　　　　　) you (　　　　　) friends (　　　　　) five years?

2. 彼女はそのときからずっと彼を愛しているのですか。　[Does she love him?]

(　　　　　) she (　　　　　) him (　　　　　) then?

109 How long ～?「どのくらい～していますか」

● 「継続」の期間のたずね方と，その答え方を学習しよう。

例文

How long have you been in Japan?
—— **For** a year.

あなたはどのくらい日本にいますか。——1年間です。

▶ 「どのくらい（長く）～していますか」とたずねる場合は，how longを使って，〈How long have [has]＋主語＋過去分詞 ～?〉とする。

▶ 答えるときは，for ～やsince ～を使う。

How long has Yumi known him?
—— She has known him **since** she was ten.

（ユミはどのくらいの間，彼を知っていますか。——10歳のときから知っています。）

会話でチェック！　→イギリス人のメイと知り合いになりました。

Nice to meet you, May.	はじめまして，メイ。
Nice to meet you, too.	はじめまして。
How long have you been in Japan?	あなたはどのくらい日本にいるのですか。
For a year. It's been a wonderful year.	1年です。すばらしい1年でした。

発音練習

確認問題 ⑫

解答➡p.256

日本文に合うように，(　)に適する語を入れよう。

1. あなたたちはどのくらいこの家に住んでいますか。——2年間住んでいます。

(　　　　　) (　　　　　) have you (　　　　　) in this house?

——We've lived (　　　　　) two years.

第10章 現在完了形

110 have not＋過去分詞「（ずっと）～していない」

● 「継続」の用法の否定文の形と意味を学習しよう。

> 例文
> # I **haven't seen** him **for** a long time.
> 私は長い間, 彼に会っていません。

▶「（今までずっと）～していない」という「継続」の用法の否定文は,〈have [has] not＋過去分詞〉で表す。

It **hasn't rained** since last Sunday.
（この前の日曜日からずっと雨が降っていません。）

> 「継続」の用法の否定文は, for ～ や since ～ とともに使われることが多い。

会話でチェック！ →海外からクリスマスカードが届きました。

Who is this Christmas card from?
このクリスマスカードはだれからですか。

From Shinji, my best friend.
親友のシンジからです。

Does he live abroad?
彼は外国に住んでいるのですか。

Yes, he lives in America. **I haven't seen** him **for** a long time.
はい, アメリカに住んでいます。ぼくは長い間, 彼に会っていません。

確認問題 ⑬ 解答➡p.256

日本文に合うように, （ ）に適する語を入れよう。

1. 私は3週間, テレビを見ていません。

I ( ) ( ) TV ( ) three weeks.

2. 彼はこの前の日曜日から, 私に電話してくれません。

He ( ) ( ) me ( ) last Sunday.

まとめておこう

「継続」の用法

I **have lived** here **for** ten years. （私は10年間ここに住んでいます。）
I **have lived** here **since** 2020. （私は2020年からここに住んでいます。）
Have you **lived** here **for** a long time? （あなたは長い間ここに住んでいますか。）
How long have you **lived** here? （あなたはどのくらいここに住んでいますか。）
I **haven't lived** here **since** I was five. （私は5歳のときからここには住んでいません。）

現在完了進行形

 音声

have been 〜ing「（ずっと）〜している」

111 have been＋動詞のing形「（ずっと）〜している」（現在完了進行形）

● 現在完了形と進行形が組み合わさった形と，その意味を学習しよう。

> 例文
> # It **has been raining** since last night.
> 昨夜から（ずっと）雨が降っています。

▶ 現在進行形で表されるような動作が，過去から現在までずっと継続していることを表すのが現在完了進行形。〈have [has] been＋動詞のing形〉の形で「（今までずっと）〜している」の意味になる。

「現在進行形＋現在完了形」で「現在完了進行形」と考えればよい。

▶ 継続期間を表す for 〜（〜の間）や，始まった時点を表す since 〜（〜以来，〜からずっと）とともに使われることが多い。

 ポイント

現在進行形の文 It **is raining** now.（今，雨が降っています。）

→「今，雨が降っている」という現在の動作だけを表す。

〈have [has]＋過去分詞〉＝現在完了形

現在完了形の文 It **has been raining** since last night.

〈be動詞＋動詞のing形〉＝進行形

（昨夜から（ずっと）雨が降っています。）

→「昨夜降り始めて，今も降っている」という動作が続いていることを表す。

They **have been playing** soccer for two hours.
（彼らは2時間ずっとサッカーをしています。）

[They **are playing soccer**.（彼らはサッカーをしています。）]

 復習 現在進行形
≫p.14

I**'ve been waiting** for the bus for a long time.
（私は長い間バスを待っています。）

[I**'m waiting** for the bus.（私はバスを待っています。）]

⚠ 現在完了形の「継続」の用法も，「（ずっと）〜している」という意味を表すが，現在完了形の「継続」の場合は状態を表す動詞が主に用いられる。一方，現在完了進行形では動作を表す動詞が用いられる。

状態を表す動詞：
know（知っている），live（住んでいる），want（ほしい）など

第**10**章
現在完了形

201

▶ 疑問文は〈Have [Has]＋主語＋been＋動詞のing形〜?〉。

Has it **been raining** since last night?

（昨夜からずっと雨が降っているのですか。）

How long **have** you **been waiting**? （あなたはどのくらい待っていますか。）

否定文は〈have [has] not been＋動詞のing形〉という形になる。

会話でチェック! →ニューヨークの天気はどうでしょうか。 🎧

How's the weather in New York today?

今日のニューヨークの天気はどうですか。

It's still raining hard.

雨がまだ激しく降っています。

Oh, it**'s been raining** since last night. ☕

ああ、昨夜からずっと雨が降っているんですね。

Yes. I hope it'll stop soon.

はい。すぐやむといいのですが。

発音練習

✏️ **確認問題 ⑭** 解答➡p.256

[ ]の文を参考にして、日本文に合うように、（ ）に適する語を入れよう。

1. 私は昨日からずっとこの本を読んでいます。 [I am reading this book.]

   I ( ) ( ) ( ) this book since yesterday.

2. ジェーンは2時間ずっと泳いでいます。 [Jane is swimming.]

   Jane ( ) ( ) ( ) for two hours.

まとめておこう

「完了」「経験」「継続」のイメージ

現在完了の3つの用法が「現在」とどうかかわるか、イメージをとらえよう。

[完了] I **have already done** my homework. （私はもう宿題をしてしまいました。）

過去　　　　　　　　　　　　　現在

・・・・・・・・・・・・・・・・▶ I **have** already **done** [現在の状況]

[経験] I **have seen** the movie **twice**. （私はその映画を2回見たことがあります。）

過去　　過去　　　　　　　　　現在

I saw　I saw　　　　　　I **have seen** twice [現在の状況]

[継続] I **have lived** here since last year. （私は去年からここに住んでいます。）

過去 [去年]　　　　　　　　　現在

・・・・・・・ I lived ・・・・・・・▶ I **have lived** since last year [現在の状況]

「完了」を表す現在完了 have＋過去分詞「〜したところだ」「〜してしまった」

☑ **98 have just ＋過去分詞** 「ちょうど〜したところだ」

> I **have just eaten** breakfast. （私はちょうど朝ご飯を食べたところです。）

▶ 〈have ＋過去分詞〉の形を現在完了形という。主語が３人称単数なら，〈has ＋過去分詞〉となる。現在完了形は，過去の動作や状態が現在と関連していることを表す形で，「完了」「経験」「継続」の３つの用法がある。

▶ 〈have [has] just ＋過去分詞〉は「ちょうど〜したところだ」の意味。「完了」の用法で，過去に始まった動作がちょうど終わったところであることを表す。

▶ 〈have [has] already ＋過去分詞〉は「すでに〜してしまった」の意味。これも「完了」の用法で，過去に始まった動作が，今すでに終わっていることを表す。

  99 I've already cleaned my room. （私はすでに部屋を掃除してしまいました。）

☑ **100 Have ＋主語＋過去分詞〜 yet?** 「もう〜してしまいましたか」

> **Has** the taxi **arrived yet**?
> —— Yes, it **has**. / No, it **hasn't**.
> （タクシーはもう到着しましたか。—— はい，到着しました。/ いいえ，到着していません。）

▶ 現在完了形の疑問文は，have [has] を主語の前に出す。

▶ 「もう〜してしまいましたか」とたずねる場合は，文末にyetを置いて〈Have [Has] ＋主語＋過去分詞〜 yet?〉とする。

☑ **101 have not ＋過去分詞〜 yet** 「まだ〜していない」

> I **haven't opened** his present **yet**.
> （私はまだ彼のプレゼントを開けていません。）

▶ 現在完了形の否定文は，have [has] のあとにnotを置く。

▶ 「まだ〜していない」という意味は，文末にyetを置いて〈have [has] not ＋過去分詞〜 yet〉の形で表す。

☑ 102 have ＋過去分詞 　「〜したことがある」

> ### I **have seen** the movie **three times**.
> （私はその映画を3回見たことがあります。）

▶ 〈have [has]＋過去分詞〉の形で「（今までに）〜したことがある」という「経験」の意味を表す。この用法では，回数・頻度などを表す語句が用いられることが多い。

▶ 「（今までに）〜へ行ったことがある」は have [has] been to 〜で表す。
  103 　I **have been to** that restaurant before.
  　　（私は以前にそのレストランへ行ったことがあります。）

▶ 「今までに〜したことがありますか」とたずねる場合は，過去分詞の前に ever を置いて〈Have [Has]＋主語＋ ever ＋過去分詞〜?〉とする。
  104 　**Have** you **ever played** this game? —— Yes, I **have**. / No, I **haven't**.
  　　（あなたは今までにこのゲームをしたことがありますか。—— はい，あります。/ いいえ，ありません。）

☑ 105 How many times 〜? 　「何度〜したことがありますか」

> ### How many times have you been there?
> ### —— Only **once**.
> （あなたはそこへ何回行ったことがありますか。—— 1回だけです。）

▶ 「何回，何度」とたずねる場合は，How many times か How often で疑問文を始める。

▶ 回数を答えるときは，once, twice, 〜 times などを使う。

☑ 106 have never ＋過去分詞 　「一度も〜したことがない」

> ### I **have never talked** to him. 　　　　（私は一度も彼と話したことがありません。）

▶ 「経験」の用法の否定文は，〈have [has] not ＋過去分詞〉でもよいが，「一度も〜ない」という意味の never を用いて〈have [has] never ＋過去分詞〉の形がよく使われる。

「継続」を表す現在完了　　　have＋過去分詞「（ずっと）～している」

☑ 〖107〗 **have ＋過去分詞**　「（ずっと）～している」

> I **have lived** here **for** ten years.
> （私は10年間（ずっと）ここに住んでいます。）

▶ 〈have [has] ＋過去分詞〉の形で「（今までずっと）～している」「（今までずっと）～である」という「継続」の意味を表す。

▶ 過去に始まった動作や状態が今も続いていることを表し, 継続期間を表す for ～（～の間）や, 始まった時点を表す since ～（～以来, ～からずっと）とともに使われることが多い。

▶ 「（ずっと）～していますか」とたずねる場合は,〈Have [Has] ＋主語＋過去分詞～?〉とする。

> 〖108〗 **Has** she **been** busy since then? ── Yes, she **has**. / No, she **hasn't**.
> （彼女はそのときからずっと忙しいのですか。── はい, 忙しいです。 / いいえ, 忙しくありません。）

▶ 「どのくらい（長く）～していますか」とたずねる場合は,〈How long have [has] ＋主語＋過去分詞～?〉とする。答えるときは, for ～や since ～を使う。

> 〖109〗 **How long** have you been in Japan? ── **For** a year.
> （あなたはどのくらい日本にいますか。── 1年間です。）

▶ 「（今までずっと）～していない」という「継続」の用法の否定文は,〈have [has] not ＋過去分詞〉で表す。for ～や since ～とともに使われることが多い。

> 〖110〗 I **haven't seen** him **for** a long time. （私は長い間, 彼に会っていません。）

現在完了進行形　　　have been ～ing「（ずっと）～している」

☑ 〖111〗 **have been ＋動詞の ing 形**　「（ずっと）～している」（現在完了進行形）

> It **has been raining** since last night.
> （昨夜から（ずっと）雨が降っています。）

▶ 現在進行形で表されるような動作が, 過去から現在までずっと継続していることを表すのが現在完了進行形。〈have [has] been ＋動詞の ing 形〉で「（今までずっと）～している」を表す。

▶ 継続期間を表す for ～（～の間）や, 始まった時点を表す since ～（～以来, ～からずっと）とともに使われることが多い。疑問文は, have [has] を主語の前に出して作る。

第10章　現在完了形

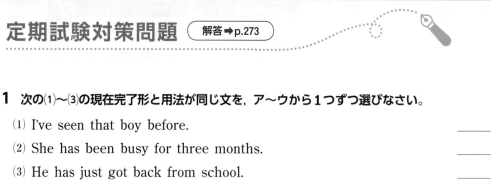

1　次の(1)〜(3)の現在完了形と用法が同じ文を，ア〜ウから１つずつ選びなさい。

(1) I've seen that boy before.　　　　　　　　　　　　　　　————

(2) She has been busy for three months.　　　　　　————

(3) He has just got back from school.　　　　　　　　————

　　ア　Has Mariko ever been to China?
　　イ　Class hasn't started yet.
　　ウ　I have wanted this book since last year.

2　次の問いに対する答えとして適するものを，ア〜エから１つずつ選びなさい。

(1) Have you finished your essay?　　　　　　　　　　————

(2) Has she ever been abroad?　　　　　　　　　　　————

(3) How long have you had this jacket?　　　　　　　————

(4) Have they eaten anything yet?　　　　　　　　　————

　　ア　I've had it for five years.
　　イ　Yes. They've just had salad.
　　ウ　No. I'm working on it now.
　　エ　No. She has never had the chance.

3　次の英文を，(　　)内の指示にしたがって書きかえなさい。

(1) You have lost your wallet.　（疑問文に）

————————————————————————————

(2) They have watched the anime before.　（「今までに〜したことがありますか」とたずねる文に）

————————————————————————————

(3) We have already met the new teacher.　（否定文に）

————————————————————————————

(4) I went to Miho's house yesterday. （「何度も行ったことがある」という意味の文に）

_____

(5) I am waiting. （「今朝からずっと〜している」という意味の文に）

_____

(6) Jack and Mike have been friends <u>for ten years</u>. （下線部をたずねる文に）

_____

(7) Jane has read the book <u>three times</u>. （下線部をたずねる文に）

_____

4 次の日本文の意味を表す英文を，（   ）内の語句を並べかえて作りなさい。ただし，下線の語は適する形に変えること。

(1) あなたは2018年からここに住んでいますか。

(here / <u>live</u> / 2018 / have / since / you)?

_____

(2) 私は両親にその旅行についてまだ話していません。

(my parents / <u>tell</u> / haven't / the trip / yet / about / I).

_____

(3) 彼はこれまでに自分の将来について考えたことがありますか。

(his future / has / ever / he / <u>think</u> / about)?

_____

5 次の各組の文を，＿＿に適する語を入れて現在完了形の文で言いかえなさい。

(1) Mark bought the watch in 2015. He still has it.

→ Mark _____ _____ the watch _____ 2015.

(2) We went to Italy in 2017 and 2019.

→ We _____ been _____ Italy _____ .

(3) Miki started reading the book thirty minutes ago. She is still reading it.

→ Miki has _____ _____ the book _____ thirty minutes.

(4) Sayuri and I became friends a year ago. We are still friends.

→ Sayuri and I _____ _____ friends for a year.

第10章 現在完了形

207

6 次の英文を日本語になおしなさい。

(1) How many times have we heard that story from him?

_____

(2) We have never had a pet.

_____

(3) I've just spoken to your mother.

_____

(4) We have known each other for five years.

_____

7 次の日本文に合うように，____に適する語を入れなさい。

(1) 彼女は足を骨折してしまいました。

She _____ _____ her leg.

(2) 今シーズン，あなたのチームは何回勝ちましたか。—— 実はこれまでのところ全部の試合に負けています。

_____ _____ times has your team _____ this season?

—— Actually, we _____ _____ all the games so far.

(3) あなたはもうテレビゲームをするのをやめましたか。—— すぐにやめます。

_____ you _____ playing the video game yet?

—— I will in a minute.

(4) あなたは1日中どこにいたのですか。

Where _____ you _____ all day?

8 次の日本文を英語になおしなさい。

(1) ケンはもう到着していますか。

_____

(2) 私はその映画を何度も見たことがあります。

_____

(3) 私は今週はまだユウタに電話していません。

_____

動詞の不規則変化

① A—B—C 型　原形 [現在形] ・過去形・過去分詞が３つとも異なるもの

原形	過去形	過去分詞	意味
be [am, is, are]	was, were	been	~である
begin	began	begun	始める
blow	blew	blown	吹く
break	broke	broken	こわす
choose	chose	chosen	選ぶ
do [does]	did	done	する
draw	drew	drawn	描く
drink	drank	drunk	飲む
drive	drove	driven	運転する
eat	ate	eaten	食べる
fall	fell	fallen	落ちる
fly	flew	flown	飛ぶ
forget	forgot	forgot(ten)	忘れる
get	got	got(ten)	得る
give	gave	given	与える
go	went	gone	行く
grow	grew	grown	育つ

原形	過去形	過去分詞	意味
know	knew	known	知っている
lie	lay	lain	横たわる
mistake	mistook	mistaken	まちがえる
ride	rode	ridden	乗る
ring	rang	rung	鳴る
rise	rose	risen	昇る
see	saw	seen	見る
shake	shook	shaken	振る
show	showed	shown [showed]	見せる
sing	sang	sung	歌う
sink	sank	sunk	沈む
speak	spoke	spoken	話す
swim	swam	swum	泳ぐ
take	took	taken	とる
throw	threw	thrown	投げる
wear	wore	worn	着る
write	wrote	written	書く

② A—B—A 型　原形 [現在形] と過去分詞が同じもの

原形	過去形	過去分詞	意味
become	became	become	~になる
come	came	come	来る
run	ran	run	走る

重要な単語ばかりだからしっかり覚えよう。

③ A—B—B 型　過去形と過去分詞が同じもの

原形	過去形	過去分詞	意味
bring	brought	brought	持ってくる
build	built	built	建てる
buy	bought	bought	買う
catch	caught	caught	捕まえる
feel	felt	felt	感じる
fight	fought	fought	戦う
find	found	found	見つける
have [has]	had	had	持っている
hear	heard	heard	聞く
hold	held	held	持つ
keep	kept	kept	保つ
lead	led	led	導く
leave	left	left	去る
lend	lent	lent	貸す
lose	lost	lost	失う
make	made	made	作る
mean	meant	meant	意味する

原形	過去形	過去分詞	意味
meet	met	met	会う
pay	paid	paid	支払う
read [riːd]	read [red]	read [red]	読む
say	said	said	言う
sell	sold	sold	売る
send	sent	sent	送る
shine	shone	shone	輝く
shoot	shot	shot	撃つ
sit	sat	sat	座る
sleep	slept	slept	眠る
spend	spent	spent	過ごす
stand	stood	stood	立つ
teach	taught	taught	教える
tell	told	told	話す
think	thought	thought	考える
understand	understood	understood	理解する
win	won	won	勝つ

④ A—A—A 型　原形[現在形]・過去形・過去分詞が3つとも同じもの

原形	過去形	過去分詞	意味
cut	cut	cut	切る
hit	hit	hit	打つ
hurt	hurt	hurt	傷つける
let	let	let	させる

原形	過去形	過去分詞	意味
put	put	put	置く
set	set	set	置く
shut	shut	shut	閉める

注意すべき表現

付加疑問・否定疑問文・感嘆文

「～ですね」「～ではないのですか」「なんと～」　**212**

- 112 肯定文＋付加疑問「～ですね」 212
- 113 否定文＋付加疑問「～ではないですね」 213
- 114 否定形で始まる疑問文「～ではないのですか」 214
- 115 What ～! / How ～!「なんと～でしょう」 (感嘆文) 215

名詞と冠詞

名詞の種類, a / the の使い方　**217**

- 116 名詞の種類 217
- 117 数えられない名詞の数え方 219
- 118 冠詞 a / an の使い方 220
- 119 冠詞 the の使い方 220

数や量などの表し方

some / any, many / much など　**222**

- 120 some / any「いくつか [いくつかの～]」 222
- 121 many / much「たくさんの～」, a few / a little 「少しの～」 223

代名詞

I / my / me / mine など　**225**

- 122 人称代名詞・所有代名詞・再帰代名詞 225

副詞

副詞の意味と用法　**227**

- 123 副詞の働き 227

前置詞

前置詞の意味と用法　**229**

- 124 前置詞の働き 229
- 125 「時」を表す前置詞 230
- 126 「場所・位置・方向」を表す前置詞 232
- 127 その他の基本的な前置詞 233

● 要点のまとめ 235
● 定期試験対策問題 238

付加疑問・否定疑問文 (≫ p.212 ～) の解説動画を確認しよう！

感嘆文 (≫ p.215 ～) の解説動画を確認しよう！

代名詞 (≫ p.225 ～) の解説動画を確認しよう！

付加疑問・否定疑問文・感嘆文

「～ですね」「～ではないのですか」「なんと～」

112 肯定文＋付加疑問 「～ですね」

●文末に短い疑問形をつけて軽くたずねる表現を学習しよう。

> 例文
> # You are tired, aren't you?
> あなたは疲れていますね。

▶「～ですね」などと相手に軽くたずねたり，念を押したりするために，文の終わりにつける短い疑問形を付加疑問という。肯定文のあとには〈コンマ＋否定の短縮形＋主語?〉という形をつける。

▶be動詞の文では，付加疑問はbe動詞の否定の短縮形 aren't などを使う。主語は，文全体の主語に合わせた代名詞にする。

Mr. Smith is a doctor, **isn't he?**　[Mr. Smith → 代名詞 he]
（スミスさんはお医者さんですね。）

付加疑問の主語になる代名詞：I, you, he, she, it, we, they

ポイント

> 合わせる
> 否定形に →
> You are tired, **aren't you?**
> → コンマ　　　→ クエスチョンマーク

▶一般動詞の文では，付加疑問は〈コンマ＋don't / doesn't / didn't＋主語?〉の形になる。

You like coffee, **don't you?**　[like → don't]
（あなたはコーヒーが好きですね。）

Jane has a dog, **doesn't she?**　[has → doesn't]
（ジェーンはイヌを飼っていますね。）

▶助動詞を含む文では，付加疑問は〈コンマ＋can'tなど＋主語?〉の形になる。

He can swim, **can't he?**（彼は泳ぐことができますね。）

一般動詞の形（3単現や過去形）に応じてdo / does / did を使い分ける。

会話表現 付加疑問の部分を上げて言うと軽くたずねる意味になり，下げて言うと念を押す意味になる。

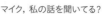

Mike, are you listening to me? | マイク, 私の話を聞いてる？

Sorry, Mom. | ごめんなさい, お母さん。

You're tired, **aren't you?** | あなたは疲れているのね。

Yes. I walked a lot today. | うん。今日はたくさん歩いたよ。

確認問題 ❶ 解答➡p.256

日本文に合うように, （　　）に適する語を入れよう。

1. これはあなたの辞書ですね。　 This is your dictionary, (　　　　　　) it?
2. あなたはそのアップルパイを食べましたね。

　 You ate the apple pie, (　　　　　　) (　　　　　　)?

113 否定文＋付加疑問「〜ではないですね」

●否定文のあとにつく付加疑問の形を学習しよう。

It isn't yours, **is it?**

それはあなたのではないですよね。

▶ 否定文につける付加疑問は，〈コンマ＋肯定形＋主語?〉の形になる。be動詞の場合も一般動詞や助動詞の場合も同じ。

You don't know her, **do you?**（あなたは彼女を知りませんね。）

▶ 答えが肯定の内容なら Yes，否定の内容なら No を使う。日本語の「はい/いいえ」と逆になるので注意しよう。

That isn't yours, **is it?**（それはあなたのではないですよね。）
—— **Yes**, it is.（**いいえ**, 私のです。）［it is＝肯定］
—— **No**, it isn't.（**はい**, 私のではありません。）［it isn't＝否定］

参照 このあとに学習する否定疑問文の答え方と同じように考える。
≫p.214

How do I look in this shirt? | このシャツを着てどう見える？

 Nice, but it isn't yours, **is it?** | すてきだけど, それはあなたのではないよね。

No, it isn't. I borrowed it from my sister. | うん, ちがうよ。お姉ちゃんから借りたんだ。

発音練習

解答➡p.256

確認問題 ❷

日本文に合うように,（　　）に適する語を入れよう。

1. あなたは怒っていませんよね。—— はい,怒っていません。

You aren't angry, (　　　　　) (　　　　　)? —— (　　　　　), I'm not.

2. ケンタは昨日,来ませんでしたね。—— いいえ,来ましたよ。

Kenta didn't come yesterday, (　　　　　) (　　　　　)?

—— (　　　　　), he did.

114 否定形で始まる疑問文「〜ではないのですか」

●否定を含む疑問文の形と,答え方を学習しよう。

> **Aren't** you tired?
> —— Yes, I am. / No, I'm not.
>
> あなたは疲れていないのですか。—— いいえ,疲れています。/ はい,疲れていません。

▶「〜ではないのですか」などと否定の意味を含む疑問文を否定疑問文といい,〈否定の短縮形＋主語〜?〉で表す。否定文の〜n'tを主語の前に出して作る。

You **aren't** tired.（あなたは疲れていません。）[否定文]

Aren't you tired?（あなたは疲れていないのですか。）

You **don't** remember.　[否定文]

（あなたは覚えていません。）

→**Don't** you remember?

（あなたは覚えていないのですか。）

He **can't** swim.　[否定文]

（彼は泳げません。）

→**Can't** he swim?

（彼は泳げないのですか。）

▶答えが肯定の内容ならYes,否定の内容ならNoを使う。日本語の「はい/いいえ」と逆になるので注意しよう。

Isn't it true?（それは本当ではないのですか。）

—— **Yes**, it is.（**いいえ**,本当です。）[it is＝肯定]

—— **No**, it isn't.（**はい**,本当ではありません。）[it isn't＝否定]

日本語に引きずられないように注意しよう。

How long did you walk today? | 今日はどれくらい歩きましたか。

発音練習

For about four hours. | 4時間くらいです。

Aren't you tired? | 疲れていないのですか。

No, I'm not. I walk a lot every day. | はい, 疲れていません。私は毎日たくさん歩くんです。

✎ **確認問題 ❸** 解答➡p.256

日本文に合うように,（　）に適する語を入れよう。

1. 彼らは学生ではないのですか。―― いいえ, 学生です。

（　　　　　　　）（　　　　　　　）students? ―― （　　　　　　　）, they are.

2. 彼女は肉が好きではないのですか。―― はい, 好きではありません。

（　　　　　　　）she like meat? ―― （　　　　　　　）, she （　　　　　　　）.

115 What 〜! / How 〜! 「なんと〜でしょう」（感嘆文）

● 驚きなどの強い気持ちを伝える表現を学習しよう。

例文

What a nice day it is!

なんと天気のいい日でしょう。

▶ 「なんと〜だろう」のように驚きなどの強い気持ちを伝えるために
What 〜!や How 〜!が使われる。これを感嘆文という。

How wonderful life is!

（人生はなんとすばらしいのだろう。）

▶ Whatを使った感嘆文は〈What a [an]＋形容詞＋名詞
＋主語＋動詞!〉の形, Howを使った感嘆文は〈How＋形容詞＋主語
＋動詞!〉の形になる。

語順に注意しよう。

ポイント

What　a　nice　day　it　is　!
What　a [an]　形容詞　名詞　主語　動詞 感嘆符

How　wonderful　life　is　!
How　形容詞　主語　動詞 感嘆符

第**11**章

注意すべき表現

⚠ Howのあとには副詞がくることもある。
　　How fast he ran!（彼はなんと速く走ったのでしょう。）

⚠ 〈主語＋動詞〉は省略されることが多い。
　　What a nice day!（なんと天気のいい日でしょう。）
　　How wonderful!（なんとすばらしいのでしょう。）
　　また，What aのあとに名詞が直接くることも多い。
　　What a surprise!（なんという驚きでしょう［ああ驚いた］。）

➕⍺ What aのあとの語が母音で始まる場合は，What anという形になる。また，
　あとの名詞が複数ならばa [an]はつかない。　　　　　　　　　（用語）母音:a, i, u, e,
　　What an interesting idea!（なんとおもしろい考えでしょう。）　　oなどの音
　　What beautiful pictures they are!　[pictures＝複数形]
　　（それらはなんと美しい絵でしょう。）

会話でチェック!　→昨日は雨が降っていたのですが…。　　　　　　　

👩 It was raining hard yesterday, but this morning it's sunny.　　昨日は激しく雨が降っていましたが，今朝は晴れています。

👩 Yes. **What** a nice day! 🔊　　　　はい。なんと天気のいい日でしょう。

👩 Let's go and walk outside.　　　　外に出て歩きましょう。

✒ **確認問題 ④**　　解答➡p.256

日本文に合うように，（　）に適する語を入れよう。
1. これはなんと美しい花でしょう。　　　　（　　　　　　　）a beautiful flower this is!
2. あのネコを見て。なんとかわいいんでしょう。 Look at that cat.（　　　　　　　）cute!

まとめておこう

🔘　感嘆文と疑問文

🔘　感嘆文に使われるwhatやhowは疑問文でも使われるので，まちがえないように注意
🔘　しよう。主語と動詞の語順のちがいがポイントになる。

🔘　{ **What** time is it?（何時ですか。）[疑問文]
🔘　{ **What** a kind girl she is!（彼女はなんと親切な女の子でしょう。）[感嘆文]

🔘　{ **How** tall is he?（彼の身長はどれくらいですか。）[疑問文]
🔘　{ **How** tall he is!（彼はなんと背が高いんでしょう。）[感嘆文]

名詞と冠詞

音声

名詞の種類，a / the の使い方

116 名詞の種類

●数えられる名詞と数えられない名詞の区別を学習しよう。

例文
I had **milk** and **cookies** for breakfast.
私は朝ご飯に牛乳とクッキーを食べました。

▶ 名詞とは「人やものの名前」を表す言葉で，数えられる名詞と数えられない名詞がある。cookie は「1枚，2枚」と数えられる名詞で，例文 では複数形になっている。milk は一定の形を持たない，数えられない名詞である。

▶ 数えられる名詞は a / an がついたり複数形になったりする。

I have **a dog** and two **cats**.
（私はイヌを1匹とネコを2匹飼っています。）

▶ 数えられない名詞は a / an がつかず，複数形にもならない。つねに単数として扱う。

Love is important. We all need **it**.
（愛情は大切だ。私たちは皆それを必要としています。）

> money（お金）も数えられない名詞だよ。

◆名詞の種類

[数えられる名詞]
boy（男の子），bird（鳥），cookie（クッキー），desk（机）など

[数えられない名詞]
1. 地名・人名など
   Japan（日本），Kyoto（京都），Kate（ケイト），Smith（スミス）など
2. 決まった形を持たない物質など
   milk（牛乳），water（水），air（空気），paper（紙）など
3. 形のない概念など
   love（愛），music（音楽），time（時間），homework（宿題）など

用語
1. ＝固有名詞
2. ＝物質名詞
3. ＝抽象名詞

第**11**章

注意すべき表現

◆名詞の複数形の作り方

ふつうの名詞 →sをつける	book(本) → book**s** cat(ネコ) → cat**s**
s / x / sh / ch で終わる名詞 →esをつける	bus(バス) → bus**es** box(箱) → box**es** dish(皿) → dish**es** watch(腕時計) → watch**es**
〈子音字＋y〉で終わる名詞 →yをiに変えてesをつける	city(市) → cit**ies** baby(赤んぼう) → bab**ies**
f / fe で終わる名詞 →f(e)をvに変えてesをつける	leaf(葉) → lea**ves** knife(ナイフ) → kni**ves**

⚠️ 形が不規則に変化する名詞もある。
　child(子ども) → children　　man(男性) → men
　woman(女性) → women　　foot(足) → feet
　Japanese(日本人) → Japanese　[形が変わらない]

🔁復習　複数形のs
のつけ方は, 3単現のs
のつけ方と似ているので
復習しておこう。≫p.10

oで終わる名詞には, sを
つけるものとesをつけ
るものがある。
piano(ピアノ)
→ pianos
photo(写真)
→ photos
tomato(トマト)
→ tomatoes
potato(ジャガイモ)
→ potatoes

会話でチェック!　→朝ご飯の話をしています。　🎧

発音練習

< What did you have for breakfast?　　朝ご飯に何を食べましたか。

< I had **milk** and **cookies**. 🍎　　牛乳とクッキーです。

< You should eat fruit, too.　　果物も食べたほうがいいですよ。

✏️ **確認問題 ❺**　解答➡p.256

[1] 数えられる名詞を〇, 数えられない名詞を□で囲もう。

1. カップにお茶があります。私はその茶葉を京都で買いました。

　There is some tea in the cup. I bought the leaves in Kyoto.

2. 父はよく「時は金なり」と言います。

　My father often says, "Time is money."

[2] それぞれの語の複数形を(　　)に書こう。

1. song　→ (　　　　　　　)　　2. potato　→ (　　　　　　　)

3. glass → (　　　　　　　)　　4. country → (　　　　　　　)

5. wife　→ (　　　　　　　)　　6. child　　→ (　　　　　　　)

117 数えられない名詞の数え方

● 決まった形のないものを入れ物などで数える方法を学習しよう。

> 例文
> # I'd like **a cup of** coffee.
> カップ1杯のコーヒーがほしいのですが。

▶ 数えられない名詞でも，入れ物などを単位として数えることができる。主な表現を覚えておこう。

a glass of 〜「コップ1杯の〜」
Please give me **a glass of** water. （コップ1杯の水をください。）

a cup of 〜「カップ1杯の〜」
He made **three cups of** tea.
（彼はカップ3杯のお茶を入れました。）

a bottle of 〜「びん1本の〜」
I bought **two bottles of** milk. （私はびん2本の牛乳を買いました。）

a piece of 〜「1つの〜，1切れの〜」
I wrote it on **a piece of** paper. （私はそれを1枚の紙に書きました。）
He told me **a piece of** news.
（彼は私にニュースを1つ話してくれました。）

> 入れ物のほうを複数形にするんだね。

会話でチェック！ →喫茶店に入りました

Can I take your order?	ご注文をお聞きしてもいいですか。
I'd like **a cup of** coffee. ☕	コーヒーを1杯ください。
How about some cake?	ケーキはいかがですか。
No, thank you.	いいえ，けっこうです。

発音練習

確認問題 6　解答➡p.256

日本文に合うように，（　）に適する語を入れよう。

1. 彼女はコップ2杯の牛乳を飲みました。
   She drank two (　　　　　) (　　　　　) milk.
2. 私はそのイヌに1切れのパンをあげました。
   I gave the dog a (　　　　　) (　　　　　) bread.

118 冠詞 a / an の使い方

● 名詞の前につける a / an の使い方を学習しよう。

例文

I study English for **an** hour **a** day.

私は1日に1時間, 英語を勉強します。

▶ a / an は不特定の1つのものを指して,「1つの〜, ある〜」という意味を表す。数えられる名詞の単数形につく。

She lived in **a** small town. (彼女はある小さな町に住んでいました。)

▶ 母音(a, i, u, e, o などの音)で始まる語の前には an をつける。

an apple(1つのリンゴ)　　**an** hour(1時間)

an interesting book(1冊のおもしろい本)

▶ 例文 の a day ように「〜につき」「〜ごとに」の意味も表す。

用語 a / an や the を冠詞という。

発音 hour は h で始まっているが, 発音は [áuər アウァ]と母音で始まるので an をつける。

会話でチェック!　→英語の先生と話しています。

発音練習

How many hours do you study English at home?

英語を家で何時間勉強しますか。

I study it for **an** hour **a** day. I like it.

1日に1時間, 勉強します。英語が好きです。

That's good! Keep going.

それはいいですね！　頑張って続けてください。

✎ **確認問題 7**　解答 ➡ p.256

日本文に合うように,（　　）に a か an を入れよう。

1. 彼は大きな庭のある古い家を持っています。

He has (　　　　　) old house with (　　　　　) big garden.

2. 私は週に1回, 祖母に会います。　I see my grandmother once (　　　　　) week.

119 冠詞 the の使い方

● 名詞の前につける the の使い方を学習しよう。

例文

I have a dog and a cat. **The** cat is black.

私はイヌとネコを飼っています。そのネコは黒いです。

▶ theは特定のものを指して,「その〜」という意味を表す。数えられる名詞にも数えられない名詞にもつく。

▶ 例文のThe catのように前に話題に出てきた語や,その場で何を指すかがわかっている語につく。

Please open **the** window.（窓を開けてください。）
I put **the** shoes in **the** bag.（私はその靴をその袋に入れました。）

「その〜」と特定される場合にtheがつくんだ。

▶ そのほか,次のような場合にも使われる。

名詞が語句に修飾されて,特定される場合

Tokyo is **the** capital of Japan.　［of Japanで特定］
（東京は日本の首都です。）

first / second / last / 最上級などがつく場合

I took **the** first train this morning.（私は今朝,始発電車に乗りました。）

この世に1つしかないものの場合

the earth（地球）　**the** sun（太陽）　**the** world（世界）

「演奏する」というときの楽器名

She can play **the** violin very well.
（彼女はバイオリンをとてもじょうずに弾けます。）

⚠ 「〜というもの」という意味で,あるものの種類全体を指す場合は,冠詞をつけず複数形にするのがふつう。
I like **cats**.（私はネコが好きです。）　［× I like a cat.]
[I like **the** cat. は「私はそのネコが好きです。」の意味。]

注意　次のような表現では冠詞がつかない。
by bus（バスで）
go to school / bed
（学校へ行く / 寝る）
have lunch
（昼食を食べる）

会話 でチェック！　→ペットの話をしています。

Do you have a pet?

ペットを飼っていますか。

発音練習

Yes. I have a dog and a cat. **The** cat is black.

はい。イヌとネコを飼っています。ネコは黒いです。

I have a black cat, too.

私も黒いネコを飼っています。

 確認問題 ⑧　解答➡p.256

日本文に合うように,（　）にa / anかtheを入れよう。
1. 私は学校の図書館から1冊の英語の本を借りました。
　 I borrowed (　　　　　) English book from (　　　　　) school library.
2. これは世界でいちばん高いビルです。
　 This is (　　　　　) tallest building in (　　　　　) world.

第11章

注意すべき表現

数や量などの表し方

some / any, many / muchなど

120 some / any 「いくつか [いくつかの〜]」

●ばくぜんとした数や量を表すsome / anyの用法を学習しよう。

例文

Some of the questions were very easy.

問題のうちのいくつかは，とても簡単でした。

▶ someは肯定文で使い，「いくつか [何人か]，いくらか」という意味を表す。名詞の前に置いて「いくつか [何人か] の〜，いくらかの〜」という意味で使うこともある。

There is **some** water in the glass.
（コップの中に水がいくらかあります。）

> some / anyは日本語に訳さない場合も多い。
> →「コップの中に水があります。」

▶ anyは疑問文（1つでも[1人でも],少しでも）や否定文（1つも[1人も],少しも)で使う。名詞の前に置くこともある。

She didn't eat any of the cake.
（彼女はそのケーキを少しも食べませんでした。）

Do you have any ideas?　[名詞の前]
（何かアイデアはありますか。）

⚠ 人にものを勧めるときなどは，疑問文でも some を使う。
　Would you like **some** tea?（お茶はいかがですか。）

⚠ something / anything, someone [somebody] / anyone [anybody]
　の使い分けも同じ。>> p.134

会話でチェック!　→夜, お母さんと話しています。

発音練習

I had an English test today.
今日, 英語のテストがあったよ。

How did you do?
出来はどうだったの？

I think I did well. **Some** of the questions were very easy. 🍵
よくできたと思う。問題のうちのいくつかは, とても簡単だったよ。

確認問題 ⑨ 解答➡p.256

日本文に合うように，（　　）にsomeかanyを入れよう。
1. 私は今，お金を少しも持っていません。
   I don't have (　　　　　) money now.
2. あなたの本のうちの何冊かを私に貸してください。
   Please lend me (　　　　　) of your books.
3. その男の子たちのうちのだれか1人でも知っていますか。
   Do you know (　　　　　) of the boys?

◆ **数量などを表すその他の注意すべき語句**

all「すべて，すべての〜」
　All of the students were in uniforms.
　（その生徒たちの全員が制服を着ていました。）

each「それぞれ，それぞれの〜」(単数扱い)
　Each of them has a dictionary.
　（彼らのそれぞれが辞書を持っています。）

no「1つも[少しも]〜ない」
　They had **no** food.
　（彼らは食べ物を少しも持っていませんでした。）

one「(〜な)もの」(同じ名詞のくり返しを避ける)
　He ate the big apple and I ate the small **one**.
　（彼は大きいリンゴを食べ，私は小さいのを食べました。）

other「ほかの〜」
　We should learn about **other** countries.
　（私たちはほかの国について学ぶべきです。）

another「別の[もう1つの]もの，別の〜」
　I don't like this shirt. Show me **another**.
　（このシャツは気に入りません。別のを見せてください。）

> eachがつくときは
> 単数扱いになるので，
> 動詞の形に注意が必
> 要だね。

---

121 **many / much**「たくさんの〜」, **a few / a little**「少しの〜」
　● 「数」か「量」かによって語句を適切に使い分けよう。

例文
I have **a few** friends in New York.
私はニューヨークに2，3人の友達がいます。

▶ many / muchはどちらも「たくさんの〜」の意味だが，manyは
数えられる名詞の前に置いて「数」が多いことを表し，muchは数
えられない名詞の前に置いて「量」が多いことを表す。

（参照）数えられる名詞/数えられない名詞 >> p.217

Many students came to the festival.　[「数」を表す]
（たくさんの生徒がそのお祭りに来ました。）

They need **much** money.　[「量」を表す]
（彼らにはたくさんのお金が必要です。）

▶ many / muchの代わりにa lot of, lots ofを使うことができる。
「数」にも「量」にも使える。

（会話表現）

会話などではmany / muchよりa lot ofやlots ofのほうがよく使われる。

She bought **a lot of** chocolate in Hawaii.
（彼女はハワイでたくさんのチョコレートを買いました。）

▶ a few / a littleはどちらも「少しの〜」の意味だが，a fewは数
えられる名詞の前に置いて「数」が少ないことを表し，a littleは
数えられない名詞の前に置いて「量」が少ないことを表す。

Put **a little** sugar in the tea.（お茶に砂糖を少し入れてください。）

⚠ aがつかないfew / littleは「ほとんど〜ない」と否定的な意味を表す。
There were **few** people in the park.
（公園には人がほとんどいませんでした。）
I have **little** homework today.
（私は今日，宿題がほとんどありません。）

aがつかないとまったくちがう意味になるんだね。

会話でチェック！ →友達はどこへ行く予定でしょうか。　

発音練習

I'm going to the United States this summer.

この夏にアメリカへ行くよ。

Do you know anyone there?

あっちでだれかを知っているの？

Yes, I have **a few** friends in New York. 🐾

うん，ニューヨークに友達が2, 3人いるんだ。

✏ **確認問題 ⑩**　解答➡p.256

日本文に合うように，（　）に適する語を入れよう。
1. 空にたくさんの星が見えました。　　　　We saw (　　　　　) stars in the sky.
2. あなたは自由な時間がたくさんありますか。　Do you have (　　　　　) free time?
3. 今日は少し風があります。　　　　　　　There is a (　　　　　) wind today.

代名詞

I / my / me / mineなど

122 人称代名詞・所有代名詞・再帰代名詞

● 「私」「あなた」「それ」などを表す代名詞をまとめよう。

> 例文
> # I introduced **myself** to **her**.
> 私は彼女に自己紹介しました[自分自身を紹介しました]。

▶ I, you, itなどを人称代名詞という。人称代名詞には、主格(〜は、〜が)、所有格(〜の)、目的格(〜を、〜に)の3つの形がある。

▶ mine, yoursなど「〜のもの」という意味を表す語を所有代名詞という。

	単数				複数			
	主格 〜は[が]	所有格 〜の	目的格 〜を[に]	所有代名詞 〜のもの	主格 〜は[が]	所有格 〜の	目的格 〜を[に]	所有代名詞 〜のもの
1人称	I	my	me	mine	we	our	us	ours
2人称	you	your	you	yours	you	your	you	yours
3人称	he she it	his her its	him her it	his hers -	they	their	them	theirs

▶ 〜selfの形で「〜自身」という意味を表す語を再帰代名詞という。

	単数	複数
1人称	myself(私自身)	ourselves(私たち自身)
2人称	yourself(あなた自身)	yourselves(あなたたち自身)
3人称	himself(彼自身) herself(彼女自身) itself(それ自身)	themselves (彼ら[それら]自身)

第**11**章

注意すべき表現

225

▶ 再帰代名詞は，目的語になって「自分自身を[に]」の意味を表す場合や，「自分で」と意味を強める場合に用いられる。

She talked to **herself**.
（彼女は独り言を言いました[自分自身に話しかけました]。）
I did it **myself**. （私はそれを自分でやりました。）

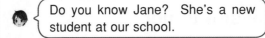

会話でチェック!　→昨日，ジェーンに初めて会いました。

発音練習

Do you know Jane?　She's a new student at our school.

あなたはジェーンを知っていますか。彼女は私たちの学校への転校生です。

Yes, I met her yesterday.

はい，昨日彼女に会いました。

Did you talk to her?

彼女と話しましたか。

Yes, **I** introduced **myself** to her.

はい，私は彼女に自己紹介しました。

確認問題 ⑪　解答➡p.256

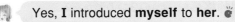

日本文に合うように，（　）に適する語を入れよう。
1. これは彼らのかばんですが，あれは彼らのではありません。
   This is (　　　　　　) bag, but that isn't (　　　　　　).
2. 私は彼女のイヌが好きですが，その名前は知りません。
   I like (　　　　　　) dog, but I don't know (　　　　　　) name.
3. あなたはその手紙を自分で書かなければなりません。
   You must write the letter (　　　　　　).

◆ **指示代名詞**

this 「これ，この」
主に近くのものや人を指す。複数形は these。

　John, **this** is my friend Emily.
　（ジョン，こちらが私の友達のエミリーです。）

　Hello, **this** is Kenta speaking.　[電話で]
　（もしもし，こちらはケンタです。）

that 「あれ[それ]，あの[その]」
主に離れたところのものや人を指す。複数形は those。

　Who is **that** girl?
　（あの女の子はだれですか。）

　Please open **those** windows.
　（それらの窓を開けてください。）

話し手からの距離によって使い分けるんだね。

226

副詞

副詞の意味と用法

123 副詞の働き

●副詞の意味と，文中での位置をまとめよう。

> 例文
> # He **usually** walks **very fast**.
> 彼はたいてい，とても速く歩きます。

▶ 名詞以外の，動詞・形容詞・副詞を修飾するのが副詞である。

▶ 副詞の位置にはおおよそのきまりがある。

  (1)動詞を修飾する場合：文の最後に置く。

    She speaks English **well**.　［wellは動詞speaksを修飾］
    （彼女は英語をじょうずに話します。）

  (2)形容詞や他の副詞を修飾する場合：それらの前。

    John is **very** tall.　［veryは形容詞tallを修飾］
    （ジョンはとても背が高いです。）

  (3)頻度を表す副詞：一般動詞の前，be動詞・助動詞のあと。

    sometimes(ときどき)，often(しばしば)，usually(たいてい)，always(いつも) など

    My father **sometimes** comes home late. ［一般動詞comesの前］
    （父はときどき遅く帰宅します。）

    Mary is **always** careful.　［be動詞のあと］
    （メアリーはいつも慎重です。）

用語 名詞を修飾するのは形容詞。

〈形容詞＋ly〉で副詞になる場合がある。
careful(慎重な)
→ carefully(慎重に)
easy(簡単な)
→ easily(簡単に)
slow(ゆっくりした)
→ slowly(ゆっくりと)

ポイント

　　　　　　　　┌─修飾─┐…(1)文の最後
He **usually** walks **very fast**.
　　　　　　　　　　　└─修飾─…(2)副詞fastの前
└─頻度を表す副詞 …(3)一般動詞の前

⚠ 形容詞と副詞が同じ形の語もある。

	形容詞	副詞
late	遅い	遅く
fast	速い	速く
hard	難しい, 固い	一生懸命に

◆注意すべき副詞

too, either「〜もまた」

too は肯定文・疑問文で, either は否定文で使う。

We're visiting Tom. Will you come, **too**?
（私たちはトムを訪ねます。あなたも来ますか。）

I can't swim. Bob can't swim, **either**.
（私は泳げません。ボブも泳げません。）

too「あまりにも〜, 〜すぎる」

修飾する形容詞・副詞の前に置く。

The book was **too** difficult for me. ［difficultの前］
（その本は私には難しすぎました。）

enough「十分に〜」

修飾する形容詞・副詞のあとに置く。

This room is big **enough** for the party. ［bigのあと］
（この部屋はそのパーティーには十分大きいです。）

> alsoも「〜もまた」の意味を表す。一般動詞の前, be動詞・助動詞のあとに置く。

会話でチェック! →今朝ケンを見かけたのですが…。

発音練習

This morning Ken was walking slowly. | 今朝ケンはゆっくり歩いていました。

Really? He **usually** walks **very fast**. | 本当ですか。彼はたいていとても速く歩きます。

He looked tired. I don't think he could walk fast. | 彼は疲れているようでした。速く歩けなかったんだと思います。

✎ **確認問題 ⑫** 解答➡p.256

日本文に合うように, [ ]の語を入れる位置の番号を○で囲もう。

1. その生徒は英語を一生懸命に勉強しています。 [hard]
   The student is studying ① English ②.

2. 私は放課後にしばしば図書館へ行きます。 [often]
   I ① go to the library ② after school.

3. とても寒いです。部屋は十分には暖かくありません。 [enough]
   It's very cold. The room is not ① warm ②.

228

前置詞

前置詞の意味と用法

124 前置詞の働き

● 前置詞の意味と，文中での働きをまとめよう。

> 例文
>
> # The clock **on** the wall is a little fast.
>
> 壁の時計は少し進んでいます。

▶ at, in, on などの前置詞は，名詞や代名詞の前に置いた〈前置詞＋名詞［代名詞］〉の形で，「時」「場所」などさまざまな意味を表す。

▶ 〈前置詞＋名詞［代名詞］〉は，直前の名詞や代名詞を修飾したり（形容詞の働き），動詞などを修飾したり（副詞の働き）する。

> 形容詞・副詞のどちらの働きをするかは前後関係から判断する。

ポイント

名詞 〈前置詞＋名詞〉
The clock **on** the wall is a little fast. （壁の時計は少し進んでいます。）
└─ 修飾 ─┘ …名詞clockを修飾 ＝形容詞の働き

動詞 〈前置詞＋名詞〉
There is a clock **on** the wall. （壁に時計があります。）
└──── 修飾 ────┘ …動詞isを修飾 ＝副詞の働き

会話でチェック！ →時計を見たら，もう8時です。

 What time are we leaving? 私たちは何時に出ますか。

 At eight. 8時です。

 Oh, we have to leave now. ああ，もう出なくてはなりません。

 No, you don't have to hurry. The clock **on** the wall is a little fast. いいえ，急ぐ必要はありません。壁の時計は少し進んでいます。

発音練習

解答➡p.256

確認問題 ⑬

日本文に合うように，（　　）に ⑫④ で学習した前置詞を入れよう。

1．テーブルの上の本は私のものです。

　The book（　　　　　　）the table is mine.

2．テーブルの上に本があります。

　There is a book（　　　　　　）the table.

⑫⑤ 「時」を表す前置詞

at ＋時刻「〜に」

The movie starts **at** two thirty.

（映画は2時30分に始まります。）

on ＋曜日・特定の日「〜に」

The store is closed **on** Sunday.

（その店は日曜日には閉まっています。）

I was born **on** April 12.

（私は4月12日に生まれました。）

in ＋月・年・季節など「〜に」

It rains a lot **in** June.

（6月には雨がたくさん降ります。）

He wrote the book **in** 2019.

（彼はその本を2019年に書きました。）

⚠ inには「〜たったら，〜後に」という意味もある。

I'll be back **in** a week.

（私は1週間たったら帰ってきます。）

during ＋特定の期間「〜の間（ずっと）」「〜の間に」

Jane stayed in Japan **during** the vacation.

（ジェーンは休暇の間ずっと日本に滞在しました。）

The rain stopped **during** the night.

（夜の間に雨はやみました。）

for ＋期間「〜の間」

Jane stayed in Japan **for** ten days.

（ジェーンは10日間，日本に滞在しました。）

あとにくる語句で，
at, on, inを使い分
けるんだね。

参照　「〜する間に」
は接続詞whileで表す。
≫p.108

until / till 「〜まで（ずっと）」

Yesterday I slept **until** noon.
（昨日，私は昼の12時まで眠りました。）

by 「〜までに」

Do your homework **by** next Monday.
（次の月曜日までに宿題をしなさい。）

before 「〜の前に」

I took a walk **before** dinner.
（私は晩ご飯の前に散歩をしました。）

after 「〜のあとに」

I took a bath **after** dinner.
（私は晩ご飯のあとにお風呂に入りました。）

from 「〜から」

We go to school **from** Monday to Friday.
（私たちは月曜日から金曜日まで学校へ行きます。）

until / till は，動作や状態が「いつまで継続するか」を表す。

(参照) 接続詞until / till ≫ p.110

by は動作などが「完了する期限」を表す。

(参照) 接続詞before ≫ p.109

(参照) 接続詞after ≫ p.109

🖊 **確認問題 ⑭**   解答 ➡ p.256

日本文に合うように，（　　）に 125 で学習した前置詞を入れよう。

1. 私たちは夏に水泳を楽しむことができます。

   We can enjoy swimming (　　　　　) summer.

2. 私は元旦におもちをたくさん食べました。

   I ate a lot of rice cakes (　　　　　) New Year's Day.

3. 母は8時に家を出ました。

   My mother left home (　　　　　) eight.

4. 彼女は1年の間ずっと日本語を話しませんでした。

   She didn't speak Japanese (　　　　　) a year.

5. 彼はその授業の間ずっと何かを考えていました。

   He was thinking of something (　　　　　) the class.

6. 彼らは明日までそのホテルに滞在するでしょう。

   They will stay at the hotel (　　　　　) tomorrow.

7. 6時までに帰って来なさい。

   Come home (　　　　　) six.

8. マイクとトムは放課後にサッカーをしました。

   Mike and Tom played soccer (　　　　　) school.

9. 私たちはクリスマス前はとても忙しいです。

   We are very busy (　　　　　) Christmas.

第 11 章

注意すべき表現

126 「場所・位置・方向」を表す前置詞

at 「〜のところに[で]」(場所を「点」と考える)

Let's meet **at** the school gate.

(校門のところで会いましょう。)

in 「〜の中に[で]」(場所を「広がり」と考える)

My brother lives **in** Sapporo.

(兄は札幌に住んでいます。)

on 「〜の上に[で]」(「表面」への接触)

The cat is sleeping **on** my bed.

(そのネコは私のベッドの上で眠っています。)

under 「〜の下に[で]」

I found the key **under** my bed.

(私はベッドの下でカギを見つけました。)

over 「〜の上を(越えて)」「〜の上をおおって」

The birds flew **over** our heads.

(鳥たちは私たちの頭の上を飛びました。)

He put his hands **over** his face.

(彼は手で顔をおおいました。)

near 「〜の近くに[で]」/ **by** 「〜の(すぐ)そばに[で]」

My house is **near** the station.

(私の家は駅の近くにあります。)

My desk is **by** the window.

(私の机は窓際[窓のすぐそば]にあります。)

to 「〜へ[に]」「〜まで」

She took us **to** the station.

(彼女は私たちを駅へ連れて行ってくれました。)

from 「〜から」

How far is your school **from** here?

(あなたの学校はここからどれくらいの距離ですか。)

into 「〜の中へ」

Alice walked **into** the garden.

(アリスは庭の中へ歩いて行きました。)

for 「〜に向かって」

Mr. Tanaka left **for** London this morning.

(田中さんは今朝, ロンドンに向かって出発しました。)

onは「何かに接して
いる状態」を表すよ。
「壁に(かかっている)」
はon the wallと
なるよ。

byはnearよりも近い地
点を表す。

from A to B「AからB
まで」の形でもよく使う。

around「〜のまわりに [で]」「〜のあたりに [で]」

There were a few hotels **around** the lake.

（湖のまわりには数軒のホテルがありました。）

across「〜を横切って，〜の向こう側に」

The store is **across** the street.

（その店は通りの向こう側 [横切ったところ] にあります。）

along「〜に沿って」

You can see cherry trees **along** the river.

（川に沿って桜の木が見えます。）

📝 **確認問題 ⑮**　解答➡p.256

日本文に合うように，（　　）に **126** で学習した前置詞を入れよう。

1. 私たちは教室でお昼ご飯を食べました。

    We ate lunch (　　　　　) the classroom.

2. バスは赤信号のところで止まりました。

    The bus stopped (　　　　　) a red light.

3. 壁の絵を見てください。

    Look at the picture (　　　　　　) the wall.

4. 橋の下は暗かったです。

    It was dark (　　　　　) the bridge.

5. 私は東京から仙台まで電車に乗りました。

    I took a train (　　　　) Tokyo (　　　　) Sendai.

6. 彼らはビーチに沿って歩きました。

    They walked (　　　　　) the beach.

7. そのイヌはフェンスを飛び越えました。

    The dog jumped (　　　　　　) the fence.

---

127 その他の基本的な前置詞

of「〜の」（所有・所属など）

Mika is the captain **of** our team.

（ミカは私たちのチームのキャプテンです。）

between＋２つのもの [２人の人]「〜の間に [で]」

The girl was standing **between** her parents.

（その女の子は彼女の両親の間に立っていました。）

among＋3つ以上のもの［3人以上の人］「〜の間に［で］」

Butterflies are flying **among** the flowers.

（チョウが花々の間を飛んでいます。）

with「〜を使って」（道具）

She cut the rope **with** a knife.

（彼女はナイフを使ってロープを切りました。）

⚠ 交通手段には by を使う。

I go to school **by** bus.

（私はバスで学校へ行きます。）

for「〜のために」

He bought a present **for** me.

（彼は私のためにプレゼントを買ってくれました。）

about「〜について」

I told Kate **about** my summer vacation.

（私はケイトに，夏休みについて話しました。）

like「〜のような［に］」

I want to be a singer **like** her.

（私は彼女のような歌手になりたいです。）

betweenと
amongのちがいに
注意しよう。

（注意）〈by＋交通手
段〉では，名詞にtheがつ
かないので，×by the
busなどとしないこと。

🖊 **確認問題 ⑯**　解答➡p.256

日本文に合うように，（　　）に **127** で学習した前置詞を入れよう。

1. 名古屋は東京と大阪の間にあります。

   Nagoya is (　　　　　　) Tokyo and Osaka.

2. このゲームは若い人たちの間で人気があります。

   This game is popular (　　　　　　) young people.

3. あなたはこの木の名前を知っていますか。

   Do you know the name (　　　　　　) this tree?

4. それは夢のようでした。

   It was (　　　　　　) a dream.

5. 答えを鉛筆で書きなさい。

   Write your answers (　　　　　　) a pencil.

付加疑問・否定疑問文・感嘆文 「〜ですね」「〜ではないのですか」「なんと〜」

☑ 112 肯定文＋付加疑問 「〜ですね」

> **You are tired, aren't you?**　　　　　　　　（あなたは疲れていますね。）

▶ 「〜ですね」などと相手に軽くたずねたり，念を押したりするために，文の終わりにつける短い疑問形を付加疑問という。肯定文のあとには〈コンマ＋否定の短縮形＋主語?〉という形をつける。

▶ 否定文につける付加疑問は，〈コンマ＋肯定形＋主語?〉の形になる。be動詞の場合も一般動詞や助動詞の場合も同じ。答えは，肯定の内容ならYes，否定の内容ならNoを使う。

　113　It isn't yours, **is it?**（それはあなたのではないですよね。）

▶ 「〜ではないのですか」などと否定の意味を含む疑問文を否定疑問文といい，〈否定の短縮形＋主語〜?〉で表す。答えは，肯定の内容ならYes，否定の内容ならNoを使う。

　114　**Aren't** you tired? —— Yes, I am. / No, I'm not.

　　　（あなたは疲れていないのですか。—— いいえ，疲れています。/ はい，疲れていません。）

☑ 115 What 〜!/How 〜! 「なんと〜でしょう」（感嘆文）

> **What** a nice day it is!　　　　　　　　（なんと天気のいい日でしょう。）

▶ 「なんと〜だろう」のように驚きなどの強い気持ちを伝えるためにWhat 〜!やHow 〜!が使われる。これを感嘆文という。

▶ Whatを使った感嘆文は〈What a [an]＋形容詞＋名詞＋主語＋動詞!〉の形，Howを使った感嘆文は〈How ＋形容詞[副詞]＋主語＋動詞!〉の形になる。

名詞と冠詞 名詞の種類，a / theの使い方

☑ 116 名詞の種類

> I had **milk** and **cookies** for breakfast.
> （私は朝ご飯に牛乳とクッキーを食べました。）

第11章 注意すべき表現

235

▶ 名詞とは「人やものの名前」を表す言葉で，数えられる名詞と数えられない名詞がある。数えられる名詞はa / anがついたり複数形になったりする。数えられない名詞はa / anがつかず，複数形にもならない。つねに単数として扱う。

▶ 数えられない名詞でも，入れ物などを単位として数えることができる。

　⑰　I'd like **a cup of** coffee. (カップ1杯のコーヒーがほしいのですが。)

✓ ⑱ 冠詞a / anの使い方

> I study English for **an** hour **a** day.
> (私は1日に1時間，英語を勉強します。)

▶ a / anは不特定の1つのものを指して，「1つの～，ある～」という意味を表す。数えられる名詞の単数形につく。「～につき」「～ごとに」の意味を表すこともある。

▶ 母音（a, i, u, e, oなどの音）で始まる語の前にはanをつける。

▶ theは特定のものを指して，「その～」という意味を表す。

　⑲　I have a dog and a cat.　**The** cat is black.
　　　(私はイヌとネコを飼っています。そのネコは黒いです。)

数や量などの表し方　　　　**some / any, many / muchなど**

✓ ⑫ some / any 　「いくつか[いくつかの～]」

> **Some** of the questions were very easy.
> (問題のうちのいくつかは，とても簡単でした。)

▶ someは肯定文で使い，「いくつか[何人か]，いくらか」という意味を表す。名詞の前に置いて「いくつか[何人か]の～，いくらかの～」という意味で使うこともある。

▶ anyは疑問文（1つでも[1人でも]，少しでも）や否定文（1つも[1人も]，少しも）で使う。名詞の前に置くこともある。

▶ 「たくさんの～」の意味を表すmanyは数えられる名詞の前に置いて「数」が多いことを，muchは数えられない名詞の前に置いて「量」が多いことを表す。many / muchの代わりにa lot of, lots ofを使うことができる。a lot of, lots ofは「数」にも「量」にも使える。

▶ 「少しの～」の意味を表すa fewは数えられる名詞の前に置いて「数」が少ないことを，

a littleは数えられない名詞の前に置いて「量」が少ないことを表す。

121 I have **a few** friends in New York. (私はニューヨークに2, 3人の友達がいます。)

代名詞　　　　　　　　　　　　　　　　　I / my / me / mineなど

☑ 122 **人称代名詞・所有代名詞・再帰代名詞**

> **I** introduced **myself** to **her**.
> (私は彼女に自己紹介しました[自分自身を紹介しました]。)

▶ I, you, itなどの人称代名詞には，主格（〜は，〜が），所有格（〜の），目的格（〜を，〜に）の3つの形がある。mine, yoursなど「〜のもの」の意味を表す語を所有代名詞という。

▶ 〜selfの形で「〜自身」の意味を表す語を再帰代名詞という。再帰代名詞は，目的語になって「自分自身を[に]」の意味を表す場合や，「自分で」と意味を強める場合に用いられる。

副詞　　　　　　　　　　　　　　　　　副詞の意味と用法

☑ 123 **副詞の働き**

> He **usually** walks **very fast**.　　　（彼はたいてい，とても速く歩きます。）

▶ 名詞以外の，動詞・形容詞・副詞を修飾するのが副詞である。

前置詞　　　　　　　　　　　　　　　　前置詞の意味と用法

☑ 124 **前置詞の働き**

> The clock **on** the wall is a little fast.　　（壁の時計は少し進んでいます。）

▶ 前置詞は，〈前置詞＋名詞[代名詞]〉の形で，「時」「場所」などの意味を表し，直前の名詞や代名詞を修飾したり（形容詞の働き），動詞などを修飾したり（副詞の働き）する。

　　There is a clock **on** the wall. (壁に時計があります。)

第11章　注意すべき表現

解答 ➡ p.275

定期試験対策問題

1 次の（　）内から適切な語句を選びなさい。

(1) You have something to read, (do, did, don't) you?

(2) She can't come, (can, does, can't) she?

(3) That is his bike, isn't (it, that, he)?

(4) You weren't late, (weren't, were, are) you?

(5) These (cookie, cookies) have (butter, a butter) in them.

(6) I bought three bottles of orange (juice, juices) at the store.

(7) I have (some, any) money with me.

(8) Yoko eats (apple, an apple) every day.

(9) Where's Mom? —— She's in (a, the) kitchen.

(10) I bought (a, the) pen yesterday. This is (a, the) pen.

2 次の問いに対する答えとして適するものを，ア～カから1つずつ選びなさい。

(1) Can't you tell me your name?

(2) Isn't that a true story?

(3) Doesn't she live in Japan?

(4) The test was very difficult, wasn't it?

(5) You don't know Mr. Brown, do you?

(6) He can speak Chinese, can't he?

ア Yes, but he's not very good at it.
イ Yes, of course, I can.
ウ Yes, we are friends.
エ No, it was easy.
オ Yes, it happened yesterday.
カ No, she lives in Canada.

3 (1)～(4)の名詞と同じ種類のものを下から選びなさい。

(1) milk　　_____

(2) Taro　　_____

(3) homework　_____

(4) orange　_____

water	Yokohama	music	Jane	air	desk
sugar	computer	foot	health	France	time

4 CとDの関係がAとBの関係と同じになるように，____に適する語を入れなさい。

	A	B	C	D
(1)	child	children	woman	_____
(2)	photo	photos	_____	knives
(3)	she	herself	they	_____
(4)	this	these	that	_____

5 次の____に適する語を，右の☐から選んで書きなさい。ただし，同じものを2度選べません。

(1) Look at the picture _____ the wall.

(2) I waited for you _____ two hours.

(3) She said goodbye and went _____ the house.

(4) You must come home _____ eight o'clock.

(5) I went to Australia _____ the winter vacation.

(6) Let's stay here _____ tomorrow.

(7) Kumi is standing _____ Tom and Ken.

for
until
during
between
on
into
by

6 次の日本文の意味を表す英文を，（　　）内の語句を並べかえて作りなさい。

(1) 彼は昨晩あなたに電話しなかったのですか。

(he / you / didn't / night / call / last)?

_____

(2) 彼はなんとじょうずにピアノを弾くのでしょう。

(he / the piano / how / plays / well)!

_____

(3) なんて彼女は親切な人なのでしょう！

(a / what / person / is / kind / she)!

_____

(4) 私の弟は3切れのケーキを食べました。

(of / ate / three / cake / pieces / my brother).

_____

7 次の日本文に合うように，＿＿に適する語を入れなさい。

(1) その子どもはそれぞれの手にキャンディーを1つずつ持っていました。

The child had a candy in _____ _____.

(2) その事故に関するほかの情報は少しでもありますか。

Do you have _____ _____ information about the accident?

(3) 冷蔵庫には少し食べ物がありました。

There was _____ _____ food in the fridge.

(4) 今日は，私にはたくさん時間がありません。

I don't have _____ _____ today.

(5) 私は少し質問したいことがあります。

I have _____ _____ questions to ask.

(6) これらの靴は山登りに十分なほど強くありません。

These shoes aren't _____ _____ for climbing mountains.

(7) 彼は私たちの家ではいつでも大歓迎です。

He is _____ welcome in our house.

(8) 私たちはきょうだいのようにいっしょに育ちました。

We grew up together _____ brothers and sisters.

(9) 彼女は鏡で自分の姿を見ました。

She looked _____ _____ in the mirror.

重要会話表現

① あいさつをする

Good morning. / Good afternoon. / Good evening.
（おはよう。／こんにちは。／こんばんは。）

Hi. / Hello. （やあ／こんにちは。）

How are you? —— I'm fine, thank you.
（調子はどうですか。——元気です，ありがとう。）

How have you been? —— I've been good.
（元気でしたか。——元気でした。）　［久しぶりに会ったとき］

Goodbye [Good-bye]. / Bye. （さようなら。）

See you. / See you later. （じゃあ，また。）

See you tomorrow. （また明日。）

Good night. （おやすみなさい。）　［夜に別れるとき］

② 人を紹介する / 初対面のあいさつをする

Emi, **this is** my friend Ken.　Ken, **this is** Emi.
（エミ，こちらは友達のケンです。ケン，こちらはエミです。）

Nice to meet you. / I'm glad to meet you.
（はじめまして［お会いできてうれしいです］。）

How do you do? （はじめまして。）　［堅苦しい言い方］

> このmeetは「〜と知り合いになる」の意味だよ。

③ お礼を言う

Thank you for your help. —— You're welcome.
（手助けをありがとう。——どういたしまして。）

Thanks a lot. （どうもありがとう。）　［くだけた言い方］

It's kind of you to help me.
（手伝ってくれてありがとうございます。）

④ おわびする

I'm sorry for my mistake. —— It's OK.
（まちがえてすみませんでした。——いいんですよ。）

I'm sorry about yesterday. （昨日のことはすみませんでした。）

I'm sorry to trouble you. （迷惑をかけてすみません。）
I'm sorry (that) I'm late. （遅刻してすみません。）
Excuse me. （ごめんなさい。）　[体が触れたときなどの軽いおわび]
I apologize. （おわびいたします。）　[あらたまったていねいな謝罪]

⑤ 聞き返す

I beg your pardon? / Pardon me? / Pardon?
I'm sorry? / Excuse me?
（何とおっしゃいましたか。）
What did you say? （何と言ったのですか。）
Could you say that again, please?
（もう一度言っていただけますか。）

⑥ あいづちをうつ

[肯定したり，驚いたりする]
I'm interested in music. —— Oh, **are you?**
（私は音楽に興味があります。——ああ，そうなんですね。）
Me, too. （私もそうです。）
I see. （なるほど。）
I understand. （わかります。）
That's right. （その通りです。）
That's great. （すごいですね。）
Is that so? （そうなんですか。）
Really? （本当ですか。）
No kidding. （冗談でしょう。）

いろんな場面で使ってみよう。

[賛成・反対を伝える]
I agree (with you). （あなたに賛成です。）
I think so, too. （私もそう思います。）
I disagree (with you). （あなたに反対です。）
I don't think so. （私はそう思いません。）

[なぐさめる]
That's too bad. （それはいけませんね。）
Don't worry. （心配しないで。）

❼ 言葉の間をつなぐ

Well ... (ええと…, あの…)
Let me see ... / **Let's see** ... (ええと…, そうですね…)
I mean ... (つまり…, いやその…)
You know ... (ねえ…, ほら…)
By the way ... (ところで…)

❽ 勧誘・提案する

[「〜しましょう」「〜しませんか」と相手を誘う]
Let's play cards, **shall we?**
= **Shall we** play cards?
—— Yes, let's.
(トランプをしましょう。——はい, しましょう。)
Why don't we sit and talk? (座って話しませんか。)

[「〜はいかがですか」と相手に勧める]
How about a cup of tea? (お茶を1杯いかがですか。)
= **Would you like** a cup of tea? [ていねいな言い方]
How about eating out? (外食するのはいかがですか。)
= **Would you like to** eat out? [ていねいな言い方]
Why don't you come in? (入って来ませんか。)

[「(私が)〜しましょうか」と相手に提案する]
Shall I help you?
= **Do you want me to** help you?
—— Yes, please.
(お手伝いしましょうか。——はい, お願いします。)

❾ 依頼する

Please come again tomorrow.
= Come again tomorrow, **please**.
(明日また来てください。)
Can you help me a little? / **Will you** help me a little?
(ちょっと手伝ってくれませんか。)
Could you wait a few minutes? / **Would you** wait a few minutes?
(2〜3分ほどお待ちいただけませんか。)

⚠ 答えるときは次のように言う。
　　All right. (わかりました。) / Sure. (いいですよ。)
　　Sorry, I can't. (すみません，できません。) など

⑩ 許可を求める

Can I use the bathroom? (トイレを借りてもいいですか。)

Could I ask you something? (おたずねしてもよろしいですか。)

May I sit here? (ここに座ってもよろしいですか。)

⚠ 答えるときは次のように言う。
　　Of course. (もちろんです。) / Sure. (いいですよ。)
　　I'm sorry, you can't. (すみません，だめです。) など

⑪ 意見・感想をたずねる

How was your summer vacation?

—— It was really exciting.

(夏休みはどうでしたか。——本当にわくわくしました。)

How do you like this shirt? —— I love it.

(このシャツをどう思いますか。——大好きです。)

What do you think about my plan?

—— Well, I don't think it will work.

(私の計画をどう思いますか。——ええと，うまくいくとは思いません。)

> ×<u>How</u> do you think about ～? とは言わないよ。

⑫ 希望・関心を伝える

[希望・願望を伝える]

I really **want to** learn about history.

(私は歴史について本当に学びたいです。)

I'd like to study abroad.

(私は留学したい[海外で勉強したい]と思っています。)

My dream [hope] is to open a restaurant.

(私の夢[希望]はレストランを開くことです。)

I hope you do well on the test.

(あなたがテストでうまくいくといいですね。)

[興味・関心を伝える]

I like to watch wild birds. (私は野鳥を見るのが好きです。)

I'm very **interested in** foreign cultures.

(私は外国の文化にとても興味があります。)

244

My favorite sport **is** skiing.
（私のいちばん好きなスポーツはスキーです。）

What do you like about Japan?
── I think Japanese food is wonderful.
（日本の何が好きですか。──日本食がすばらしいと思います。）

表現の幅を
広げよう！

❸ 電話をかける／受ける

［電話をかけた側の表現］

Hello. This is Yuri. **May I speak to** John, **please?**
── **Speaking.**
（もしもし。ユリですが，ジョンをお願いします。──私です。）

Is this Mr. Brown?（ブラウンさんでしょうか。）

Is Helen **in**?（ヘレンはいますか。）

May I leave a message for her?
（彼女に伝言をお願いしてもよろしいですか。）

I'll call back later.（あとでかけなおします。）

［電話を受けた側の表現］

This is John **speaking**.（ジョンです。）

Who's speaking, please?（どちら様ですか。）

May I have your name, please?
（お名前をお聞きしてもよろしいでしょうか。）

Hold on, please.（お待ちください。）

Shall I take a message?（伝言をうかがいましょうか。）

You have the wrong number.（番号をおまちがえですよ。）

Thank you for calling.（お電話ありがとう。）

❹ 買い物をする

May I help you?
── Yes, please. I'm looking for a T-shirt.
（いらっしゃいませ［何かお探しですか］。──はい，お願いします。Ｔシャツを探しています。）

How about this red one? ── It looks nice. Can I **try** this **on**?
（この赤いのはいかがですか。──すてきですね。試着してもいいですか。）

What size are you looking for?
── Do you have anything bigger than this?
（どんなサイズをお探しですか。──これより大きいのはありますか。）

I'll take it. How much is it?
—— It's 2,500 yen. **Here's your change.**
(それを買います。いくらですか。——2,500円です。はい，おつりです。)

Could you wrap it up?
—— Sure. **Here you are.**
(包んでいただけますか。——もちろんです。はい，どうぞ。)

⑮ 道をたずねる／教える

[道をたずねる]

Could you tell me the way to the station?
(駅へ行く道を教えてくださいませんか。)

How can I get to the art museum?
(美術館へはどうやって行けますか。)

Do you know where the city library is?
(市立図書館がどこにあるかご存じですか。)

Is there a bank **around here**?
(このあたりに銀行はありますか。)

Is this the right way to the stadium?
(これはスタジアムへ行く正しい道ですか。)

How long does it take to get to the zoo?
(動物園まではどれくらい時間がかかりますか。)

[道案内をする]

I'm going that way. **I'll show you.**
(そちらへ行くところです。ご案内しましょう。)

Go straight this way for two blocks.
(こちらのほうへまっすぐ2ブロック行ってください。)

Turn left at the third traffic light. **You'll see** it on your left.
(3つ目の信号で左へ曲がってください。左側に見えます。)

It's about ten minutes **from here**.
(ここから10分くらいです。)

tellは「言葉で教える」，showは「連れて行ってあげる」というちがいがあるよ。

リスニング問題 …………………… **248**

文法・語法問題 …………………… **249**

読解問題 …………………… **251**

英作文問題 …………………… **253**

入試対策編

学んできたことが
身についているかを
知るための力試しだね！

これまでに学んできた文法の知識を生かして，
入試問題に挑戦してみましょう。
入試問題では，文法の知識に加えて，
語い力，リスニング力，読解力などが試されます。
わからないときは，問題の右側にあるヒントを参考にしましょう。
また，まちがってしまったときは，
ちゃんと解説を読んで，疑問を残さないことが大切です。

入試対策問題 （解答➡p.277）

リスニング問題

1 次の(1)と(2)について，それぞれ対話を聞き，その内容についての質問の答えとして最も適当なものを，それぞれア〜エから選びなさい。〔北海道〕

音声

(1)

ア	イ	ウ	エ

(2)

Convenience Store	エ		Flower Shop				Convenience Store	ア

| | | | | Hospital | | | | Flower Shop |
| | | | Flower Shop | | | | | |

| | | ウ | Convenience Store | | Hospital | | Convenience Store | イ |

★←二人が対話している場所

S t a t i o n

2 英文を聞いて，質問に合う答えを，図や表の中から抜き出して答えなさい。〔福岡県*〕

音声

(1)

⚽ Soccer Games

November 25	December 2
11:00 Team A - Team D	10:00 Team C - Team D
15:00 Team B - Team C	14:00 Team A - Team B

(2)

Japanese Culture Experience

	10:00	11:00	12:00	13:00	14:00
Tuesday	Taiko	Cooking			
Wednesday			Origami	Tea Ceremony	
Thursday			Taiko	Cooking	
Friday	Taiko	Origami			

解き方のヒント

(1)だれが何を食べたかを集中して聞き取ろう。

(2)2つある病院のどちらのことを指しているのかがポイント。

まずは図・表の見出しを見て，何についてのものかをすばやく把握しよう。

(1)どのチームの試合時間がたずねられているかがポイント。

(2)時と興味の対象に注意して聞く。

文法・語法問題

1 次の(1)〜(6)の日本語の文の内容と合うように，英文中の（　　）内のア〜ウからそれぞれ最も適しているものを1つずつ選び，記号を〇で囲みなさい。〔大阪府〕

(1) その日は，くもっていました。

It was（ ア cloudy　イ hot　ウ sunny ）on that day.

(2) その店は郵便局とスーパーマーケットの間にあります。

The store is（ ア between　イ from　ウ to ）the post office and the supermarket.

(3) その地域にはたくさんの良いレストランがあります。

There（ ア be　イ is　ウ are ）many nice restaurants in the area.

(4) 私は彼の意見を注意深く聞きました。

I（ ア listen　イ listened　ウ listening ）to his opinion carefully.

(5) このコンピュータはあのコンピュータよりも新しいです。

This computer is（ ア new　イ newer　ウ newest ）than that computer.

(6) 私は今日，たくさんの宿題をしなければなりません。

I must（ ア do　イ doing　ウ to do ）a lot of homework today.

2 次の(1)・(2)の対話の内容から考えて，それぞれの　□　に当てはまる適切な英語1語を書きなさい。ただし，　□　内に示した文字で書き始めること。〔高知県〕

(1) *Mary:* What did you do after school yesterday?

Kumi: I went to the l□□□ and borrowed some books.

Mary: Really?　I was also reading books there.

(2) *Akira:* Did you watch the soccer game on TV last night?

Bill:　No, I didn't.　I heard that it was a good game.

Akira: Yes.　I was so e□□□ because the Japanese team won the game.

解き方のヒント

(3) be動詞のあとの名詞に注目。
>> p.78

(4)「聞きました」なので過去の文。
>> p.20

(5) 2つのものを比較するときの形容詞の形は？
>> p.152

(6) 助動詞のあとの動詞の形は？
>> p.60

(1)「本を借りた」「本を読んでいた」がヒント。

(2)「よい試合」で「日本チームが勝った」からアキラはどんな気持ちになったか。
>> p.180

3 次の(1)・(2)の対話について，それぞれの対話が完成するように，(　　)の中に入る最も適切なものを，1〜4から選び，記号を書きなさい。

〔山口県〕

(1) *A:* John, be (　　). Look. That baby is sleeping.

　　B: Oh, sorry.

　　1 famous　　　2 small　　　3 cloudy　　　4 quiet

(2) *A:* I think young people should go abroad if they have a chance.

　　B: I (　　) with you. That experience will be useful in the future.

　　1 open　　　2 agree　　　3 think　　　4 return

(1)赤ちゃんが寝ているときにはどうしたらいいか。
≫p.13
(2)BはAの意見に対してどう考えているか。

4 次の(1)〜(5)のそれぞれの対話文を完成させなさい。ただし，(　　)の中のア〜オを正しい語順に並べかえ，その順序を記号で示しなさい。

(1) *A:* Look! Are these all comic books?　〔千葉県〕

　　B: Yes. This (ア kinds　イ many　ウ of　エ shop　オ sells) comic books.　_____

(2) *A:* Why (ア with　イ don't　ウ have　エ you　オ dinner) us this evening?　〔千葉県〕

　　B: Thank you. I will.　_____

(3) *A:* Your brother is really tall!

　　B: But (ア not　イ is　ウ as　エ tall　オ he) as our father.

　　_____

(4) *A:* It was very stormy last night.

　　B: Yeah, (ア by　イ some　ウ broken　エ were　オ windows) the wind.　_____

(5) *A:* I saw you at the station yesterday.

　　B: Did you? I (ア to　イ there　ウ my　エ meet　オ was) friend.　_____

(1)まず主語と動詞を見つける。

(2)人を誘うときの表現。

(3)「AはBほど〜ではない」
≫p.162

(4)byはどんな意味？
≫p.171

(5)不定詞で表す。
≫p.130

読解問題

1 次の英文は，レイクホテル（Lake Hotel）の利用案内の一部です。これを読んで，問いに答えなさい。〔北海道〕

Lake Hotel Information

■ *Floor Information*

Floor	*Guest Rooms	*Facilities (Open Hours)
fifth	501-540	
fourth	401-440	
third	301-330	meeting room (9:00-21:00)
second		pool (15:00-21:00) *karaoke* room (17:00-23:00)
first		restaurant (6:30-20:30) convenience store (24 hours)

◎ You can use these facilities during your stay.
◎ Please ask the *front desk when you use the meeting room or the *karaoke* room.

■ *Room Information*
  ◎ Please take your room *key with you when you leave the room.
  ◎ Please put your important things in the *safe.

注：floor 階，フロア　　guest room（s）客室　　facility（facilities）施設
　　front desk （ホテルの）フロント，受付　　key かぎ　　safe 金庫

次の(1)，(2)の英文について，本文の内容から考えて，□に当てはまる最も適当なものを，それぞれア〜エから選び，記号を書きなさい。

(1) At Lake Hotel, you can □.

　ア stay in a guest room on the first floor

　イ enjoy swimming in the pool on the fourth floor

　ウ eat breakfast at the restaurant from 6:00 a.m

　エ buy things at the convenience store at any time

(2) If you want to use □, you must tell the front desk.

　ア the facility on the third floor

　イ your important things in the safe

　ウ your room key on the second floor

　エ the facility on the top floor

解き方のヒント

まず問題文(1)(2)を先に読んで，何が問われているかを確認する。

各フロアにある施設と，その利用時間に注目する。

下の注意書きの部分にも重要な情報が書かれている。

入試対策編

入試対策問題

2 次の英文と，ピアノのレッスンの案内（Leaflet）について，あとの
Questionの答えとして最も適するものを，1〜5の中から1つ選び，
その記号を書きなさい。〔神奈川県〕

解き方のヒント

Akari is a high school student and she is sixteen years old. Now, she is talking with her mother. Akari wants to start taking piano lessons.

⚠ 会話文を読む前に，冒頭の場面設定を示した英文を読み，ピアノのレッスンの案内にある表の内容も大まかにつかんでおく。さらに下のQuestionを頭に入れた上で，会話文を読む。

Akari: Mom, I got this leaflet at the station and I want to take one of these piano lessons.

Mother: Oh, that's great. How often do you want to go?

Akari: I want to take a lesson every Thursday.

Mother: What time would you like?

Akari: I want to go after school from 4:30 to 5:00 p.m.

Mother: OK. Playing the piano will be a lot of fun!

Akari: Thank you, Mom.

Mother: When do you want to start?

Akari: Next month, in May.

Leaflet

Piano Lessons *Monthly Price			
	Thursday or Friday Two lessons every month 30 minute lessons	Every Tuesday or Thursday 30 minute lessons	Every Monday, Thursday, or Saturday 60 minute lessons
3〜6 years old	4,000 *yen	7,000 yen	10,000 yen
7〜12 years old	4,500 yen	8,000 yen	12,000 yen
13〜15 years old	5,000 yen	9,000 yen	14,000 yen
16〜18 years old	5,500 yen	10,000 yen	16,000 yen
19 years old〜	6,000 yen	11,000 yen	18.000 yen

• You *pay only 50% of the first monthly price.
• You need to pay 3,000 yen for the music book in the first month.

注：Monthly Price　月謝　　yen　円　　pay〜　〜を払う

Question: How much will Akari pay for May?

　　1. 5,500 yen.　　2. 5,750 yen.　　3. 8,000 yen.

　　4. 11,000 yen.　　5. 13,000 yen.

英作文問題

次の1~4の会話の流れに合うように，（ ① ），（ ② ）に入る英文を，それぞれ3語以上の1文で書きなさい。なお，あとの注を参考にしなさい。

〔長崎県〕

解き方のヒント

⚠ 会話は台所で行われていることをまず把握すること。

⚠ 見出しにある「男の子と母親の会話」も重要な情報。

【男の子と母親の会話】

1 (①)?

2 I'm making a cake. Oh, please bring me some eggs from the refrigerator.

3 Sure.
(②)?

4 I need three. Thank you.

注：refrigerator 冷蔵庫

① _____?

② _____?

be 動詞の文（現在）　`p.7～9`

❶ 1. I'm, She's　　2. are
❷ 1. Are, I am　　2. Is, she isn't [she's not]
❸ 1. We aren't [We're not]　　2. is not

一般動詞の文（現在）　`p.10～12`

❶ 1. play　　2. studies　　3. live　　4. has
❷ 1. Do you, I don't
　　2. Does, clean, he does
❸ 1. don't want　　2. doesn't have

命令文　`p.13`

❶ 1. Be　　2. Stop, please　　3. Don't be
　　4. Let's go

現在進行形の文　`p.14～15`

❶ 1. are using　　　　2. is running
❷ 1. Is, taking, is
　　2. Are, swimming, they aren't [they're not]
❸ 1. are not waiting　　2. isn't doing

疑問詞で始まる疑問文　`p.16～18`

❶ 1. What does　　2. When do
❷ 1. What time, ten twenty
　　2. Whose shoes, mine
　　3. Which, goes, does
❸ 1. When, It's　　2. Why, Because
　　3. How many, ten

第1章 **過去の文**　`p.20～35`

❶ 1. played, studied　　2. danced
　　3. stopped
❷ [1] 1. saw　　2. spoke　　3. wrote
　　　　4. read
　　[2] 1. listens, listening, listened
　　　　2. studies, studying, studied
　　　　3. stops, stopping, stopped
　　　　4. dances, dancing, danced
　　　　5. starts, starting, started
　　　　6. does, doing, did
　　　　7. has, having, had

8. makes, making, made
9. sits, sitting, sat
10. tells, telling, told
11. says, saying, said
12. cuts, cutting, cut
13. comes, coming, came
14. runs, running, ran

❸ 1. Did, play, did　　2. Did, see, didn't
❹ 1. When, finish　　2. What, did
❺ 1. didn't study　　2. did, say
❻ 1. was　　　　　　　2. were
❼ 1. Were the children, weren't
❽ 1. Where were　　2. How was
❾ 1. wasn't　　2. was not　　3. weren't
❿ 1. was raining　　2. were running
⓫ 1. Was, listening, he was
　　2. Were, waiting, wasn't
⓬ 1. What was, She was
　　2. What were, eating [having], were eating [having]
⓭ 1. wasn't looking　　2. was not raining
　　3. weren't talking

第2章 **未来の文**　`p.44～53`

❶ 1. am going　　2. is going to
❷ 1. is going to
❸ 1. Are you going　　2. Is, going to
❹ 1. What are, going, going to
　　2. What, are, going
❺ 1. aren't going to
❻ 1. We will　　2. I'll play
❼ 1. will be　　2. will call
❽ 1. Will Tom go, he will
　　2. Will you be, I [we] won't
❾ 1. Where will, will study
　　2. How, will, will be
❿ 1. will not　　2. won't be

第3章 **助動詞**　`p.60～71`

❶ 1. can play　　2. can't [cannot] speak
❷ 1. could see　　2. could not

❸ 1. Can I　　　　　2. Can you
❹ 1. May I　　　　　2. may not
❺ 1. may be　　　　　2. may not
❻ 1. must go
❼ 1. has to　　　　　2. doesn't have to
❽ 1. must have
❾ 1. should read　　　2. should not
❿ 1. 私のためにスーパーへ行っていただけませんか。
　　　―ごめんなさい，今は時間がありません。
　　2. 窓を開けてくれませんか。―わかりました。
⓫ 1. Would, like　　　2. I'd like
⓬ 1. Shall I　　　　　2. Shall we

第4章 There is ～. の文　p.78～84

❶ 1. There is　　　　　2. There's, under
❷ 1. There are, books
　　2. There are, children
❸ 1. There was　　　　2. There were
❹ 1. Is there, there is
　　2. Were there, there weren't
❺ 1. How many eggs
　　2. many students were
❻ 1. There isn't　　　2. aren't, eggs
❼ 1. are no buses　　　2. There is no

第5章 文型を作る動詞　p.90～97

❶ 1. boy, vet　　　　　2. We, friends
　　3. It, cloudy
【訳】1. その男の子は獣医になりました。　2. 私たちは
　　いい友達になりました。　3. 午後にはくもりになり
　　ました。
❷ 1. looks　　　　　2. look like
❸ 1. get　　2. sound　　3. feel
❹ 1. give her, present
❺ 1. story to them
❻ 1. fish salmon　　　2. named, dog
❼ 1. you happy　　　2. made her

第6章 接続詞　p.104～117

❶ 1. and　　　　　2. or

❷ 1. but　　2. so　　3. but
❸ 1. When, when you called
　　2. When, when I'm sad
❹ 1. while, While I was
❺ 1. before　　2. After　　3. before
❻ 1. until [till]
❼ 1. If　　　　　2. if, are
❽ 1. because　　　2. if
❾ 1. think that　　　2. know
❿ 1. tell, that　　　2. us that
⓫ 1. that　　　　　2. glad [happy]
⓬ 1. was　　　　　2. lived

第7章 不定詞と動名詞　p.126～143

❶ 1. want to be　　　2. Did, want to
❷ 1. to cook　　　　2. began [started] to
❸ 1. like to　　　　2. Would, like to
❹ 1. to help [save]　　2. is to go
❺ 1. to be [become]　　2. to play
❻ 1. to hear　　　2. to see [meet]
　　3. sad to hear
❼ 1. to study　　　2. time to
❽ 1. something to　　2. to say
❾ 1. how to use　　　2. what to write
　　3. where to wait
❿ 1. It, to speak [talk]　2. it, to read
⓫ 1. you, move　　　2. told, to stand
　　3. asked me, make
⓬ 1. enjoy playing　　2. finished doing
　　3. likes cooking
⓭ 1. good at using　　2. for coming
　　3. How about playing
⓮ 1. Playing, is　　　2. is teaching

第8章 比較の文　p.152～163

❶ 1. larger [bigger] than　2. newer, mine
❷ 1. the smallest　　　2. easiest of
　　3. the oldest, in
❸ 1. more beautiful　　2. more quickly
❹ 1. most interesting　　2. the most famous

❺ 1. more important　　2. Which, oldest
　　3. Who, most
❻ 1. better, than　　2. best of
❼ 1. like, better　　2. likes, the best
　　3. Which, better
❽ 1. as, as　　2. as fast as
❾ 1. not as, as　　2. can't [cannot], as, as

第9章 受け身の文　p.170〜180

❶ 1. is enjoyed　　2. are written
❷ 1. is spoken by
❸ 1. was taken　　2. were planted
❹ 1. will be read　　2. will be invited
❺ 1. Is, liked, she is
　　2. Were, sent, they weren't
❻ 1. Where is, sold　　2. What is drawn
❼ 1. wasn't finished　　2. is not used
❽ 1. He was given
　　2. money was given to
　　3. are taught English
❾ 1. am called　　2. was named Tama
❿ 1. isn't interested in　　2. made from
　　3. Are, pleased with

第10章 現在完了形　p.188〜202

❶ 1. have, read　　2. has just arrived
❷ 1. has, finished
　　2. have already answered
❸ 1. Have, bought, yet, I have
　　2. Has, left yet, yet
❹ 1.haven't taken, yet　　2. hasn't eaten, yet
❺ 1. have, twice　　2. has sung, before
❻ 1. been to
❼ 1. ever used, have　　2. Has, ever, hasn't
❽ 1. How many, have, five times
❾ 1. hasn't seen　　2. have never been
❿ 1. have been, for　　2. has lived, since
⓫ 1. Have, been, for　　2. Has, loved, since
⓬ 1. How long, lived, for
⓭ 1. haven't watched, for

　　2. hasn't called, since
⓮ 1. have been reading
　　2. has been swimming

第11章 注意すべき表現　p.212〜234

❶ 1. isn't　　2. didn't you
❷ 1. are you, No　　2. did he, Yes
❸ 1. Aren't they, Yes
　　2. Doesn't, No, doesn't
❹ 1. What　　2. How
❺ [1] 1. ○で囲む＝cup, leaves
　　　　　□で囲む＝tea, Kyoto
　　2. ○で囲む＝father
　　　　　□で囲む＝Time, money
　　[2] 1. songs　　2. potatoes　　3. glasses
　　　　4. countries　　5. wives　　6. children
【訳】1. 歌　　2. じゃがいも　　3. コップ[グラス]
　　4. 国　　5. 妻　　6. 子ども
❻ 1. glasses of　　2. piece of
❼ 1. an, a　　2. a
❽ 1. an, the　[「学校の図書館」と言えば，どの図書
館を指すのかわかると考えて the を使う。]
　　2. the, the
❾ 1. any　　2. some　　3. any
❿ 1. many　　2. much　　3. little
⓫ 1. their, theirs　　2. her, its　　3. yourself
⓬ 1. ②　　2. ①　　3. ②
⓭ 1. on　　2. on
⓮ 1. in　　2. on　　3. at　　4. for
　　5. during　　6. until [till]　　7. by
　　8. after　　9. before
⓯ 1. in　　2. at　　3. on　　4. under
　　5. from, to　　6. along　　7. over
⓰ 1. between　　2. among　　3. of
　　4. like　　5. with

第1章　過去の文　p.39〜41

1(1) wanted	(2) liked	(3) tried
(4) stopped	(5) did	(6) gave
(7) spoke	(8) read	(9) caught
(10) was / were	(11) put	(12) thought
(13) saw	(14) fought	(15) taught
(16) forgot		

〈解説〉
(1) ed をつける。
(2) e で終わる動詞は d をつける。
(3) 〈子音字＋ y〉で終わる動詞は y を i に変えて ed をつける。
(4) 〈短母音＋子音字〉で終わる動詞は最後の文字を重ねて ed をつける。
(5)〜(16) 不規則に変化する動詞。
(8) read（読む）の過去形は，形は変わらないが発音が [red] となることに注意する。
(10) be 動詞の過去形は 2 つある。

2(1) went	(2) left	(3) was
(4) wear	(5) studying	(6) were

〈解説〉
(1) （私たちはこの前の日曜日に動物園に行きました。）last Sunday から過去の文だということがわかる。go は不規則動詞で，過去形は went。
(2) （彼女は 2 週間前に日本を出発しました。）two weeks ago から過去の文だということがわかる。leave は不規則動詞で，過去形は left。
(3) （昨日は 1 日中雨でした。）yesterday から過去の文だということがわかる。主語が It なので，be を was にする。
(4) （彼は赤いぼうしをかぶっていましたか。）Did で始まる疑問文〈Did ＋主語＋動詞の原形〜?〉「〜しましたか」の形。
(5) （私は英語を勉強しているところでした。）前に was があるので，過去進行形〈was ＋動詞の ing 形〉

「〜しているところだった」の形にする。
(6) （あなたは昨日の朝，どこにいましたか。）yesterday morning から過去の文とわかる。疑問詞 where のあとに be 動詞の疑問文の形が続く。主語が you なので be 動詞は were。

3(1) カ	(2) ア	(3) エ	(4) キ
(5) イ	(6) オ	(7) ウ	

〈解説〉
(1) （先週は雪が降りましたか。―いいえ，降りませんでした。）一般動詞の過去の疑問文〈Did ＋主語＋動詞の原形〜?〉には，Yes, 〜 did. / No, 〜 didn't. と did を使って答える。
(2)〜(5) 疑問詞（where, what, why, who など）を使った疑問文には Yes / No では答えられない。疑問文の内容に合わせて，場所，動作，理由，人名などを具体的に答える。
(2) （あなたはこの前の日曜日にどこに行きましたか。―私は図書館に行きました。）疑問詞 where で始まる一般動詞の過去の疑問文。行った場所を答えたアが正解。
(3) （あなたは午前中に何をしていましたか。―私はテレビを見ていました。）疑問詞 what で始まる過去進行形の疑問文。行っていた動作を答えたエが正解。
(4) （あなたはなぜ，昨日怒っていたのですか。―あなたが遅れたからです。）疑問詞 why で始まる be 動詞の過去の疑問文。理由を答えたキが正解。
(5) （だれがドアをたたいていたのでしょうか。―アキラでした。）「だれが〜していましたか」と疑問詞 who を使って動作の主語をたずねた過去進行形の疑問文。人名を答えたイが正解。答えの文が〈主語＋ was.〉の形になることに注意。
(6) （あなたの新しいラケットは高かったですか。―いいえ，高くなかったです。）「〜でしたか」という be 動詞の過去の疑問文〈Was ＋主語〜?〉には，Yes なら was，No なら wasn't を使って答える。
(7) （彼は私のコンピュータを使いましたか。―はい，使いました。）一般動詞の過去の疑問文〈Did ＋主語＋動詞の原形〜?〉には，Yes, 〜 did. / No, 〜 didn't. と did を使って答える。

4 (1) She wasn't [was not] a student at this school.
　(2) An airplane was flying in the sky.
　(3) He lived in Australia three years ago.
　(4) Were they running in the playground?
　(5) Did Jane hear the news yesterday?
　(6) Where did they go for the vacation?

〈解説〉
(1) (彼女はこの学校の生徒でした。→彼女はこの学校の生徒ではありませんでした。) be 動詞の否定文は現在でも過去でも be 動詞のあとに not を置く。
(2) (飛行機が空を飛んでいます。→飛行機が空を飛んでいました。) be 動詞の is を過去形の was に変える。
(3) (彼はオーストラリアに住んでいます。→彼は 3 年前にオーストラリアに住んでいました。) lives を過去形にする。live に d をつける。
(4) (彼らは運動場で走っていました。→彼らは運動場で走っていましたか。) were を文頭に出す。
(5) (ジェーンは昨日その知らせを聞きました。→ジェーンは昨日その知らせを聞きましたか。) 一般動詞の過去の疑問文は 〈Did ＋主語＋動詞の原形～?〉の形になる。
(6) (彼女たちは休暇にハワイへ行きました。→彼女たちは休暇にどこへ行きましたか。) 場所をたずねるので, 疑問詞 where に一般動詞の過去の疑問文の形 〈did ＋主語＋動詞の原形～?〉を続ける。went の原形は go。

5 (1) It was not raining at four.
　(2) We enjoyed the movie very much.
　(3) What were you reading in the library?
　(4) Were you and Mika at the station
　(5) Was Kenta wearing a T-shirt yesterday?

〈解説〉
(1) 「～していなかった」という過去進行形の否定文は 〈was not ＋動詞の ing 形〉で表す。天候を表す際には主語として it を使う。
(2) 一般動詞の過去の文。very much 「とても」は文

末に置く。
(3) 「何を～していましたか」とたずねるので, 疑問詞 what を文の最初に置き, あとに過去進行形の疑問文の形を続ける。
(4) 「～にいましたか」という疑問文は 〈Were ＋主語～?〉の形で表す。
(5) 「～していましたか」という過去進行形の疑問文は 〈Was ＋主語＋動詞の ing 形～?〉の形で表す。

6 (1) ユカはその野球チームに入っていました。
　(2) 私は昨日, 姉 [妹] の自転車には乗りませんでした。
　(3) 彼女は今朝とても遅く起きました。
　(4) 昨日は寒かったですか。―いいえ, 寒くありませんでした。

〈解説〉
(1) be 動詞の過去形 was で 「(主語は) ～でした」と過去の状態を表す。
(2) 一般動詞の過去の否定文。ride my sister's bike で 「姉 [妹] の自転車に乗る」。
(3) 一般動詞の過去の文。got up は get up 「起床する」の過去形。
(4) 〈Was ＋主語～?〉で 「～でしたか」と過去の状態をたずねる文。この it は天候を表す文の主語に使われ, ふつう日本語には訳さない。

7 (1) didn't practice　(2) Did you wash
　(3) were playing　(4) were very tired

〈解説〉
(1) 一般動詞の過去の否定文は 〈did not [didn't] ＋動詞の原形～〉の形で表す。
(2) 一般動詞の過去の疑問文は 〈Did ＋主語＋動詞の原形～?〉の形で表す。
(3) 過去進行形の文。〈were ＋動詞の ing 形〉の形にする。
(4) be 動詞の過去形 were で, 「(主語は) ～でした」と状態を表す文。

8 (1) I saw her at the station two days ago.
　(2) Did he go to the hospital yesterday?

(3) My grandmother was an English teacher.
(4) What were you doing last night?

〈解説〉
(1) 「～を見ました」は see の過去形 saw で表す。
(2) 一般動詞の過去の疑問文なので〈Did ＋主語＋動詞の原形～?〉にする。
(3) 「～でした」と過去の状態を表すときは be 動詞の過去形を使う。主語は 3 人称単数なので，be 動詞は was になる。
(4) 「何をしていましたか」は疑問詞で始まる過去進行形の疑問文で表す。疑問詞 what のあとに，過去進行形の疑問文の形を続ける。

第2章 未来の文 p.56～58

1 (1) is (2) am (3) will (4) Are
(5) isn't (6) Will (7) won't

〈解説〉
(1) （ケンはおじさんを訪ねるつもりです。）主語が 3 人称単数なので is。
(2) （私は今晩宿題をするつもりです。）主語が 1 人称単数なので am。
(3) （私たちは明日テニスをします。）未来の予定を表すのは〈will ＋動詞の原形〉か〈be going to ＋動詞の原形〉。are going も going to も形がそろっていないので，ここで使えるのは will のみ。
(4) （あなた（たち）は次の日曜日にスキーに行くつもりですか。）あとに〈主語＋ going to ＋動詞の原形〉があるので，be 動詞を選ぶ。
(5) （彼女は彼に会うつもりではありません。）あとに〈going to ＋動詞の原形〉が続くので，be 動詞の否定形を選ぶ。
(6) （窓を開けてくれますか。）あとに動詞の原形があるので will を使った疑問文になる。Will you ～? は「～してくれますか」と相手に依頼するときに使うことができる。
(7) （明日は晴れないでしょう。）あとに未来を表す tomorrow があるので will の否定形 won't がくる。

2 (1) My brother will [is going to] clean his room tomorrow.
(2) Taro is going to have lunch.
(3) He won't [will not] visit New York during his trip.
(4) Are they going to take the 5 o'clock train?
(5) Will Mr. Tanaka leave for Hong Kong next month?
(6) Naomi will [is going to] be in Rome next year.
(7) What is she going to buy at the shop?
(8) What will you do after dinner?

〈解説〉
(1) （兄 [弟] は毎日部屋を掃除します。→兄 [弟] は明日部屋を掃除するつもりです。）未来を表す文にする。〈be going to ＋動詞の原形〉でも〈will ＋動詞の原形〉でも表せる。
(2) （私たちは昼食を食べるつもりです。→タロウは昼食を食べるつもりです。）主語が 3 人称単数になるので be 動詞は is になる。
(3) （彼は旅行中，ニューヨークを訪れるでしょう。→彼は旅行中，ニューヨークを訪れないでしょう。）〈will not ＋動詞の原形〉の形にする。
(4) （彼らは 5 時の電車に乗るつもりです。→彼らは 5 時の電車に乗るつもりですか。）〈be going to ＋動詞の原形〉の疑問文は，be 動詞を主語の前に出す。
(5) （田中さんは来月，香港に出発するでしょう。→田中さんは来月，香港に出発するでしょうか。）will の疑問文は will を主語の前に出す。
(6) （ナオミは今ローマにいます。→ナオミは来年はローマにいるでしょう。）〈be going to ＋動詞の原形〉か〈will ＋動詞の原形〉の文にする。もとの文の is を原形の be にする。
(7) （彼女はその店で腕時計を買うつもりです。→彼女はその店で何を買うつもりですか。）a watch「腕時計」をたずねるので，what「何を」を文頭に置く。
(8) （私は夕食後に宿題をするつもりです。→あなたは夕食後に何をするつもりですか。）「何をするつもり

か」とたずねる文にする。疑問詞 what を文頭に置き，〈will ＋主語＋動詞の原形～?〉を続ける。

3 (1) Where are you going to go this weekend?
  (2) Will you go shopping with us tomorrow?
  (3) Mika will have a birthday party next Saturday.

〈解説〉
(1) 場所をたずねる疑問詞 where を文頭に置き，〈be 動詞＋主語＋going to＋動詞の原形～?〉を続ける。
(2) Will you ～? を使って相手への依頼を表す。
(3) 未来の予定を表す will の肯定文なので〈will ＋動詞の原形〉にする。

4 (1) カ   (2) ウ   (3) イ
  (4) ア   (5) オ   (6) エ

〈解説〉
(1) （あなたは今度の金曜日に出発するつもりですか。―はい，そうです。）〈be going to ＋動詞の原形〉の疑問文には，〈Yes, 主語＋ be 動詞.〉か〈No, 主語＋ be 動詞＋ not.〉で答える。
(2) （彼は私たちに会いに来るでしょうか。―いいえ，来ないでしょう。）〈Will ＋主語＋動詞の原形～?〉には，Yes, ～ will. / No, ～ will not [won't]. で答える。
(3) （彼女はすぐに戻りますか。―はい，戻ります。）主語に注意する。
(4) （あなたは明日何をするつもりですか。―テニスをするつもりです。）what の疑問文には Yes / No ではなく，具体的に答える。
(5) （ちょっと待ってくれますか。―もちろんです。）Will you ～? は「～してくれますか」と相手への依頼を表すことがある。Of course. は yes を強調した言い方で，同意を表す。
(6) （あなたはどれくらい入院する予定ですか。―1週間です。）how long でたずねられているので，期間を答える。

5 (1) 私は今晩あなたに電話するつもりです。
  (2) 私たちは明日パーティーをするつもりです。
  (3) この列車は3時に駅に着かないでしょう。
  (4) マイクは今度の月曜日に日本に来ます。
  (5) マイクは日本でどこを訪れるでしょうか。

〈解説〉
(1) 〈be going to ＋動詞の原形〉は未来の意志や予定を表す。
(2) We'll は We will の短縮形。
(3) won't は will not の短縮形。「～しないだろう」の意味になる。
(4) 現在進行形が近い未来の確定した予定・計画を表すことがある。
(5) 疑問詞 where で始まる疑問文。

6 (1) will be   (2) I won't
  (3) How long are, going   (4) Are you going
  (5) What is he   (6) Where will you
  (7) Will she

〈解説〉
(1) will のあとの動詞は原形。be 動詞の原形は be。
(2) will の否定文。空所の数から will not の短縮形を使う。
(3) 「どれくらい」と期間をたずねているので How long のあとに〈be 動詞＋主語＋going to＋動詞の原形～?〉を続ける。
(4) 〈be going to ＋動詞の原形〉の疑問文なので，〈be 動詞＋主語＋ going to ＋動詞の原形～?〉の形にする。
(5) 「何を」とたずねているので，What のあとに〈be 動詞＋主語＋ going to ＋動詞の原形～?〉を続ける。
(6) 「どこに」と場所をたずねているので，Where のあとに〈will ＋主語＋動詞の原形～?〉を続ける。
(7) will の疑問文〈Will ＋主語＋動詞の原形～?〉で表す。

7 (1) It will [is going to] rain tomorrow.
  (2) I will [am going to] be [become] a baseball player in the future.
  (3) My father won't [will not / isn't going to] go to Tokyo next week.

(4) Will you close [shut] the door?
(5) Who will be the captain of the team?
(6) I will [am going to] be there for you.

〈解説〉
(1) 天候を表す文の主語は it を使う。
(2) 「将来」は in the future で表す。
(3) 未来を表す文の否定文にする。〈be 動詞＋ not going to ＋動詞の原形〉か〈will not ＋動詞の原形〉を用いる。
(4) 相手に依頼するときは Will you ～? の形を使う。
(5) 「だれが」とたずねているので，疑問詞 who を主語にする。the captain の the は省略可能。
(6) 未来を表す文。「～がいる」は存在を表す be 動詞の原形を用いる。

第3章 助動詞 p.74～76

1 (1) May (2) play (3) to speak
  (4) have (5) Would (6) don't have

〈解説〉
(1) （窓を開けてもよろしいですか。）〈May I＋動詞の原形～?〉で「～してもよろしいですか」の意味。
(2) （彼女はピアノを弾くことができます。）主語が何であっても can のあとの動詞は原形。
(3) （トムは日本語が話せます。）be able to ～で「～できる」の意味。to のあとの動詞は原形。
(4) （あなたは今，家に帰らなければなりません。）あとに〈to ＋動詞の原形〉があることに注意。
(5) （冷たい飲み物はいかがですか。）Would you like ～? で「～はいかがですか」の意味。
(6) （あなたは急ぐ必要はありません。）〈do [does] not have to ＋動詞の原形〉で「～しなくてもよい，～する必要はない」の意味。

2 (1) You should not [shouldn't] help your sister.
  (2) Does she have to do her homework?
  (3) He may be a high school student.
  (4) That woman must be a famous pianist.

〈解説〉
(1) （あなたは妹［姉］を手伝うほうがいいです。→あなたは妹［姉］を手伝わないほうがいいです。）should を should not か shouldn't に変える。
(2) （彼女は宿題をしなければなりません。→彼女は宿題をしなければなりませんか。）〈have [has] to ＋動詞の原形〉の疑問文は，一般動詞の文と同じ作り方で，主語 she に合わせて does を使う。
(3) （彼は高校生です。→彼は高校生かもしれません。）「～かもしれない」は may ～で表す。
(4) （あの女の人は有名なピアニストです。→あの女の人は有名なピアニストにちがいありません。）「～にちがいない」は must ～で表す。

3 (1) ア (2) エ (3) ウ

〈解説〉
(1) （その皿を取ってくれませんか。―いいですよ。）依頼に対して肯定的に答えるときに適切なのはアの Sure. である。
(2) （私はあなたといっしょに行かなければなりませんか。―いいえ，行く必要はありません。）義務を表す〈must ＋動詞の原形〉の疑問文に否定の答えを返すときは No, you don't have to. となる。No, you mustn't. は「行ってはいけない」という禁止の意味になるので注意する。
(3) （休憩しませんか。―はい，そうしましょう。）相手を誘う〈Shall we ＋動詞の原形～?〉の文に肯定的に答えるときは Yes, let's. が適切。

4 (1) We should be quiet in this room.
  (2) Do I have to get up early tomorrow morning?
  (3) Would you carry this bag?

〈解説〉
(1) 「～すべきだ」は〈should ＋動詞の原形〉で表す。
(2) have to の文の疑問文は〈Do [Does] ＋主語＋ have to ＋動詞の原形～?〉で表す。
(3) 「～していただけませんか」は Would you ～? で表す。

5 (1) wasn't able to　　　(2) have to
　(3) Can [Would / Could]　(4) Shall we

〈解説〉
(1) （彼は昨日宿題をすることができませんでした。）
　couldn't ～「～できなかった」の意味は，wasn't
　[weren't] able to ～でも表せる。
(2) （あなたたちはこのテストを50分で終わらせなけれ
　ばなりません。）〈must ＋動詞の原形〉も〈have to
　＋動詞の原形〉も「～しなければならない」の意味を
　表す。
(3) （ドアを開けてくれませんか。）〈Can you ＋動詞の
　原形～?〉で，〈Will you ＋動詞の原形～?〉と同じ「～
　してくれませんか」の意味を表す。would や could
　を使うと，よりていねいな表現になる。
(4) （野球をしませんか。）「～しましょうか［しましょう］」
　は〈Shall we ＋動詞の原形～?〉でも表せる。

6 (1) 彼らは試合に勝てるでしょう。
　(2) ここに座ってもいいですか。
　(3) 彼らを待つ必要はありません。
　(4) 私たちといっしょに来ていただけませんか。

〈解説〉
(1) will be able to ～で「～できるでしょう［だろう］」
　の意味。
(2) Can I ～? は「～してもいいですか」という許可を求
　める表現。
(3) 〈do [does] not have to ＋動詞の原形〉は「～し
　なくてもよい」「～する必要はない」の意味。wait
　for ～は「～を待つ」の意味。
(4) 〈Could you ＋動詞の原形～?〉は「～していただ
　けませんか」とていねいに依頼する表現。

7 (1) could skate　　　(2) Shall I
　(3) cannot [can't] fly　(4) Would you
　(5) must be　　　　(6) You can
　(7) should wait

〈解説〉
(1) 「～できた」は can の過去形 could で表す。
(2) 「（私が）～しましょうか」と申し出る表現は〈Shall I

＋動詞の原形～?〉で表す。
(3) 「～することができない」は can の否定形で表す。
(4) Would you like ～? は「～はいかがですか」とて
　いねいに相手に何かを勧める表現。
(5) 〈must ＋動詞の原形〉は「～にちがいない」と強い
　推量を表すこともある。
(6) You can ～. は「～してもいいですよ」と相手に許
　可を与える表現。may を使うと「～してもよい」と
　目上の人から許可を与える言い方になる。
(7) 〈should ＋動詞の原形〉で「～したほうがいい」と
　義務・助言を表す。

8 (1) May I borrow your bike [bicycle]?
　　— Sorry, you can't.
　(2) You must [have to] take off your hat [cap]
　　in the room.
　(3) Shall I open the box? — Yes, please.
　(4) You may go home now.
　(5) My mother can [is able to] speak and
　　write Chinese.
　(6) You must not [mustn't] speak Japanese
　　in this class.

〈解説〉
(1) 「～してもよろしいですか」は〈May I ＋動詞の原形
　～?〉で表す。「だめです」は「あなたはできません」
　の意味で you can't という。
(2) 日本文にはない主語の you を補って考える。「～し
　なければなりません」は〈must ＋動詞の原形〉か
　〈have to ＋動詞の原形〉を使って表す。
(3) 相手に申し出て「～しましょうか」というときは，
　〈Shall I ＋動詞の原形～?〉で表す。
(4) 「～してもよろしい」は You may ～. で表す。目上
　の人が許可を与える表現となる。
(5) 「～することができる」と能力・可能を表すときは
　〈can ＋動詞の原形〉か〈be able to ＋動詞の原形〉
　で表す。
(6) 〈must not [mustn't] ＋動詞の原形〉で「～しては
　いけない」という強い禁止を表す。

1 (1) is　　(2) are　　(3) Are
　(4) are　　(5) is　　(6) Is

〈解説〉
(1) （テーブルの上にカップが1つあります。）名詞が単数形なので be 動詞は is とする。
(2) （公園には木がたくさんあります。）名詞が複数形なので be 動詞は are とする。
(3) （あなたのクラブにはたくさんメンバーがいますか。）疑問文は〈be 動詞＋ there ＋名詞?〉で表す。名詞が複数形なので be 動詞は Are とする。
(4) （空には星は1つもありません。）否定文は be 動詞のあとに not を置く。名詞が複数形なので be 動詞は are とする。
(5) （このあたりには交番は1つもありません。）There is [are] no 〜. で「〜は1つ [1人] もない」を表す。名詞が単数形なので be 動詞は is とする。
(6) （この市にはバスの便はありますか。）疑問文は〈be 動詞＋ there ＋名詞?〉で表す。名詞が単数形なので Is とする。

2 (1) There were four houses on the hill.
　(2) Are there a lot of beautiful flowers near the lake?
　(3) There were some pictures on the wall.
　(4) There wasn't [was not] a hospital in this village.
　　[There was no hospital in this village.]
　(5) How many eggs are there in the box?

〈解説〉
(1) （丘の上に4軒の家があります。）名詞が複数形になるので be 動詞を were にする。
(2) （湖の近くにたくさんの美しい花がありますか。）疑問文は〈be 動詞＋ there ＋名詞?〉の形なので、are を there の前に出す。
(3) （壁に何枚かの写真がかかっていました。）過去の文は be 動詞を過去形にして表す。
(4) （この村に病院はありませんでした。）否定文は was

を was not [wasn't] にして表す。There was no 〜. 「〜は1つもない」で表してもよい。
(5) （箱にはいくつの卵が入っていますか。）数をたずねるときは、〈How many ＋名詞の複数形＋ are there?〉で表す。

3 (1) There is a sofa in the room.
　(2) There are many kinds of plants on Yakushima Island.

〈解説〉
(1) 〈There ＋ be 動詞〜.〉で「〜がある」を表す。場所を表す「部屋の中に」を文末に置く。
(2) 〈There are ＋複数名詞.〉で表す。

4 (1) 昨日, 地震がありました。
　(2) 1年は 12 か月あります。
　(3) かごの中には鳥はいません。
　(4) 昨年, ブラジルでは雨がたくさん降りましたか。
　(5) その2つの国の間には戦争はありませんでした。

〈解説〉
(1) be 動詞 was があるので, 「ありました」と過去のことを表す文。
(2) 〈There ＋ be 動詞〜.〉は抽象的な事柄を表すときにも使われる。
(3) isn't は is not の短縮形で否定を表す。
(4) rain は数えられない名詞なので, be 動詞は was となっている。
(5) no は「1つ [1人] も〜ない」を表す。

5 (1) Are there　　(2) There was
　(3) There were many　(4) There is

〈解説〉
(1) 疑問文は〈be 動詞＋ there ＋名詞?〉で表す。
(2)(3) 過去の文なので be 動詞を過去形にする。
(4) nothing は単数扱いのため, be 動詞は is とする。

6 (1) There are a lot of [many] temples in Kyoto.
　(2) There wasn't [was not] a bus stop around here.

[There was no bus stop around here.]
(3) How many classrooms are there in your school?

〈解説〉
(1) 〈There ＋ be 動詞～.〉の文末に場所を表す in Kyoto を置く。
(2) 否定の意味を wasn't [was not] で表す。There was no ～. としてもよい。
(3) 「いくつありますか」は How many ～ are there? で表す。

第5章 文型を作る動詞 p.100～101

1 (1) イ　(2) ア　(3) オ　(4) エ　(5) ウ

〈解説〉
(1) （この本はすぐに人気が出ました。）〈主語 (S) ＋動詞 (V) ＋補語 (C)〉の文。主語 (S) である This book と補語 (C) である popular にはイコールの関係がある。イ「こちらは私の兄 [弟] のタロウです。」も This ＝ my brother, Taro の関係になるので，イが正解。
(2) （彼は数学が好きではありません。）〈主語 (S) ＋動詞 (V) ＋目的語 (O)〉の文。この文では math が目的語となっている。ア「私は駅の近くに新しいレストランを見つけました。」も，restaurant を目的語にとる SVO の文。
(3) （私たちは，自転車で学校に行きました。）SV の文。この文では主語が We, 動詞が went となっている。オ「昨夜，雨が激しく降りました。」も SV の文で，主語が It，動詞が rained。
(4) （母は私にサンドイッチを作ってくれました。）動詞のあとに 2 つの目的語 (O) をとる SVOO の文。この文では me と some sandwiches が目的語。エ「私は彼女にプレゼントをあげます。」の文では her と a present が目的語となっているので，同じ SVOO の文とわかる。
(5) （私たちは彼女をケイトと呼びます。）SVOC の文。動詞のあとに続く目的語 (O) と補語 (C) にイコールの関係がある。この文では her ＝ Kate。ウ「私

はその本が難しいことがわかりました。」の文でも the book ＝ difficult の関係があるので，同じ文型とわかる。

2 (1) It is snowing outside.
(2) The song sounded so beautiful
(3) My father didn't give me advice.
(4) His words made me nervous.

〈解説〉
(1) be 動詞が使われているが，これは現在進行形の文で，SVC の文型ではない。It snows.（雪が降ります。）と同じく SV の文型。
(2) 「～に聞こえる，～のようだ」は〈sound ＋形容詞〉で表す。この so は副詞で「とても」の意味。
(3) 「（人）に（もの）を与える」は〈give ＋人＋もの〉で表す。
(4) 「O を C にする」は〈make ＋目的語 (O) ＋補語 (C)〉で表す。O と C にイコールの関係がある。

3 (1) teaches us　(2) to him
(3) for his sister

〈解説〉
(1) （サイトウ先生は私たちの理科の先生です。→サイトウ先生は私たちに理科を教えています。）「（人）に（もの）を教える」を〈teach ＋人＋もの〉で表す。
(2) （彼女は彼にお茶を 1 杯あげました。）〈give ＋人＋もの〉は〈give ＋もの＋ to ＋人〉で言いかえることができる。
(3) （彼は妹 [姉] にパンケーキを数枚作ってあげました。）〈make ＋人＋もの〉は〈make ＋もの＋ for ＋人〉で言いかえることができる。前置詞が to ではなく for であることに注意。

4 (1) その若い男性は，その子どもの父親のように見えました。
(2) 池の水は緑色になりました。

〈解説〉
(1) 〈look like ＋名詞〉で「～に見える，～のようだ」の意味。
(2) 〈turn ＋形容詞〉「（色など）になる」の形。この文で

は形容詞 green「緑色の」が補語。

5 (1) made, tired　　(2) looked beautiful
　(3) keeps, open　　(4) felt sleepy

〈解説〉

(1) 「O を C にする」は〈make ＋目的語 (O) ＋補語 (C)〉の形で表す。補語 (C) には形容詞 tired「疲れて」がくる。

(2) 「～に見える，～のようだ」は〈look ＋形容詞〉の形で表す。

(3) 「O を C にしておく」は〈keep ＋目的語 (O)＋補語 (C)〉の形で表す。補語 (C) には形容詞 open「開いている」がくる。

(4) 「～に感じる」は〈feel ＋形容詞〉の形で表す。形容詞は sleepy「眠い」を用いる。

6 (1) They call her Kim.
　(2) It became [got] very cold in the afternoon.

〈解説〉

(1) 「O を C と呼ぶ」は〈call ＋目的語 (O) ＋補語 (C)〉で表す。

(2) 「～になる」は〈become ＋補語 (C)〉で表す。天気・寒暖を表す it を主語にし，cold「寒い」を補語 (C) にする。

第6章　接続詞　p.121〜123

1 (1) that　　(2) While　　(3) so
　(4) but　　(5) or　　(6) and

〈解説〉

(1) （私は彼がイヌを飼っていると聞いています。＝彼はイヌを飼っているそうです。）that 以下が hear の目的語になっている。

(2) （あなたが出かけている間に，ジョンが私たちの家に来ました。）while ～は「～している間に」を表す。

(3) （彼らはとても大きな声で話していたので，私は眠れませんでした。）They were ... voices の部分が I couldn't sleep の理由になっている。～ so

...で「～だから…」を表す。

(4) （私はギターは持っていませんが，バイオリンを持っています。）～ but ...で「～しかし…」を表す。

(5) （コーヒーかお茶はいかがですか。）～ or ...で「～か…」を表す。

(6) （冷蔵庫には卵が3つとリンゴがいくつかあります。）～ and ...で「～と…」を表す。

2 (1) until　　(2) and　　(3) When
　(4) because　　(5) if　　(6) that

〈解説〉

(1) （私のいとこは，彼女の両親が旅行から帰ってくるまで，私たちのところに滞在します。）until ～で「～するまで（ずっと）」を表す。

(2) （ジュディーとメアリーはお互いにとてもよく知っています。）～ and ...で「～と…」を表す。

(3) （彼は若いとき，中国に住んでいました。）when ～で「～するとき」を表す。

(4) （昨日は雨が降っていたので，私は外出しませんでした。）because ～で「～なので」を表す。

(5) （もし明日晴れならば，私たちは富士山に登ります。）if ～で「もし～ならば」を表す。

(6) （私は，ケンは今忙しいと思います。）that ～で「～ということ」を表す。

3 (1) When he came home, the door was open.
　　[The door was open when he came home.]
　(2) We took a taxi because we were in a hurry.
　　[Because we were in a hurry, we took a taxi.]
　(3) Please tell him that I will call him tonight.
　(4) She cooked dinner while the baby was sleeping.
　　[While the baby was sleeping, she cooked dinner.]

(1) 「彼が帰宅したとき，ドアが開いていました。」という意味の文を作る。when ～は文の前半に置いても，後半に置いてもよい。

(2) 「私たちは急いでいたので，タクシーに乗りました。」という意味の文を作る。because ～は文の前半に置いても，後半に置いてもよい。

(3) 「私は今晩，彼に電話をすると伝えてください。」という意味の文を作る。

(4) 「赤ちゃんが眠っている間に，彼女は夕食を調理しました。」という意味の文を作る。while ～は文の前半に置いても，後半に置いてもよい。

---

4 (1) The phone rang and Kate answered it.
　(2) Brush your teeth before you go to bed.
　(3) She thought that the dog was hungry.
　(4) I will play video games after I finish my homework.
　(5) Raise your hand if you have a question.

〈解説〉

(1) 電話が鳴って「そして」ケイトが出たと考える。

(2) 「～する前に」は before のあとに〈主語＋動詞〉を続ける。

(3) 「～だと思う」は〈think that ＋主語＋動詞～〉の形。過去の文なので think は thought になり，時制の一致で that のあとの動詞も was となっている。

(4) 「～したあとに」は after のあとに〈主語＋動詞〉を続ける。

(5) 「もし～なら」は if のあとに〈主語＋動詞〉を続ける。

---

5 (1) 彼女がバス停に着いたとき，ホワイトさんがそこにいました。
　(2) 地球が太陽のまわりを回っているということは，みんなが知っています。
　(3) 急ぎなさい，さもないと遅れますよ。
　(4) 彼らは暗くなる前に，ホテルに着きました。
　(5) 私が門のところにいる間，たくさんの人が通り過ぎました。
　(6) 彼らは食べ物だけではなく水もほしがっています。

〈解説〉

(1) when ～で「～するとき」の意味を表す。

(2) that 以下が knows の目的語になっている。

(3) 〈命令文 , or ...〉で「～しなさい，さもないと…」の意味を表す。

(4) before のあとに〈主語＋動詞〉が続いているので，「～する前に」の意味になる。

(5) while ～で「～する間に」の意味を表す。go by は「通り過ぎる」の意味。

(6) not only A but also B で「A だけでなく B も」の意味。

---

6 (1) wait until　　　(2) show us that
　(3) am sorry that　(4) thought, was
　(5) so I　　　　　(6) Why, Because
　(7) said that

〈解説〉

(1) 「～するまで」は until ～を使う。

(2) 「人に～ということを示す」は〈show ＋人＋ that ～〉の形を使う。

(3) 「～して残念だ」は I am sorry that ～. で表す。

(4) 「彼は～と思った」は He thought that ～. で表す。この文では that は省略されている。that 以降で表す「自分の母親に電話をかけている」の動詞 is calling は thought に合わせて過去進行形 was calling にする。

(5) 「～それで…」と前に述べたことから導かれる結果を表すときは so を使う。

(6) Why ～?「なぜ～ですか」の問いには Because ...「なぜなら…」で答えることができる。

(7) 「～と言った」は said that ～で表す。that のあとの動詞は said に合わせて was になっている。

---

7 (1) I thought (that) I was right.
　(2) Why were you absent from school?
　　 — Because I had a headache.
　(3) I'm very glad (that) my brother passed the examination.
　(4) She visited her father, but he was not at home.

---

(5) He came into the room and opened the window.
(6) Do you want to read books or listen to music?

〈解説〉
(1) 「～と思いました」は〈think (that)＋主語＋動詞 ～〉の think を thought にして表す。thought に合わせて that のあとの動詞も過去形にする。
(2) Why ～? の文に「…だからです」と答えるときは because ... を使う。
(3) 「～してうれしい」は I'm glad (that) ～. で表す。that のあとには〈主語＋動詞〉を続ける。
(4) 「～だが（しかし）…」は but でつなぐ。
(5) 部屋に入ってきて「そして」その窓を開けた，と考える。
(6) 「～それとも…」は～ or ...で表す。

第7章 不定詞と動名詞　p.147～149

1 (1) イ　(2) ウ　(3) ア　(4) オ　(5) エ

〈解説〉
(1) （私はあなたに会えてとてもうれしいです。）（イ　彼女たちはその知らせを聞いて驚きました。）感情の原因・理由を表す副詞的用法。
(2) （メアリーはするべき仕事がたくさんあります。）（ウ　何か飲むものをいただけますか。）形容詞的用法。
(3) （彼女は看護師になりたいです。）（ア　私たちはイヌといっしょに散歩に行くのが好きです。）動詞の目的語になる名詞的用法。
(4) （彼は放課後に走るためによく公園に行きます。）（オ　私は明日，名古屋城を訪れるために名古屋に行きます。）目的を表す副詞的用法。
(5) （早く起きることは健康によいです。）（エ　俳優になることが彼の夢です。）「～すること」を表す名詞的用法。不定詞が主語になっている。

2 (1) working　(2) to read　(3) talking
　(4) to visit　(5) going

〈解説〉
(1) （私たちは9時に働き始めました。）start ～ing で「～

し始める」の意味。
(2) （あなたはこの単語の読み方を知っていますか。）〈how to ＋動詞の原形〉で「どのように～したらよいか，～のしかた」の意味。
(3) （あなたたちは今，おしゃべりするのをやめなければなりません。）stop ～ing で「～するのをやめる」の意味。
(4) （私はアフリカを訪れたいのですが。）〈would like to ＋動詞の原形〉で「～したいのですが」とていねいに希望を伝える表現。
(5) （ピクニックに行くのはどうですか。）前置詞のあとの動詞は動名詞。〈How about ～ing?〉は「～するのはどうですか」と提案する表現。

3 (1) singing　(2) to see　(3) drawing
　(4) to go　(5) to eat

〈解説〉
(1) （私たちはコーラスで歌うのを楽しみました。）enjoy ～ing で「～して楽しむ」。
(2) （私は明日またあなたに会うことを願っています。）〈hope to ＋動詞の原形〉で「～することを望む」。
(3) （私の兄[弟]は絵を描くのが得意です。）be good at ～ing で「～することが得意である」。
(4) （散歩に行きませんか。）〈Would you like to ＋動詞の原形?〉は「～しませんか」とていねいに相手を誘うときに用いる表現。
(5) （母は私に野菜を食べるように言いました。）〈tell ＋人＋ to ＋動詞の原形〉で「（人）に～するように言う」。

4 (1) Reading this book is not easy.
　(2) Her wish is to become a music teacher.
　(3) Did you go to Sendai to see the cherry blossoms?
　(4) The children need something to eat.
　(5) He was sorry to hear about his friend's experience.

〈解説〉
(1) 「この本を読むこと」を reading this book で表す。
(2) 「音楽の先生になること」を to become a music

teacher で表す。不定詞が補語になる。

(3) 「桜の花を見に」は「桜の花を見るために」と考えて，不定詞で目的を表す。

(4) 「何か食べるもの」は「食べるための何か」と考えて，形容詞的用法の不定詞を使って〈something to ＋動詞の原形〉で表す。

(5) 「～して残念に思う」は〈sorry to ＋動詞の原形〉で表す。

5 (1) playing　　(2) to sing　　(3) to go
　(4) to do　　(5) watching　　(6) to run

〈解説〉

(1) （彼女はバスケットボールをするのが好きです。）〈like to ＋動詞の原形〉も like ～ing も「～するのが好きだ」の意味を表す。

(2) （大きな声で歌うことはとても楽しいです。）〈It is ... to ～.〉で「～することは…だ」の意味を表す。

(3) （彼らは秋にピクニックに行きます。彼らはそれらが好きです。→彼らは秋にピクニックに行くのが好きです。）「～するのが好きだ」を〈like to ＋動詞の原形〉で表す。

(4) （私たちはたくさんの仕事があります。私たちはそれをしなくてはなりません。→私たちはするべき仕事がたくさんあります。）形容詞的用法の不定詞 to do が後ろから a lot of work を修飾する形にする。

(5) （彼は野球の試合を見ました。彼はそれを楽しみました。→彼は野球の試合を見て楽しみました。）enjoy ～ing で「～して楽しむ」を表す。

(6) （私は数分間立ち止まって，また走り始めました。）start ～ing も〈start to ＋動詞の原形〉も「～し始める」の意味を表す。

6 (1) 私はその小説を読み終えました。
　(2) あなたはなぜ空港に行ったのですか。―トムに会う［トムを出迎える］ためです。
　(3) この質問に答えるのは私にとって難しいです。
　(4) 招待してくれてありがとうございます。
　(5) クリスは自分の娘に海外を旅行してもらいたかったです。

〈解説〉

(1) finish ～ing で「～し終える」の意味を表す。

(2) Why ～?「なぜ～ですか」に対して，「～するために」と目的を表す不定詞で答えている。

(3) 〈It is ... for ― to ＋動詞の原形 .〉で「～することは―にとって…だ」の意味を表す。

(4) Thank you for ～ing. で「～してくれてありがとう」の意味を表す。

(5) 〈want ＋人＋ to ＋動詞の原形〉で「（人）に～してもらいたい」の意味を表す。

7 (1) to say　　(2) is to make
　(3) To become [be]

〈解説〉

(1) 「言うには愉快なこと」は〈名詞＋ to ＋動詞の原形〉の形で表す。

(2) 「…は～することだ」の部分を〈be 動詞＋ to ＋動詞の原形〉で表す。「お金を稼ぐ」は make money。

(3) Why ～?「なぜ～ですか」とたずねられたとき，「～するため」と，目的を表す不定詞を使って答えることができる。

8 (1) You need to see a doctor.
　(2) I didn't know what to say.
　(3) We were sad to leave Japan.
　(4) How about going for a walk?

〈解説〉

(1) 「診てもらう必要があります」は「診てもらうことが必要だ」と考える。〈need to ＋動詞の原形〉「～することが必要だ」を用いる。「医者に診てもらう」は see a doctor。

(2) 〈疑問詞＋ to ＋動詞の原形〉で「～したらよいか，～すべきか」の意味を表す。「何を言えばよいか」は what to say。

(3) 「～して悲しい」は〈sad to ＋動詞の原形〉で表す。

(4) 〈How about ～ing?〉「～するのはどうですか」と提案する表現を用いる。

1 (1) colder, coldest　(2) larger, largest
(3) more slowly, most slowly
(4) bigger, biggest　(5) easier, easiest
(6) more important, most important
(7) better, best　(8) more, most
(9) less, least　(10) worse, worst

〈解説〉
(1) 比較級は er を，最上級は est をつける。
(2) e で終わる語なので，比較級は r，最上級は st をつける。
(3) 比較的つづりの長い語の場合は，前に more, most を置く。
(4) 〈短母音＋子音字〉で終わる big は，最後の g を重ねて er, est をつける。
(5) 〈子音字＋ y〉で終わる easy は，y を i に変えて er, est をつける
(6) 比較的つづりの長い語の場合は，前に more, most を置く。
(7) 不規則変化。well の比較級，最上級は better, best になる。
(8) 不規則変化。much の比較級，最上級は more, most になる。
(9) 不規則変化。
(10) 不規則変化。ill の比較級，最上級は worse, worst になる。

2 (1) larger　(2) tallest　(3) more exciting
(4) fast　(5) better　(6) famous

〈解説〉
(1) (ネコはネズミよりも大きいです。) あとに than があるので比較級が適切。
(2) (その建物は３つの中で最も高いです。) 前に the があり，３つのものの中で比べているので最上級が適切。
(3) (このゲームはあのゲームよりもわくわくします。) exciting の比較級は more をつけて表す。
(4) (私はあなたと同じくらい速く走れます。)〈as ～ as ...〉の～にくるのは形容詞または副詞の原級。

(5) (私は以前よりも英語が好きです。) あとに than があるので，well の比較級である better が適切。
(6) (トミーはジョンほど有名ではありません。)〈as ～ as ...〉の～には原級が入る。

3 (1) The singer is the most popular in Japan.
(2) My sister got up earlier than my mother.
(3) This rabbit is as white as snow.

〈解説〉
(1) (その歌手は日本でいちばん人気があります。) popular の最上級は most popular。
(2) (私の姉[妹]は母よりも早く起きました。) 副詞 early の比較級は y を i に変えて er をつける。
(3) (このウサギは雪のように [雪と同じくらい] 白いです。)〈as ～ as ...〉を用いる。～には原級 white を使う。

4 (1) My mother is a better driver than my father.
(2) This island is the most beautiful place on Earth.
(3) I read it again more carefully than the first time.
(4) Which do you like better, boiled eggs or fried eggs?
(5) Do you like milk better than orange juice?

〈解説〉
(1) 「車の運転がじょうずです」は「じょうずな運転手」と考えて driver を使う。〈a better ＋名詞＋ than ...〉の語順になる。
(2) 「もっとも美しい場所」は最上級を用いて〈the most beautiful ＋名詞〉で表す。
(3) 「…より注意深く」は more carefully than ... で表す。carefully は副詞。
(4) 「A と B ではどちらのほうが好きですか」とたずねるときは，Which do you like better, A or B? の形を使う。
(5) 「…より～のほうが好きだ」というときは like ～ better than ... で表す。

5 (1) これはフランスでいちばん古い教会ですか。
　(2) 命はお金より大切です。
　(3) 青い車と赤いのと, どちらが好きですか。
　(4) この砂漠は日本と同じくらいの大きさです。
　(5) 馬と牛ではどちらが速く走りますか。
　(6) あなたのクラスでテニスがいちばんじょうずな
　　　人はだれですか。[あなたのクラスでいちばん
　　　じょうずなテニス選手はだれですか。]

〈解説〉
(1) 〈the ＋最上級＋ in ＋場所・範囲を表す語句〉で
　「…の中でいちばん～」の意味。
(2) 〈比較級＋ than ～〉で「～よりも…」の意味。
(3) Which do you like better, A or B? で「A と
　B ではどちらのほうが好きですか」の意味。one は
　car を指す。
(4) 〈as ～ as ...〉で「…と同じくらい～」の意味。
(5) which が主語になる疑問文。〈Which ＋動詞＋比
　較級, A or B?〉で「A と B ではどちらがより～し
　ますか」の意味。
(6) the best tennis player は, 「いちばんじょうず
　なテニス選手」の意味だが, 「テニスがいちばんじょ
　うずな人」とも訳せる。

6 (1) higher than　　(2) busier than
　(3) as, as　　(4) the smallest country
　(5) not as, as　　(6) is more difficult
　(7) much bigger than　　(8) the most money

〈解説〉
(1)(2) 「～より…」は〈比較級＋ than ～〉で表す。
(3) 〈as ～ as ...〉で「…と同じくらい～」の意味を表す。
(4) 「いちばん小さな国」は〈the ＋形容詞の最上級＋
　名詞〉で表す。
(5) 「…ほど～でない」は〈not as ～ as ...〉で表す。
(6) difficult の比較級は more を前につける。
(7) 比較級の前に much をつけると, 「ずっと～」と程
　度の差を表すことができる。
(8) most は much の最上級でもあるので, 〈the
　most ＋名詞〉で「最も多くの～」と量の多さを表す
　ことができる。

7 (1) My father is as tall as my mother.
　(2) Winter is the coldest of the four
　　　seasons.
　(3) Which is more interesting, this book or
　　　that book [one]? — This book [one] is.
　(4) Who is the youngest of the four?
　(5) Your sneakers are better than mine.

〈解説〉
(1) 程度が同じくらいであることを表すときは〈as ～
　as ...〉の形を用いる。
(2) 「いちばん寒い」は最上級を使い, the coldest で
　表す。
(3) 疑問詞が主語の疑問文なので, 答えるときは〈主語
　＋動詞〉の形を用いる。
(4) 「いちばん年下」は young の最上級 youngest を
　用いる。
(5) 「(～より)いい」は, good の比較級 better を使っ
　て表す。

第9章 受け身の文 p.184～186

1 (1) is　　(2) Were　　(3) used
　(4) washing　　(5) will be

〈解説〉
(1) (野球は多くの国でプレーされています。)「～されて
　いる」という受け身の文は〈be 動詞＋過去分詞〉で
　表す。played という過去分詞があることから, be
　動詞の適切な形を選ぶ。
(2) (これらの写真は3年前に撮影されましたか。)受け
　身の疑問文は〈be 動詞＋主語＋過去分詞～?〉で表
　す。three years ago から過去の文だとわかり,
　また主語が these photos と複数形なので be 動
　詞は Were を選ぶ。
(3) (このコンピューターはあまり頻繁には使われていま
　せん。)受け身の否定文は〈be 動詞＋ not ＋過去分
　詞〉で表す。use の過去分詞 used が正解。
(4) (私は台所でお皿を洗っていました。)( )のあとに
　the dishes があることから, 受け身の文ではなく
　「お皿を洗っていた」という過去進行形〈be 動詞＋

動詞の ing 形〉の文とわかる。wash の ing 形の washing が正解。
(5) （次のミーティングは来週の月曜日に開催されるでしょう。）next Monday から未来の文だとわかる。（　）のあとに hold「〜を開催する」の過去分詞 held があることから，〈will be ＋過去分詞〉の形で未来のことを表す受け身の文とわかる。

2 (1) was painted
(2) will [is going to] be played
(3) was sent　(4) were damaged
(5) is sung

〈解説〉
(1) （この絵は 50 年前に，有名な芸術家によって描かれました。）fifty years ago から過去の文とわかる。paint の過去分詞は painted。
(2) （試合は来週行われるでしょう。）未来のことを表す受け身の文は〈will be ＋過去分詞〉か，〈be going to be ＋過去分詞〉の形になる。
(3) （1 枚のはがきが，いとこによって昨日私に送られました。）SVOO の文型である My cousin sent me a postcard yesterday. の a postcard を主語にした受け身の文。send の過去分詞は sent。
(4) （木々は昨年，アリに被害を受けました。）last year から過去の文とわかる。damage「〜に被害を与える」の過去分詞は damaged。
(5) （この歌は近ごろは，たくさんの子どもたちによって歌われています。）these days から現在の文とわかる。sing の過去分詞は sung。

3 (1) The summer concert was held last month.
(2) This letter was not [wasn't] posted yesterday.
(3) Is fishing allowed in this area? — No, it isn't.
(4) When was this temple built?
(5) What was stolen yesterday?
(6) Who was injured in the accident?

〈解説〉
(1) （夏のコンサートが毎年開かれます。→夏のコンサートが先月開かれました。）過去の文にするので，be 動詞 is を was にする。
(2) （その手紙は昨日投函されました。→その手紙は昨日投函されませんでした。）受け身の否定文は be 動詞のあとに not を置いて作る。
(3) （この場所では，釣りは許可されています。→この場所では，釣りは許可されていますか。—いいえ，許可されていません。）受け身の疑問文は，be 動詞を主語の前に出して〈be 動詞＋主語＋過去分詞〜?〉の形にし，答えるときも be 動詞を使う。
(4) （この寺は 800 年前に建てられました。→この寺はいつ建てられましたか。）疑問詞 when を使って「いつ」とたずねる疑問文にする。when を文頭に置き，受け身の疑問文の形を続ける。
(5) （私の自転車が昨日盗まれました。→何が昨日盗まれましたか。）「何が〜されたか」と主語をたずねる受け身の疑問文は，〈What＋be 動詞＋過去分詞〜?〉の形にする。
(6) （タダシは事故でけがをしました。→だれが事故でけがをしましたか。）「だれが〜されたか」と主語をたずねる受け身の疑問文は，〈Who＋be 動詞＋過去分詞〜?〉の形にする。

4 (1) The winner will be announced in the hall (by them).
(2) This watch was given (to) me by my uncle.
(3) My key was found in the garden by my sister.
(4) He is called Anton by his friends.

〈解説〉
(1) （彼らは勝者をホールで発表するでしょう。→勝者がホールで発表されるでしょう。）未来のことを表す受け身の文〈will be ＋過去分詞〉にする。they が「ある組織や店の人」などを指す場合，by them は省略してもよい。
(2) （おじが私にこの腕時計をくれました。→おじによってこの腕時計が私に与えられました。）目的語が 2 つ

ある SVOO の文。2つ目の目的語（the watch）を主語にした受け身の文にする。me の前に前置詞 to を置いてもよい。もとの文の主語 my uncle は by ～で表す。

(3) （姉が私のかぎを庭で見つけました。→姉によって私のかぎが庭で見つけられました。）found の目的語である my key を主語にした受け身の文にする。

(4) （彼の友達は彼をアントンと呼びます。→彼は彼の友達にアントンと呼ばれています。）〈call ＋目的語（O）＋補語（C）〉は「O を C と呼ぶ」の意味。この目的語を主語にして受け身の文にする。補語は〈be 動詞＋過去分詞〉のあとに置く。

5 (1) with　(2) of　(3) with
　(4) in　(5) to

〈解説〉

(1) （その子どもの目は涙でいっぱいでした。）be filled with ～で「～でいっぱいである」を表す。

(2) （これらの人形は竹でできています。）be made of ～で「～でできている」。できたものの材料がそのままわかる場合は be made of ～を使い，原料の質が変わる場合は be made from ～を使う。

(3) （家々は雪でおおわれていました。）be covered with ～で「～でおおわれている」を表す。

(4) （アキラは科学にとても興味を持っています。）be interested in ～で「～に興味がある」を表す。

(5) （そのレストランは若い人々に知られています。）be known to ～で「～に知られている」を表す。

6 (1) ウ　(2) ア　(3) オ　(4) イ　(5) エ

〈解説〉
文脈に合った適切な内容を答えているものを選ぶ。

(1) （カナダでは何の言語が話されていますか。―主に英語とフランス語です。）

(2) （あなたはどこで生まれましたか。―私は岩手で生まれて，東京で育ちました。）born は bear「～を産む」の過去分詞で，be born「（人が）生まれる」の形で用いられる。

(3) （あなたはこのペンダントをどこで手に入れたのですか。―それは親友によって私に与えられました。）

(4) （この家はどのくらい古いですか。―それは約100年前に建てられました。）

(5) （あなたの明日の計画は何ですか。―私はコンサートに行きます。私は祖父母から招待されました。）

7 (1) He is not pleased with his new job.
　(2) How will her book be received by her fans?
　(3) What is butter made from?
　(4) Are notebooks sold at that bookstore?
　(5) A famous pop star was seen in Shibuya.

〈解説〉

(1) 「～が気に入っている」は be pleased with ～で表す。否定文なので be 動詞のあとに not を置く。

(2) 「どのように」を表す疑問詞 how を文頭に置き，will を用いた受け身の疑問文の形を続ける。「ファンに」は「ファンによって」と考え，最後に by her fans で表す。

(3) 「～から作られる」は be made from ～。疑問詞 what を文頭に置いて，受け身の疑問文の形を続ける。

(4) 受け身の疑問文は be 動詞を主語の前に出して，〈be 動詞＋主語＋過去分詞～?〉の形にする。

(5) 「目撃された」は「見られた」と考えて be seen を使い，過去の受け身の文にする。

8 (1) food is called
　(2) was written, published

〈解説〉

(1) 「～は…と呼ばれている」は，〈call ＋目的語（O）＋補語（C）〉の受け身の文で表す。

(2) 「書かれた」は was written で，「出版された」は was published で表す。2つ目の was は重複するので省略されている。the next year は「その翌年に」の意味。

9 (1) These rooms are cleaned every day.
　(2) What is she called by her friends?
　(3) We were surprised at the loud sound.

〈解説〉
(1) clean「〜を掃除する」を〈be 動詞＋過去分詞〉の形にする。主語が複数なので，be 動詞は are になることに注意。
(2) 「彼女は何と呼ばれているか」は疑問詞 what を文頭に置き，受け身の疑問文の形を続ける。「〜によって」は by 〜で表す。
(3) 「〜に驚く」は be surprised at 〜で表す。

第10章 現在完了形　p.206〜208

1 (1) ア　　(2) ウ　　(3) イ

〈解説〉
(1) （私はあの男の子を以前に見たことがあります。）この文と同じ「経験」を表すのは，ア「マリコは今までに中国に行ったことがありますか」。
(2) （彼女は3か月間，ずっと忙しいです。）この文と同じ「継続」を表すのは，ウ「私は去年からずっと，この本をほしいと思っています」。
(3) （彼はちょうど学校から戻ったところです。）この文と同じ「完了」を表すのは，イ「授業はまだ始まっていません」。

2 (1) ウ　　(2) エ　　(3) ア　　(4) イ

〈解説〉
(1) （あなたは作文を終えましたか。—いいえ。私は今それに取り組んでいるところです。）
(2) （彼女はこれまでに外国に行ったことがありますか。—いいえ。彼女はその機会が一度もありませんでした。）外国に行ったことがあるかという「経験」をたずねる現在完了形の疑問文に対する適切な答えは，エである。the chance はここでは「外国へ行く機会」ということ。
(3) （あなたはどのくらい長くこの上着を持っているのですか。—私はそれを5年間持っています。）「（ずっと）〜している」という「継続」の文。How long でたずねられているので，具体的な期間で答える。
(4) （彼らはもう何か食べましたか。—はい。彼らはちょうどサラダを食べたところです。）「〜したところだ」

を表す「完了」の文。yet は疑問文で「もう」，just は「ちょうど」を意味する。

3 (1) Have you lost your wallet?
(2) Have they ever watched the anime (before)?
(3) We have not [haven't] met the new teacher yet.
(4) I have been to Miho's house many times.
(5) I have been waiting since this morning.
(6) How long have Jack and Mike been friends?
(7) How many times has Jane read the book?

〈解説〉
(1) （あなたは財布をなくしました。→あなたは財布をなくしてしまったのですか。）現在完了形の疑問文は have を主語の前に出す。
(2) （彼らは以前にそのアニメを見たことがあります。→彼らは今までにそのアニメを見たことがありますか。）経験をたずねる疑問文は〈Have [Has] ＋主語＋ ever ＋過去分詞〜?〉とする。
(3) （私たちはもう新しい先生に会いました。→私たちはまだ新しい先生に会っていません。）「まだ〜していない」という現在完了形の否定文は〈have [has] not ＋過去分詞〜 yet〉の形で表す。
(4) （私は昨日，ミホの家に行きました。→私はミホの家に何度も行ったことがあります。）「〜に行ったことがある」は have been to 〜で表す。
(5) （私は待っています。→私は今朝からずっと待っています。）過去から現在までずっと継続している動作について「（今までずっと）〜している」と表すときは，現在完了進行形〈have [has] been ＋動詞の ing 形〉を使う。「今朝から」は since this morning で表す。
(6) （ジャックとマイクは10年間ずっと友達です。→ジャックとマイクはどのくらいの間，友達ですか。）期間をたずねる「どのくらい（長く）〜しているか」は〈How long have [has] ＋主語＋過去分詞〜?〉

の形で表す。

(7)（ジェーンはこの本を3回読んだことがあります。→ジェーンはこの本を何回読んだことがありますか。）経験の回数をたずねるときは How many times のあとに現在完了形の疑問文を続ける。

---

4 (1) Have you lived here since 2018?
　(2) I haven't told my parents about the trip yet.
　(3) Has he ever thought about his future?

〈解説〉

(1)「（ずっと）〜していますか」という「継続」の現在完了形の疑問文は〈Have [Has] ＋主語＋過去分詞〜?〉で表す。「〜から」は since 〜で表す。

(2)「完了」の現在完了形の否定文「まだ〜していない」は〈have [has] not ＋過去分詞〜 yet〉で表す。

(3)「これまでに〜したことがありますか」という「経験」の現在完了形の疑問文は〈Has [Have] ＋主語＋ever ＋過去分詞〜?〉で表す。

---

5 (1) has had, since　(2) have, to, twice
　(3) been reading, for　(4) have been

〈解説〉

(1)（マークは2015年にその腕時計を買いました。彼はまだそれを持っています。→マークは2015年からその腕時計を持っています。）過去に始まった状態が今も続いていることを現在完了形で表す。「〜からずっと」は since 〜を使う。

(2)（私たちは2017年と2019年にイタリアに行きました。→私たちはイタリアに2回行ったことがあります。）「私たちは〜に行ったことがある」は We have been to 〜. で表す。

(3)（ミキは30分前にその本を読み始めました。彼女はまだそれを読んでいます。→ミキは30分間ずっとその本を読んでいます。）過去から現在までずっと継続している動作は現在完了進行形で表す。継続期間表すには for 〜を使う。

(4)（サユリと私は1年前に友達になりました。私たちは今も友達です。→サユリと私は1年間友達です。）「継続した状態」を表す「ずっと〜である」は have

---

been 〜の形を用いる。

6 (1) 私たちは何回彼からあの話を聞いたでしょうか。
　(2) 私たちは一度もペットを飼ったことがありません。
　(3) 私はたった今あなたのお母さんと話したところです。
　(4) 私たちは5年来の知り合いです[5年間お互いを知っています]。

〈解説〉

(1)〈How many times have ＋主語＋過去分詞〜?〉で「何回〜したことがありますか」を表す。

(2)〈have never ＋過去分詞〉で「一度も〜ない」という否定の意味を表す。

(3)〈have just ＋過去分詞〉で「ちょうど〜したところだ」という意味。

(4)現在完了形で「ずっと〜している」という状態の継続を表す。

---

7 (1) has broken
　(2) How many, won, have lost
　(3) Have, stopped　(4) have, been

〈解説〉

(1)「ミカは足を骨折して，今もまだ治っていない」という状況を現在完了形 has broken で表す。

(2)「今シーズン何回勝ったか」とたずねる文は How many times で始める。「これまでのところ負けている」も現在完了形で答える。

(3)「もう〜しましたか」は〈Have [Has] ＋主語＋過去分詞〜 yet?〉で表す。「〜するのをやめる」は stop 〜ing。

(4)「いた[行ってきた]場所」を問う文は Where have you been? で表す。all day は「1日中」。

---

8 (1) Has Ken arrived yet?
　(2) I have watched [seen] the movie many times.
　(3) I have not [haven't] called Yuta this week yet.

〈解説〉

(1) 「もう～しましたか」は〈Has [Have] ＋主語＋過去分詞～ yet?〉で表す。

(2) 「私は～したことがあります」は，〈I have ＋過去分詞〉で表す。回数は文末に加える。「何度も」は「多くの回数」と考えて，many times で表す。

(3) 「まだ～していない」は〈have [has] not ＋過去分詞～ yet〉を使う。

第11章 注意すべき表現 p.238〜240

1 (1) don't　(2) can　(3) it　(4) were
(5) cookies, butter　(6) juice　(7) some
(8) an apple　(9) the　(10) a, the

〈解説〉

(1) （あなたは何か読むものを持っていますね。）肯定文のあとにつける付加疑問は〈コンマ＋否定の短縮形＋主語?〉の形になる。

(2) （彼女は来られないのですね。）否定文のあとにつける付加疑問は〈コンマ＋肯定形＋主語?〉。

(3) （あれは彼の自転車ですよね。）肯定文のあとにつける付加疑問は〈コンマ＋否定の短縮形＋主語?〉。That は付加疑問では it に置きかえる。

(4) （あなたは遅れなかったですね。）否定文のあとにつける付加疑問は〈コンマ＋肯定形＋主語?〉。

(5) （これらのクッキーにはバターが入っています。）cookie は数えられる名詞。複数形は cookies。butter は数えられない名詞なので a はつかない。

(6) （私は店でびん3本のオレンジジュースを買いました。）juice はこの意味では数えられない名詞で，入れ物などを単位として数える。

(7) （私はいくらかお金を持っています。）原則的に肯定文では some，疑問文・否定文では any を用いる。

(8) （ヨウコは毎日リンゴを1個食べます。）apple は数えられる名詞で，母音で始まる語。不特定の1つを指すときは an apple とする。

(9) （お母さんはどこですか。—彼女は台所にいます。）その場で何を指すかがわかっている語には the をつける。

(10) （私は昨日，1本のペンを買いました。これがそのペンです。）数えられる名詞で不特定の1つを指すときは a / an をつけ，前に話題に出てきた語には the をつける。

2 (1) イ　(2) オ　(3) カ
(4) エ　(5) ウ　(6) ア

〈解説〉

〈肯定文＋付加疑問〉，〈否定文＋付加疑問〉，さらに否定疑問文は，答えの内容が肯定なら Yes，否定の内容なら No と答える。返答では文脈に合わせた適切な代名詞を使っているかにも注意する。

(1) （私に名前を教えることができないのですか。—いいえ，もちろんできます。）

(2) （それは本当の話ではないのですか。—いいえ，昨日起きたのです。）

(3) （彼女は日本に住んでいないのですか。—はい，彼女はカナダに住んでいます。）

(4) （そのテストはとても難しかったですよね。—いいえ，簡単でした。）

(5) （あなたはブラウンさんを知らないですよね。—いいえ，私たちは友達です。）

(6) （彼は中国を話せますよね。—はい，でも，あまりじょうずではありません。）

3 (1) water, air, sugar
(2) Yokohama, Jane, France
(3) music, health, time
(4) desk, computer, foot

〈解説〉

(1) （水，空気，砂糖）物質名詞。数えられない名詞で，決まった形を持たない物質などがこのグループ。

(2) （横浜，ジェーン，フランス）固有名詞。数えられない名詞で，地名・人名などがこのグループ。最初の文字を大文字で表す。

(3) （音楽，健康，時間）抽象名詞。数えられない名詞で，形のない概念などがこのグループ。

(4) （机，コンピューター，足）普通名詞。数えられる名詞で，単数形と複数形がある。

4 (1) women　　(2) knife
　 (3) themselves　(4) those

〈解説〉
(1) 単数―複数の関係。woman の複数形は women。
(2) 単数―複数の関係。knives は knife の複数形。
(3) 代名詞の主格―再帰代名詞の関係。they の再帰代名詞は themselves。
(4) 指示代名詞の単数形―複数形の関係。that の複数形は those。

5 (1) on　　(2) for　　(3) into
　 (4) by　　(5) during　(6) until
　 (7) between

〈解説〉
(1) (壁にかかっている絵を見なさい。) on は「表面」への接触を表す。「～の上に [で]」の意味。
(2) (私は2時間，あなたを待ちました。) for は「～ (期間の長さ) の間」を表す。
(3) (彼女はさよならを言って家の中に入って行きました。) into は「～の中へ」の意味。
(4) (あなたは8時までに家に帰ってこなければなりません。) by は完了する期限を表す。「～までに」の意味。
(5) (私は冬休みの間，オーストラリアに行きました。) during は特定の期間を表す。「～の間 (ずっと)」の意味。
(6) (明日までここに滞在しましょう。) until [till] は動作や状態が「いつまで継続するか」を表す。「～まで (ずっと)」の意味。
(7) (クミはトムとケンの間に立っています。) between は位置を表す。「～ (2つのもの・人) の間に [で]」の意味。

6 (1) Didn't he call you last night?
　 (2) How well he plays the piano!
　 (3) What a kind person she is!
　 (4) My brother ate three pieces of cake.

〈解説〉
(1) 「～しなかったのですか」なので，否定疑問文 〈否定の短縮形＋主語～?〉の形にする。
(2) 副詞 well「じょうずに」を強調する感嘆文なので 〈How ＋副詞＋主語＋動詞!〉の形にする。
(3) 名詞 a kind person「親切な人」を強調する感嘆文なので 〈What a ＋形容詞＋名詞＋主語＋動詞!〉の語順にする。
(4) 「3切れのケーキ」は piece を使い three pieces of cake で表す。

7 (1) each hand　　(2) any other
　 (3) a little　　(4) much time
　 (5) a few　　(6) strong enough
　 (7) always　　(8) like　　(9) at herself

〈解説〉
(1) 「それぞれの～」は 〈each ＋単数名詞〉で表す。
(2) any は疑問文で「少しでも，1つでも [1人でも]」，other は「ほかの～」の意味。any other information の語順になる。
(3) 数えられない名詞の「(量が) 少しの～」は a little を用いる。
(4) 数えられない名詞の「(量が) たくさんの～」は much を用いる。
(5) 「少し質問したいことがある」は「たずねたいいくつかの質問がある」と考える。数えられる名詞の「(数が) 少しの～」は a few を使う。
(6) 「十分に～」は 〈形容詞・副詞＋enough〉で表す。語順に注意。
(7) 「いつでも」は頻度を表す副詞 always を用いる。
(8) 「～のように [な]」は前置詞 like で表す。
(9) 「自分の姿」は「自分自身」と考える。「彼女自身を見る」の意味を look at herself と表す。

リスニング問題　p.248

1 (1) ウ　　(2) ア

〈解説〉

(1) 会話のあとの質問が流れるまで，何を問われるかがわからないので，だれが何をした（する）のかをしっかり覚えておくこと。「ジョンが先月食べたものは何か」に対する答えは，ジョンの最初の発言のI ate pizza ... からウ「ピザ」が正解。

(2) 道案内では目印になる建物などの位置や方向指示に特に注意する。案内の最初にある2つの病院のどちらで曲がるかを聞き取ることがポイント。Turn right at ～「～で右に曲がってください」のあとにthe hospital on the left「左側にある病院」が出てくるので，右と左で混乱しないように注意。「左側にある病院のところで右折」し，「まっすぐ行くとコンビニエンスストアの隣に郵便局がある」ので，アが正解。

〈読まれた英文・訳〉

(1) A: John, there are so many kinds of dishes at this restaurant. I can't choose.
B: I know, Yuki. I came here with my mother last month. I ate pizza and my mother ate sandwiches. I liked it very much.
A: What will you eat today? Pizza again?
B: No. I'll try curry and rice today.
Question: What did John eat at this restaurant last month?
A: ジョン，このレストランにはとてもたくさんの種類の料理があります。私は選ぶことができません。
B: そうですね，ユキ。私は先月，母とここに来ました。私はピザを食べて，母はサンドイッチを食べました。私はそれをとても気に入りました。
A: 今日は何を食べますか。またピザですか。
B: いいえ。私は今日はカレーライスにしてみます。
質問：ジョンは先月このレストランで何を食べましたか。

(2) A: Excuse me, could you tell me the way to the post office?
B: Sure. We can see two hospitals over there. Turn right at the hospital on the left and go straight. You'll see the convenience store. The post office is next to it, and there is a flower shop in front of the post office.
A: Thank you very much.
B: You're welcome.
Question: Where is the post office on the map?
A: すみません，郵便局へ行く道を私に教えていただけますか。
B: いいですよ。あそこに2つの病院が見えます。左側にある病院のところで右に曲がって，まっすぐ行ってください。コンビニエンスストアが見えてきます。郵便局はその隣にあり，郵便局の正面には花屋があります。
A: ありがとうございます。
B: どういたしまして。
質問：地図上で郵便局はどこにありますか。

2 (1) 15:00　　(2) Tuesday

〈解説〉

答えは指示文にあるように，図や表の中から語句をそのまま抜き出して答えること。それぞれの図や表が何についてのものかを見て，すばやく把握しておくことがポイントになる。

(1) 最初の英文で「エミリーは11月にサッカーの試合を見る」と聞こえた時点で，11月の部分に集中する。次に「Bチームの試合を見る」と続くので正解は「15:00」。

(2) 2文目で「午前中に，博物館でいっしょに日本文化について学びたい」と聞こえた時点で，表の午前中の部分に集中する。第3文でジョンは「日本の音楽」に，ヘンリーは「日本食」に興味があるとわかるので，これらが午前中に行われるTuesdayが正解となる。

(1) Emily is going to watch a soccer game in November. She will watch Team B's game. What time does the game start?

エミリーは11月にサッカーの試合を見る予定です。彼女はBチームの試合を見るでしょう。その試合は何時に始まりますか。

サッカーの試合

11月25日	12月2日
11時	10時
Aチーム対Dチーム	Cチーム対Dチーム
15時	14時
Bチーム対Cチーム	Aチーム対Bチーム

(2) John and Henry will stay in Kyoto from Tuesday to Friday. They want to learn about Japanese culture together at the museum in the morning. John is interested in Japanese music, and Henry wants to know how to make Japanese foods. Which day should they choose?

ジョンとヘンリーは火曜日から金曜日まで京都に滞在します。彼らは午前中に，博物館でいっしょに日本文化について学びたいと思っています。ジョンは日本の音楽に興味があり，ヘンリーは日本食の作り方を知りたいと思っています。彼らはどの日を選ぶべきですか。

文法・語法問題　p.249

| 1 (1) ア | (2) ア | (3) ウ |
| (4) イ | (5) イ | (6) ア |

〈解説〉

(1) 「くもった」を表す形容詞はア。主語のIt は天候を表すときに使われるもので日本語には訳さない。イ「暑い」，ウ「晴れの」。

(2) 「AとBの間に」はbetween A and Bで表す。イ「～から」，ウ「～へ」。

(3) 〈There + be 動詞～.〉で「～がある」の意味を表す。

~に入る名詞 many nice restaurants が複数形なので，be 動詞は are になる。

(4) 「～を聞く」は listen to ～で表す。過去の文なのでイ listened が正解。

(5) 「…よりも～だ」は〈形容詞の比較級＋than ...〉で表す。new の比較級であるイの newer が正解。

(6) 「～しなければならない」は〈must＋動詞の原形〉で表す。do の原形であるアの do が正解。

2 (1) library　(2) excited

〈解説〉

(1) クミの「～へ行って本を借りた」や，メアリーの「そこで本を読んでいた」から，l で始まる library が正解。

(2) サッカーの試合についてビルが「よい試合だったと聞いた」と言っていることから，アキラの「日本のチームが勝ったので，私はとても～だった」の～に入る e で始まる語は excited とわかる。be excited で「興奮している」という意味。

〈訳〉

(1) メアリー：あなたは昨日の放課後は何をしましたか。
　　クミ：私は図書館に行って何冊か本を借りました。
　　メアリー：本当ですか。私もそこで本を読んでいました。

(2) アキラ：あなたは昨夜，テレビでサッカーの試合を見ましたか。
　　ビル：いいえ，見ませんでした。よい試合だったと聞きました。
　　アキラ：そうです。日本のチームが試合に勝ったので，私はとても興奮しました。

3 (1) 4　(2) 2

〈解説〉

(1) A に「赤ちゃんが寝ている」と言われてB が謝っていることから，空所には4の quiet を入れ，be quiet「静かにしなさい」とするのが適切。1「有名な」，2「小さな」，3「くもった」。

(2) A の「若者は外国に行くべきだ」という意見に対して，B も「その経験が役立つだろう」と言っていることから，空所には2の agree を入れ，I agree with you.「私はあなたと同じ意見です。」とするのが

適切。1「開く」，3「考える」，4「戻る」。

〈訳〉

(1) *A:* ジョン，静かにしなさい。見て。あの赤ちゃんは寝ています。

   B: ああ，ごめんなさい。

(2) *A:* 私は，もし機会があるのなら若者は外国に行くべきだと思います。

   B: 私はあなたに賛成します。将来，その経験が役に立つでしょう。

4	(1)	エオイアウ	(2)	イエウオア
	(3)	オイアウエ	(4)	イオエウア
	(5)	オイアエウ		

〈解説〉

(1) 文の動詞になるのが sells だとわかれば，その主語（売る人・店）と目的語（売り物）を見極めて語順を整えればよい。many kinds of ～は「たくさんの種類の～」の意味。正解文は This (shop sells many kinds of) comic books. となる。

(2) B が何に対してお礼を述べているのか，その内容がAの発言となる。Why don't you ～?は相手を誘って「～しませんか」というときに使う表現。正解文は Why (don't you have dinner with) us this evening? となる。

(3) B の But「しかし」から，前に述べられた内容に対立することを述べていると推測できる。not と2つの as に着目して，〈not as ～ as …〉「…ほど～ではない」の形で並べかえる。正解文は But (he is not as tall) as our father. となる。

(4) 選択肢の中に be 動詞（were）と動詞の過去分詞（broken）があることから，〈be 動詞＋過去分詞〉で受け身「～される」を表す文だと推測できる。by ～は「～によって」の意味を表す。正解文は Yeah, (some windows were broken by) the winds. となる。

(5) 選択肢の中に there と meet があることに着目すると，A に「駅であなたを見た」と言われた B が，駅にいた理由を答えていると推測できる。「～するために」と目的を表す不定詞の副詞的用法の文にする。正解文は I (was there to meet my)

friend. となる。Did you? は Did you see me at the station yesterday? の see 以下を省略した形で，相手に問い返して確認する表現。

〈訳〉

(1) *A:* 見て！　これらはすべてまんがですか。

   B: そうです。この店はたくさんの種類のまんがを売っています。

(2) *A:* 今晩，私たちと夕食を食べませんか。

   B: ありがとうございます。そうします。

(3) *A:* あなたの兄[弟]は本当に背が高いですね。

   B: でも，私たちの父ほどは高くありません。

(4) *A:* 昨晩はすごい荒れ模様の天気でしたね。

   B: はい，何枚かの窓が風で割れました。

(5) *A:* 私は昨日，あなたを駅で見かけました。

   B: そうでしたか。私は友人に会うためにそこにいました。

読解問題　p.251

1	(1) エ	(2) ア

〈解説〉

(1) ホテルでできることを選択肢の中から選ぶ。選択肢の1つ1つを必ず確認すること。また，利用案内は表の外のただし書きまで見逃さないようにする。各階の案内の表に，1階にあるコンビニエンスストアは24時間営業であることが書かれているのでこれが正解となる。客室は1階にないのでアは不適切。プールがあるのは2階なのでイも不適切。レストランは6時半開店なので，ウも不適切となる。

(2) 利用する際にフロントに伝えなければならない施設は，表の下にあるただし書きの記述にあるように，会議室（the meeting room）とカラオケルーム（the *karaoke* room）。そのうち会議室は3階にあるので，アが正解となる。イの貴重品については下の Room Information の2つ目のただし書きに説明があるが，フロントに伝えなくてはならないとは書いていないので不適切。ウの「2階のあなたの客室のかぎ」については，表から2階には客室がないとわかるので，これも除外できる。最上階（5階）には施設（the facility）がないので，エも不適切。

〈訳〉

```
レイクホテルのご案内
■各階のご案内
```

階	客室	施設（ご利用時間）
5階	501-540	
4階	401-440	
3階	301-330	会議室（9:00-21:00）
2階		プール（15:00-21:00） カラオケルーム （17:00-23:00）
1階		レストラン（6:30-20:30） コンビニエンスストア（24時間）

◎お客様はご滞在中に，これらの施設をご利用になれます。

◎会議室もしくはカラオケルームをご利用になる際は，フロントにお申し付けください。

```
■客室のご案内
◎お部屋を出る際は，部屋のかぎをお持ちください。
◎貴重品は金庫にお入れください。
```

(1) レイクホテルで，あなたは＿＿＿ことができます。

　　ア　1階の客室に滞在する
　　イ　4階のプールで泳ぐのを楽しむ
　　ウ　午前6時からレストランで朝食を食べる
　　エ　いつでもコンビニエンスストアで買い物をする

(2) もしあなたが＿＿＿を使いたいなら，フロントに伝えなくてはなりません。

　　ア　3階の施設
　　イ　金庫にあるあなたの貴重品
　　ウ　2階のあなたの客室のかぎ
　　エ　最上階の施設

2　3.

〈解説〉

　アカリが5月分として支払う月謝が問われている。対話の最終文から，5月はアカリがレッスンを始める月だとわかる。

冒頭の説明文にアカリは16歳とあるので，年齢別になっている表の16～18歳の欄に注目する。アカリの2つ目の発言で「毎週木曜日」に，3つ目の発言で「30分（午後4時30分から5時）」のレッスンを受けたいことがわかる。この条件に合うのは表の中央の列で，16～18歳の月謝は10,000円である。さらに，表の下にある注を見ると，最初の月の月謝は半額になること，また教本（music book）代として3,000円かかることが書かれている。したがって，10,000円の月謝の半額5,000円に教本代3,000円を足した3.の8,000円が正解となる。

〈訳〉

　アカリは高校生で，彼女は16歳です。今，彼女は母親と話しています。アカリはピアノのレッスンを受け始めたいと思っています。

アカリ：お母さん，私は駅でこの案内をもらったよ，それで私はこれらのピアノのレッスンの1つを受けたいな。

母：ああ，それはすばらしいわね。どのくらいの頻度で通いたいの？

アカリ：毎週木曜日にレッスンを受けたいの。

母：何時がいいの？

アカリ：放課後の午後4時半から5時に行きたいな。

母：いいよ。ピアノの演奏をすることはとても楽しいでしょうね！

アカリ：ありがとう，お母さん。

母：いつ始めたいの？

アカリ：来月，5月だよ。

案内			
ピアノレッスン　*月謝			
	木曜日または金曜日毎月2レッスン30分のレッスン	毎週火曜日または木曜日30分のレッスン	毎週月曜日，木曜日または土曜日60分のレッスン
3〜6歳	4,000円	7,000円	10,000円
7〜12歳	4,500円	8,000円	12,000円
13〜15歳	5,000円	9,000円	14,000円
16〜18歳	5,500円	10,000円	16,000円
19歳〜	6,000円	11,000円	18,000円

・最初の月謝は50%だけお支払いください。
・最初の月は音楽の教本に3,000円をお支払いいただく必要があります。

質問：アカリは5月分にいくら支払うでしょうか。

1. 5,500円。　　2. 5,750円。　　3. 8,000円。

4. 11,000円。　　5. 13,000円。

英作文問題　p.253

解答例

① What are you doing / What are you making
② How many eggs do you need

〈解説〉

① 男の子の問いかけに母親は I'm making a cake. と答えているので，「何をしているのか」や「何を作っているのか」という意味の質問を，疑問詞 what で始まる現在進行形を使った文で表すとよい。

② 母親から卵を持ってくるように頼まれた男の子は，Sure. と答えて，何かをたずねている。それに対して母親は「3つ必要だ」と言っているが，これは「3つの卵」ということなので，卵の数をたずねる質問が②に入る。「いくつの〜」を表す how many 〜 を使って疑問文を作る。

〈訳〉

1　何をしているの？ / 何を作っているの？

2　ケーキを作っているところよ。ああ，冷蔵庫からくつか卵を持ってきてちょうだい。

3　いいよ。いくつの卵が必要なの？

4　3つ必要よ。ありがとう。

A

a ······ 220
a bottle of ～ ······ 219
a cup of ～ ······ 219
a few ······ 223
a glass of ～ ······ 219
a little ······ 223
a lot of ～ ······ 224
a piece of ～ ······ 219
about ······ 234
across ······ 233
afraid (that) ～ ······ 116
after（接続詞）······ 109
after（前置詞）······ 109, 231
ago ······ 20
all ······ 223
along ······ 233
already ······ 189
also ······ 228
always ······ 227
among ······ 234
an ······ 220
and ······ 104
another ······ 223
any ······ 222
anybody ······ 222
anyone ······ 222
anything ······ 222
anything to ～ ······ 134
around ······ 233
as ～ ······ 161
as ～ as ... ······ 161
ask ＋人＋ to ～ ······ 139
ask ＋人＋もの ······ 93
at ······ 230, 232
at that time ······ 20

B

Be ～.（命令文）······ 13
be able to ～ ······ 60
be born ······ 180
be covered with ～ ······ 180
be excited about ～ ······ 180

be filled with ～ ······ 180
be good at ～ing ······ 141
be going to ～ ······ 44
　will とのちがい ······ 50
　疑問文 ······ 46
　否定文 ······ 48
be going to be ＋過去分詞 ··· 173
be injured ······ 180
be interested in ～ ······ 179, 245
be known to ～ ······ 180
be made from [of] ～ ······ 180
be pleased with ～ ······ 180
be sorry for [about] ～ ······ 241
be surprised at ～ ······ 179
be 動詞 ······ 7
　過去形 ······ 27
　疑問文 ······ 8
　肯定文 ······ 7
　否定文 ······ 9
　命令文 ······ 13
be 動詞＋ to ＋動詞の原形 ··· 129
be 動詞＋動詞の ing 形 ······ 14
be 動詞＋過去分詞 ······ 170
because ······ 112
become ＋形容詞［名詞］······ 90
before（接続詞）······ 109
before（前置詞）······ 109, 231
before（副詞）······ 192
begin ～ing ······ 140
begin to ～ ······ 127
believe (that) ～ ······ 113
best ······ 158
better ······ 158
between ······ 233
both A and B ······ 106
but ······ 105
buy ＋人＋もの ······ 93
by ······ 231, 232
　行為者 ······ 171
　交通手段 ······ 221, 234
by the way ······ 243

C

call back ······ 245

call ＋O＋C ······ 95
can ······ 60
　疑問文 ······ 60
　否定文 ······ 60
Can I ～?（許可）······ 62, 244
Can you ～?（依頼）··· 62, 69, 243
cannot ······ 60
can't ······ 60
come and ～ ······ 131
come to ～（不定詞）······ 131
could ······ 61
Could I ～? ······ 244
could not [couldn't] ······ 61
Could you ～? ······ 69, 243
Could you tell me the way to ～?
······ 246

D

-d（過去形）······ 20
Did ～? ······ 24
did not [didn't] ······ 26
Do [Does] ～? ······ 11
do not [don't] ······ 12
does not [doesn't] ······ 12
Don't ～. ······ 13
Don't be ～. ······ 13
don't [doesn't] have to ～ ··· 66
during ······ 230

E

each ······ 223
-ed（過去形）······ 20
-ed（過去分詞）······ 170
either ······ 228
either A or B ······ 106
enjoy ～ing ······ 140
enough ······ 228
～er（比較級）······ 152
～est（最上級）······ 153
ever ······ 194

F

feel ＋形容詞 ······ 92
few ······ 224

find＋O＋C ················· 97
finish ～ing ················ 140
for ················· 232, 234
for（期間） ········· 197, 230
forget ～ing ················ 150
forget to ～ ········· 127, 150
from ················· 231, 232

G

get（いろいろな意味）··········· 42
get＋形容詞 ················· 92
get＋人＋もの ················ 93
give（いろいろな意味）··········· 42
give＋人＋もの ················ 93
give＋もの＋to＋人 ········· 94
glad (that) ～ ················ 115
glad to ～ ······················ 131
go and ～ ······················ 131
go to ～ ························· 131
go to bed ······················ 221
go to school ··············· 221
grow＋形容詞 ················· 92

H

had to ～ ························ 66
happy (that) ～ ·············· 116
happy to ～ ···················· 132
has not [hasn't] ············· 191
have（いろいろな意味）··········· 42
have [has]＋過去分詞········· 188
have [has] already＋過去分詞
·························· 188
have [has] been ～ing ······ 201
have [has] been to ～ ······ 193
have [has] gone to ～ ······ 193
have [has] just＋過去分詞·· 188
have [has] never＋過去分詞·195
have lunch ···················· 221
have not [haven't] ··········· 191
have [has] to ～ ··············· 66
　疑問文 ························· 66
　否定文 ························· 66
hear (that) ～ ················· 113
herself ·························· 225

himself ·························· 225
hope (that) ～ ················ 113
hope to ～ ··············· 127, 141
how（疑問詞）···················· 18
How ～!（感嘆文）·············· 215
How about ～ing? ········· 142
How long ～? ·········· 47, 199
How many ～ are there? ···· 82
How many times ～? ······ 195
How much ～? ················· 18
How often ～? ················· 195
how to ～ ························ 136
How was ～? ··················· 244

I

I beg your pardon? ········ 242
I hope ～. ······················· 244
I mean ... ····················· 243
I see. ···························· 242
I'd like to ～. ·········· 128, 244
if ································· 111
I'll ······························· 49
I'm sorry, but ～. ············· 115
I've ······························· 188
in ························ 230, 232
in＋場所や範囲を表す語句 ··· 154
in front of ～ ··················· 78
ing 形の作り方 ············ 14, 32
into ····························· 232
Is there ～? ····················· 81
It is ... for — to ～. ··········· 137
It is ... to ～. ··················· 137
itself ···························· 225

J

just ······························· 188

K

keep（いろいろな意味）··········· 42
keep＋O＋C ···················· 97
know (that) ～ ················· 113

L

last ～ ···························· 20

learn to ～ ···················· 127
leave（いろいろな意味）········· 42
lend＋人＋もの ················ 93
Let me see. ···················· 243
Let's ～. ··················· 13, 243
like（前置詞）···················· 234
like ～ better ················· 158
like ～ the best ··············· 158
like ～ing ······················ 140
like to ～ ··············· 127, 141
little ···························· 224
look＋形容詞 ··················· 91
look like＋名詞 ················ 91
lots of ～ ························ 224

M

make（いろいろな意味）········· 42
make＋O＋C ···················· 96
make＋人＋もの ················ 93
many ···························· 223
may ······························· 63
　「～してもよい」··············· 63
　「～かもしれない」··············· 64
May I ～? ·················· 63, 244
May I help you? ··········· 245
May I speak to ～? ········· 245
may not ························· 63
Me, too. ························ 242
mine ···························· 225
more ～（比較級）·············· 155
most ～（最上級）·············· 156
much ···························· 223
must ······························· 65
　「～しなければならない」······ 65
　「～にちがいない」··············· 67
must be ～ ······················ 67
must not [mustn't] ············ 65
My dream [hope] is to ～. ·· 244
myself ···························· 225

N

name＋O＋C ···················· 95
near ······················· 78, 232

need to ~ ·················· 127
never ····················· 196
nice to ~ ·················· 132
Nice to meet you. ········ 241
no ＋名詞 ············ 84, 223
not A but B ··············· 106
not any ···················· 84
not as ~ as ... ············ 162
not only A but (also) B ···· 106
not so ~ as ... ············ 162
not to ＋動詞の原形 ········· 139
nothing to ~ ·············· 134

O

of ························· 233
of ＋複数を表す語句 ········ 153
often ················ 192, 227
on ············· 78, 230, 232
once ····················· 192
one ······················ 223
or ························ 104
other ···················· 223
ourselves ················ 225
over ····················· 232

P

Pardon (me)? ············· 242
please ·············· 13, 243

R

remember ~ing ··········· 150
remember to ~ ··········· 150

S

S ＋ V ···················· 102
S ＋ V ＋ C ················ 90
S ＋ V ＋ O ··············· 102
S ＋ V ＋ O ＋ C ·········· 95
　受け身 ·················· 178
S ＋ V ＋ O ＋ O ·········· 93
　受け身 ·················· 177
S ＋ V ＋ O ＋ to [for] ~ ··· 94
s, es のつけ方（3単現）····· 10
sad to ~ ·················· 132

say (that) ~ ·············· 113
~self, ~selves ··········· 225
send ＋人＋もの ············ 93
Shall I ~? ············ 71, 243
Shall we ~? ··········· 71, 243
should ···················· 68
show ＋人＋ that ~ ········ 115
show ＋人＋もの ············ 93
since ····················· 197
so ······················· 106
some ····················· 222
somebody ················· 222
someone ·················· 222
something ················ 222
something to ~ ············ 134
sometimes ············ 192, 227
sorry (that) ~ ········ 116, 242
sorry to ~ ··········· 132, 242
sound ＋形容詞 ············· 92
start ~ing ················ 140
start to ~ ··········· 127, 141
stop ~ing ················· 140
stop to ~ ················· 141
sure (that) ~ ·············· 116

T

take（いろいろな意味）······· 42
teach ＋人＋もの ··········· 93
tell ＋人＋ that ~ ·········· 114
tell ＋人＋ to ~ ············ 139
tell ＋人＋もの ············· 93
than ····················· 152
Thank you for ~. ·········· 241
Thank you for ~ing. ······· 142
that（接続詞）·············· 113
that（代名詞）·············· 226
the ······················ 220
the ＋最上級 ·············· 153
themselves ··············· 225
then ······················ 20
There are ~. ·············· 79
There is ~. ················ 78
　疑問文 ··················· 81
　否定文 ··················· 83

There is [are] no ~. ········ 84
There is [are] not ~. ······· 83
There was [were] ~. ······· 80
these ···················· 226
think (that) ~ ············· 113
this ····················· 226
This is ~ speaking. ········ 245
those ···················· 226
till（接続詞）·············· 110
till（前置詞）·········· 110, 231
~ times ··················· 192
to ······················· 232
to ＋動詞の原形 ············ 126
　形容詞的用法 ············ 133
　副詞的用法 ············· 130
　名詞的用法 ············· 126
tomorrow ·················· 44
too ······················ 228
try on ···················· 245
try to ~ ··················· 127
turn ＋形容詞 ·············· 92

U

under ···················· 232
understand (that) ~ ········ 113
until（接続詞）············· 110
until（前置詞）········· 110, 231
usually ·················· 227

V

very ····················· 227

W

want ＋人＋ to ~ ·········· 138
want to ~ ················· 126
want to be ~ ·············· 126
was ······················ 27
was [were]＋過去分詞 ······ 172
was [were]＋動詞の ing 形 ··· 31
was [were] able to ~ ······· 61
Was [Were] there ~? ········ 81
was not [wasn't] ··········· 30
well ················ 158, 227
Well ... ·················· 243

were ························· 27
were not [weren't] ········· 30
what（疑問詞）·············· 17
What ～!（感嘆文）·········· 215
What day ～? ·············· 17
What do you like about ～?
························· 245
What do you think about ～?
························· 244
What time ～? ············· 17
what to ～ ················ 136
when（疑問詞）············· 18
when（接続詞）············· 107
when to ～ ················ 136
where ···················· 18
where to ～ ··············· 136
which ···················· 17
Which ～ do you like the best?
························· 159
Which [Who] is the ＋最上級?
························· 157
Which [Who] is ＋比較級, A or B?
························· 157
Which do you like better, A or B?
························· 159
while ···················· 108
who ····················· 17
whose ···················· 17
why ················· 18, 112
Why don't we ～? ·········· 243
Why don't you ～? ·········· 243
will ····················· 49
　be going to とのちがい ····· 50
　疑問文 ················· 51
　否定文 ················· 53
will be ～ ················ 50
will be ＋過去分詞 ··········· 172
will be able to ～ ············ 60
will not ················ 51, 53
Will you ～?（依頼）··· 51, 69, 243
with ···················· 234
won't ················· 51, 53
would like ·············· 70
would like ＋人＋ to ～ ······· 139

would like to ～ ············ 128
Would you ～?（依頼）··· 69, 243
Would you like ～? ····· 70, 243
Would you like to ～? ·· 128, 243

Y
yesterday ················ 20
yet ···················· 190, 191
You know ... ··········· 243
yours ···················· 225
yourself ················· 225
yourselves ··············· 225

あ

あいさつをする …………… 241
あいづちをうつ …………… 242
意見・感想をたずねる …… 244
「いちばん〜だ」 …………… 153
一般動詞 …………………… 10
　過去 ……………………… 20
　疑問文 …………………… 11
　肯定文 …………………… 10
　否定文 …………………… 12
意味上の主語(不定詞) …… 137
依頼 ………………… 62, 69, 243
入れ物などで数える語 …… 219
受け身 ……………………… 170
　by 以外の前置詞があとに続く受け身
　……………………………… 179
　SVOC の受け身 ………… 178
　SVOO の受け身 ………… 177
　過去 ……………………… 172
　疑問文 …………………… 174
　現在 ……………………… 170
　否定文 …………………… 176
　未来 ……………………… 172
お礼を言う ………………… 241
おわびする ………………… 241

か

「〜があります, います」 ……… 78
回数・頻度を表す語句 …… 192
買い物をする ……………… 245
過去形 ……………………… 20
　be 動詞 ………………… 27
　一般動詞 ………………… 20
　作り方 …………………… 21
過去進行形 ………………… 31
　疑問文 …………………… 33
　否定文 …………………… 35
過去の文 …………………… 20
　疑問文 ………………… 24, 28
　否定文 ………………… 26, 30
過去分詞 …………………… 170
過去分詞の作り方 ………… 170
数えられない名詞 ……… 217, 219

数えられる名詞 …………… 217
可能 ………………………… 60
〜かもしれない …………… 64
冠詞 ………………………… 220
感情の原因・理由(不定詞) … 131
感嘆文 ……………………… 215
勧誘 ………………………… 243
聞き返す …………………… 242
規則動詞 …………………… 22
希望・関心を伝える ……… 244
義務 ………………………… 65
疑問詞 ……………………… 16
疑問詞＋ to ＋動詞の原形 … 136
疑問詞が主語 ……………… 16
疑問詞で始まる疑問文 …… 16
許可 ………………… 62, 63, 244
禁止 ………………………… 65
句 …………………………… 124
形式的な主語(不定詞) …… 137
形容詞 ……………………… 227
形容詞＋ er ……………… 152
形容詞＋ est ……………… 153
形容詞句 …………………… 124
形容詞節 …………………… 124
形容詞的用法(不定詞) …… 133
原級 ………………… 152, 161
原形 ………………………… 13
現在完了 …………………… 188
現在完了(完了) …………… 188
　疑問文 …………………… 190
　否定文 …………………… 191
現在完了(経験) …………… 192
　疑問文 …………………… 194
　否定文 …………………… 195
現在完了(継続) …………… 197
　疑問文 …………………… 198
　否定文 …………………… 200
現在完了進行形 …………… 201
現在形 ……………………… 20
　未来のことを表す …… 108, 111
現在進行形 ………………… 14
　疑問文 …………………… 15
　肯定文 …………………… 14
　否定文 …………………… 15

未来の予定・計画を表す …… 45
後置修飾 …………………… 133
「こちらは〜です」 ………… 241
言葉の間をつなぐ ………… 243
固有名詞 …………………… 217

さ

再帰代名詞 ………………… 225
最上級 ……………………… 153
最上級の作り方 …………… 160
「〜される, されている」 …… 170
3 単現の s ………………… 10
3 人称単数現在 …………… 10
子音字 ……………………… 21
指示代名詞 ………………… 226
「〜自身」 …………………… 225
時制 ………………………… 117
時制の一致 ………………… 117
「〜しそうだ」 ……………… 45
「〜したい」 ………… 126, 244
「〜したいのですが」 ……… 128
「〜したことがある」 ……… 192
「〜したほうがいい」 ……… 68
「〜していただけませんか」 …… 69
「〜して(うれしい)」 ……… 131
「〜してくれませんか」 …… 62, 69
「〜してはいけない」 ……… 65
「〜してもいいですか」 …… 62
「〜してもよい」 …………… 63
自動詞 ……………………… 102
「〜しないように」 ………… 139
「〜しなくてもよい」 ……… 66
「〜しなければならない」 … 65, 66
「〜しに」 …………………… 130
「〜しましょう」…………… 243
「〜しましょうか」 …… 71, 243
「〜しませんか」 …… 128, 243
主格 ………………………… 225
主語 ………………………… 90
　動名詞 …………………… 143
　不定詞 …………………… 129
受動態 ……………………… 170
状態を表す動詞 …… 14, 31, 201
省略 ………………… 113, 116

初対面のあいさつをする …… 241
助動詞 ……………………… 60
所有格 ……………………… 225
所有代名詞 ………………… 225
推量 ……………………… 64, 67
「（ずっと）〜している」 …… 197
「すでに〜してしまった」 …… 189
「〜すべきだ」 ……………… 68
「〜すること」（動名詞） …… 140
「〜すること」（不定詞） …… 126
「〜するために」 …………… 130
「〜するだろう」 …………… 50
「〜するつもり［予定］だ」 … 44
「〜するのはどうですか」 …… 142
節 ………………………… 124
接続詞 ……………………… 104
前置詞 ………………… 142, 229
前置詞＋動名詞 …………… 141
前置詞の目的語 …………… 142
前置修飾 …………………… 133

た

第1文型（S＋V） ………… 102
第2文型（S＋V＋C） ……… 102
第3文型（S＋V＋O） ……… 102
第4文型（S＋V＋O＋O）… 102
第5文型（S＋V＋O＋C）… 102
代名詞 ……………………… 225
他動詞 ……………………… 102
短縮形 ……………………… 7
短母音 ……………………… 21
近い未来 …………………… 45
抽象名詞 …………………… 217
「ちょうど〜したところだ」 … 188
提案 ……………………… 71, 243
「〜ですね」 ………………… 212
「〜ではないのですか」 …… 214
電話をかける／受ける …… 245
動詞の ing 形 …………… 14, 32
動名詞 ……………………… 140
「〜ということ」（that） …… 113
「〜と思う」 ………………… 113
「…と同じくらい〜だ」 ……… 161
特定 ……………………… 80, 221

な

「なんと〜だろう」 ………… 215
「〜にちがいない」 ………… 67
「…によって〜される」 …… 171
人称代名詞 ………………… 225
能動態 ……………………… 170
能力 ……………………… 60
「〜のもの」 ………………… 225

は

「〜はいかがですか」 …… 70, 243
比較級 ……………………… 152
比較級の作り方 …………… 160
否定疑問文 ………………… 214
否定疑問文への答え方 …… 214
否定の命令文 ……………… 13
人を紹介する ……………… 241
頻度を表す副詞 …… 192, 227
付加疑問 …………………… 212
不規則動詞 …………… 22, 209
不規則変化（形容詞・副詞）… 160
不規則変化（名詞） ……… 218
副詞 ……………………… 227
副詞句 ……………………… 124
副詞節 ……………………… 124
副詞的用法（不定詞） …… 130
複数形の作り方 ……… 9, 218
物質名詞 …………………… 217
不定詞 ……………………… 126
　　意味上の主語 ……… 137
　　形容詞的用法 ……… 133
　　否定（not to 〜） …… 139
　　副詞的用法 ………… 130
　　名詞的用法 ………… 126
不定詞と動名詞 ………… 150
不定詞の3つの用法 …… 135
不特定 ……………… 80, 220
文型 ……………………… 102
母音字 ……………………… 21
補語 ……………………… 90, 95
　　動名詞 ……………… 143
　　不定詞 ……………… 129
「…ほど〜ではない」 …… 162

ま

本当の主語（不定詞） ……… 137

道をたずねる／教える …… 246
未来の文 …………………… 44
　　be going to ………… 44
　　will ………………… 49
未来のことでも現在形を使う… 108, 111
未来を表す現在進行形 …… 45
無声音 ……………………… 21
名詞 ……………………… 217
名詞句 ……………………… 124
名詞節 ……………………… 124
名詞的用法（不定詞） …… 126
名詞の複数形 ………… 9, 218
命令文 ……………………… 13
命令文，and .... …………… 106
命令文，or .... ……………… 106
目的格 ……………………… 225
目的語 …………………… 10, 93
目的語を2つとる動詞 …… 93
「もし〜なら」 ……………… 111
「最も〜だ」 ………………… 153

や

有声音 ……………………… 21
「…よりも〜だ」 …………… 152

初版
第 1 刷　1972 年 2 月 1 日　発行
新指導要領準拠版
第 1 刷　2021 年 3 月 1 日　発行
第 2 刷　2022 年 4 月 1 日　発行
第 3 刷　2024 年 2 月 1 日　発行

●カバー・本文デザイン
　有限会社 アーク・ビジュアル・ワークス（落合あや子）

| 編　者 | 数研出版編集部 | 原稿執筆 | 増見 誠一 |
| 発行者 | 星野 泰也 | イラスト | hail |

ISBN978-4-410-15165-1

チャート式® シリーズ　中学英語　2 年

発行所　**数研出版株式会社**

〒 101-0052　東京都千代田区神田小川町 2 丁目 3 番地 3
　　　　〔振替〕00140-4-118431
〒 604-0861　京都市中京区烏丸通竹屋町上る大倉町 205 番地
　　　　〔電話〕代表（075）231-0161
ホームページ　https://www.chart.co.jp
印刷　株式会社 加藤文明社

乱丁本・落丁本はお取り替えいたします。　　240103

「チャート式」は登録商標です。

第7章　不定詞と動名詞
p.125～150

64	I **want to drink** some water.	私は水を飲みたいです。
65	She **likes to read** books.	彼女は本を読むのが好きです。
66	I'**d like to stay** at home.	私は家にいたいのですが。
67	My dream is **to become** a dancer.	私の夢はダンサーになることです。
68	He came to Japan **to study** Japanese.	彼は日本語を勉強するために日本に来ました。
69	I'm **glad to see** you again.	私はまたあなたに会えてうれしいです。
70	I have some books **to read**.	私は読むべき本を何冊か持っています。
71	Please give me **something to drink**.	私に何か飲むものをください。
72	I don't know **how to play** the game.	私はそのゲームの遊び方を知りません。
73	**It is** important **to study** English.	英語を勉強することは大切です。
74	I **want** Sayaka **to play** the piano.	私はサヤカにピアノを弾いてもらいたいです。
75	I **enjoyed talking** with her.	私は彼女と話して楽しかったです。
76	I'm **good at playing** the piano.	私はピアノを弾くのが得意です。
77	**How about calling** her?	彼女に電話をするのはどうですか。
78	**Taking pictures** is a lot of fun.	写真を撮るのはとても楽しいです。

第8章　比較の文
p.151～168

79	My little brother is **taller than** my father.	私の弟は父よりも背が高いです。
80	Ann is **the youngest of** the three.	アンは3人の中でいちばん若い[年下]です。
81	*Kanji* is **more difficult than** *hiragana*.	漢字はひらがなより難しいです。
82	Fall is **the most beautiful** season **of all**.	秋は，すべて(の季節)の中でいちばん美しい季節です。
83	**Which is smaller**, Japan **or** New Zealand?	日本とニュージーランドではどちらが小さいですか。
	—— New Zealand is.	—— ニュージーランドです。
84	Your idea is **better than** mine.	あなたのアイデアは私のよりもいいです。
85	I **like** red **better** than blue.	私は青よりも赤が好きです。
86	Dogs are **as cute as** cats.	イヌはネコと同じくらいかわいいです。
87	Osaka is **not as big as** Tokyo.	大阪は東京ほど大きくありません。

第9章　受け身の文
p.169～186

88	The book **is published** in many countries.	その本は多くの国で出版されています。
89	His songs **are loved by** young people.	彼の歌は若い人たちに愛されています。
90	That picture **was painted** in the 14th century.	あの絵は14世紀に描かれました。
91	That restaurant **will be closed** at nine.	あのレストランは9時に閉店する[閉められる]でしょう。
92	**Is** Spanish **spoken** in your country?	あなたの国ではスペイン語が話されていますか。
	—— Yes, it **is**. / No, it **isn't**.	—— はい，話されています。/ いいえ，話されていません。
93	**When was** this photo **taken**?	この写真はいつ撮られましたか。
	—— It was taken ten years ago.	—— 10年前に撮られました。
94	Eggs **aren't sold** at that store.	あの店では卵は売られていません。
95	I **was given** a chance by my parents.	私は両親からチャンスを与えられました。
96	He **is called** Prince by his fans.	彼はファンからプリンスと呼ばれています。
97	I **am interested in** Japanese culture.	私は日本の文化に興味があります。

第10章　現在完了形　　　　　　　　　　　　　　　　　　　　p.187〜210

98	I **have just eaten** breakfast.	私はちょうど朝ご飯を食べたところです。
99	I**'ve already cleaned** my room.	私はすでに部屋を掃除してしまいました。
100	**Has** the taxi **arrived yet**?	タクシーはもう到着しましたか。
	—— Yes, it **has**. / No, it **hasn't**.	——はい，到着しました。/ いいえ，到着していません。
101	I **haven't opened** his present **yet**.	私はまだ彼のプレゼントを開けていません。
102	I **have seen** the movie **three times**.	私はその映画を3回見たことがあります。
103	I **have been to** that restaurant before.	私は以前にそのレストランへ行ったことがあります。
104	**Have** you **ever played** this game?	あなたは今までにこのゲームをしたことがありますか。
	—— Yes, I **have**. / No, I **haven't**.	——はい，あります。/ いいえ，ありません。
105	**How many times** have you been there?	あなたはそこへ何回行ったことがありますか。
	—— Only **once**.	——1回だけです。
106	I **have never talked** to him.	私は一度も彼と話したことがありません。
107	I **have lived** here **for** ten years.	私は10年間(ずっと)ここに住んでいます。
108	**Has** she **been** busy since then?	彼女はそのときからずっと忙しいのですか。
	—— Yes, she **has**. / No, she **hasn't**.	——はい，忙しいです。/ いいえ，忙しくありません。
109	**How long** have you been in Japan?	あなたはどのくらい日本にいますか。
	—— **For** a year.	——1年間です。
110	I **haven't seen** him **for** a long time.	私は長い間，彼に会っていません。
111	It **has been raining** since last night.	昨夜から(ずっと)雨が降っています。

第11章　注意すべき表現　　　　　　　　　　　　　　　　　　p.211〜246

112	You are tired, **aren't you?**	あなたは疲れていますね。
113	It isn't yours, **is it?**	それはあなたのではないですよね。
114	**Aren't** you tired?	あなたは疲れていないのですか。
	—— Yes, I am. / No, I'm not.	——いいえ，疲れています。/ はい，疲れていません。
115	**What** a nice day it is!	なんと天気のいい日でしょう。
116	I had **milk** and **cookies** for breakfast.	私は朝ご飯に牛乳とクッキーを食べました。
117	I'd like **a cup of** coffee.	カップ1杯のコーヒーがほしいのですが。
118	I study English for **an** hour **a** day.	私は1日に1時間，英語を勉強します。
119	I have a dog and a cat. **The** cat is black.	私はイヌとネコを飼っています。そのネコは黒いです。
120	**Some** of the questions were very easy.	問題のうちのいくつかは，とても簡単でした。
121	I have **a few** friends in New York.	私はニューヨークに2, 3人の友達がいます。
122	I introduced **myself** to her.	私は彼女に自己紹介しました[自分自身を紹介しました]。
123	He **usually** walks **very fast**.	彼はたいてい，とても速く歩きます。
124	The clock **on** the wall is a little fast.	壁の時計は少し進んでいます。